나에게

나는 중요합니다. 나는 이곳에서 중요한 존재입니다.

나는 무언가를 창조해야 할 책임이 있고, 오직 나만의 방식으로 만들고 표현하고 실행할 수 있는 무언가가 있습니다. 그리고 이 세상은 그것이 필요합니다. 미래는 내가 믿는 만큼 거창하고, 내가 믿는 만큼 찬란합니다.

엉망진창이어도 괜찮습니다. 나는 언제든지 생각하는 방식과 행동을 도중에 바꿀 수 있습니다. 만약 나에게 영감을 주거나 흥미로운 것을 발견하면 나는 그것을 탐색할 것입니다. 지금 당장 그것에 관한 무언가를 할 것입니다. 그것이 특별하다고 생각이 되면 바로 행동하고 너무 오래 생각하지 않을 것입니다. 공동체가 아이디어에 실어줄 수 있는 힘은 상상을 초월합니다. 아이디어를 머릿속에만 두지 않고 세상에 선보일 것입니다. 사람들에게 다가가 관계를 맺을 것입니다. 이메일을 보낼 것입니다. 나는 그럴 만한 충분한 자격이 있고, 지금 작업하고 있는 것을 당장 다른 사람들에게 소개해도 손색이 없습니다.

오늘부터 시작할 것입니다. 지금 살고 있는 인생대로만 살아야 할 이유가 전혀 없습니다. 온 세상이 나를 기다리고 있습니다.

사랑을 담아, 내가.

직장에
연연하지
않기

DON'T KEEP YOUR DAY JOB

좋아하는 일을 사업으로 성공시키는 법

직장에 연연하지 않기

캐시 헬러 지음 | 박성웅 옮김

아름다운 세 딸 가브리엘, 엘리자, 마들렌에게
이 책을 비롯하여 내가 일생 동안 달성한 업적을 바칩니다.
아이들이 자신의 내면에 존재하는 마법을
항상 인지하며, 자신들의 존재와 재능이
이 세상을 더욱 완전하게 만드는 데
반드시 필요하다는 사실을 알게 되길 바랍니다.
세 딸의 엄마가 된 것은 내 인생의 선물입니다.

자신의 운명은
자신의 손으로 결정하세요

당신이 이 책을 골랐다는 것만으로도 무언가를 찾는 중이라는 사실을 나는 알 수 있습니다. 당신은 더 높은 성취를 원하고 있을지 모릅니다. 또한 더 창의적인 생각을 갈망하고 있을 수도 있죠. 스스로 무엇을 원하는지 아직 정확히 모를 수도 있지만 당신이 변화를 원하고 있다는 사실은 명확합니다. 나는 당신의 이야기를 듣고 당신이 원하는 곳까지 길을 밝혀주기 위해 이 책을 썼습니다.

날마다 나는 자기 자신을 가치 있게 여기는 사람들이 만들어놓은 삶을 들여다봅니다. 앞으로 펼쳐질 이야기는 당신이 얼마나 가치 있는 존재이며, 어떻게 운명을 자기 손으로 결정할 수 있는지 깨닫도록 도와줄 것입니다.

만약 내가 누구든 자신이 처한 현실을 스스로 변화시킬 힘이 있다고 믿지 않았다면 이 책을 쓰지 않았을 것입니다. 일생 동안 나는 많은 사람들이 자신이 마주한 현실을 변화시키는 것을 보아왔고 내가 진행하는 팟캐스트 〈직장에 연연하지 마세요Don't Keep Your Day Job〉를 통해서도 200여 회 이상 목격했습니다. 또한 이밖에도 전혀 예기치 못한 곳에서 매일매일 이 사실을 마주하고 있습니다.

　나는 팟캐스트를 통해 스타벅스 회장이자 최고경영자인 하워드 슐츠Howard Schultz를 비롯하여 자신의 인생을 바꿀 만한 성공을 일구기 위해 제빵기사, 블로거, 화가 등과 같은 자발적인 변화를 추구하는 현명하고 용기 있는 영혼을 가진 전 세계적으로 유명한 리더들과 함께하는 기쁨을 누렸습니다.

　이렇듯 내 팟캐스트는 인생의 목적을 찾고 있는 이 세상의 수많은 사람들과 이야기 나누는 과정을 통해 함께 성장했습니다. 팟캐스트에서 자신이 좋아하는 것을 하고 지역사회는 물론 세상에 가치를 더하고 있는 온갖 사람들을 만나고 있죠. 지금까지 바비 브라운Bobbi Brown, 대니엘 러포트Danielle LaPorte, 조너선 애들러Jonathan Adler, 앤절라 더크워스Angela Duckworth, 마사 벡Martha Beck, 제나 피셔Jenna Fischer, 줄리아 캐머런Julia Cameron, 그레첸 루빈Gretchen Rubin을 포함한 100명 이상의 롤 모델들과 이야기를 나누었습니다. 그들의 이야기를 들을 수 있어서 영광이었고, 그들의 조언을 당신과 나눌 수 있어서 신이 납니다.

나는 팟캐스트에서 논의된 교훈들이 어떤 방식으로 자신의 삶을 새로운 방향으로 인도하고, 자신의 삶에 기여하거나 또 다른 차원의 성취에 도달할 수 있도록 영감을 주었는지 서로 공유하는 사람들에게서 하루에 수백 통의 메시지를 받습니다. 그들이 만나 서로 도움을 주고받을 수 있는 공간을 내가 만들고 있다는 사실이 정말 좋습니다.

1장에서는 일상에서의 사고방식, 삶의 비전, 사업적 성과를 크게 변화시키는 방법에 대한 기업가, 디자이너, 배우, 예술가 등 여러 분야에서 활동하고 있는 사람들의 경험을 공유합니다. 나이지리아 라고스Lagos에서 미주리 주 페리빌Perryville에 이르기까지 평범하게 이 시대를 살고 있는 사람들이 그들의 삶을 변화시키기 위해 이 책에서 소개하는 방법을 어떻게 활용하고 있는지 다양한 사례들도 함께 살펴볼 것입니다.

나 역시 끊임없이 노력하는 중이지만 때로는 진보나 발전이 내가 원하는 방향으로 진행되지 않는다는 사실을 인정합니다. 그래서 종종 상담사에게 "이러저러한 일 때문에 너무 답답해요"라고 하소연하곤 하죠. 이때 상담사의 반응은 내가 이 책에서 말하고자 하는 모든 것을 담고 있습니다. "나는 40년 동안 상담사 일을 해왔습니다. 하지만 '사람은 결코 변하지 않는다'고 생각했다면 아마 상담사가 되지 않았을 거예요."

우리가 변할 수 있다는 게 놀랍지 않나요?

사람은 누구나 태어날 때부터 경험과 믿음을 연결시켜주는 '조건화 과정'을 거친다는 사실을 아는 것이 중요합니다. 일곱 살까지 우리의 삶은 거의 최면술과 비슷합니다. 조건화 과정은 우리에게 도전 과제를 제시할 수도 있고, 우리가 살아가고자 하는 삶을 가로막는 장애물을 만들 수도 있습니다.

좋은 소식은 우리가 이미 작성된 대본과 한정적인 믿음을 바꿀 수 있다는 것입니다. 우리는 스스로의 행동을 변화시킬 수 있습니다. 더 큰 꿈을 꾸고, 더 멀리 보고, 더 본연의 모습이 되기 위해 우리의 능력을 바꿀 수 있습니다.

당신이란 존재, 그 아름답고 경건한 토대에서부터 우리는 시작할 것입니다. 토대를 공고히 다지기 위해 당신의 삶을 새롭게 창조할 수 있는 구체적인 단계에 대해 이야기할 것입니다. 당신이 이루고 싶은 것은 무엇인지, 세상에 이바지하기 위해 당신은 어떤 꿈을 꾸어야 하는지, 당신의 에너지를 어디에 집중시켜야 하는지 등과 같은 중요한 질문의 답들을 잘 조화시킬 것입니다.

당신 스스로 가장 훌륭하다고 여기는 모습이 될 수 있도록 또한 무엇이 가능한지 명확하게 알 수 있도록 내가 돕겠습니다. 당신의 열망을 실천으로 바꿀 수 있는 실용적인 도구와 기술을 제공하겠습니다. 여기서 핵심은 이 모든 과정이 진정한 '나 자신'으로 돌아가는 여정이라는 것입니다.

당신은 당신이 생각하는 것보다 훨씬 더 현명합니다. 당신이 이 책의 내용을 믿는다면 그 이유는 바로 당신이 이미 그것에 대해 깊이 알고 있기 때문입니다. 이 책을 읽는 동안 들리는 목소리를 당신의 내적 지식, 당신이 지니고 있는 심오한 지혜라고 생각하세요.

자, 이제 당신에게 속삭이는 내면의 목소리에 귀 기울이며 신나는 모험을 마음껏 즐길 수 있는 시간이 되었습니다. 당신은 원하는 것이 이루어지는 놀랍고도 새로운 기분을 느끼게 될 것입니다. 따라서 단순히 책을 읽는 것에 머무르지 말고 이 책에서 배운 것들을 실천

직장에 연연하지 않기

하겠다는 결심을 스스로 해보길 바랍니다. 당신은 진정으로 하고 싶었던 일을 할 수 있습니다. 당신이 찾고 있던 그것이 결국에는 당신을 찾을 것입니다.

차례

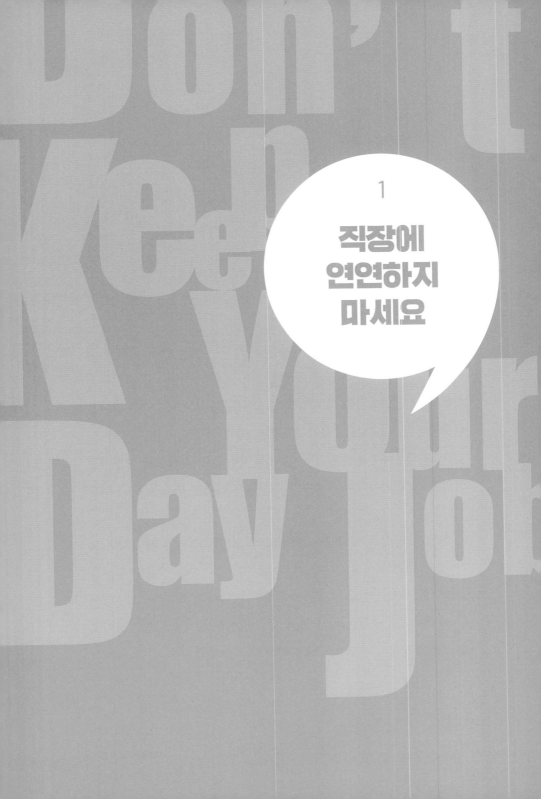

1

직장에
연연하지
마세요

"우울함의 반대는
행복이 아니라 목적이다." _캐시 헬러

　　　　　　이 책의 제목은 언뜻 매우 쿨하게 느껴집니다. 그러나 그저 단순히 당신이 지금 다니는 직장을 그만둬도 아무 문제가 없을 정도의 사업을 일으키는 것 이상으로 많은 의미를 내포합니다. 이 책은 당신이 자신만의 평생 직업을 찾고, 목적을 가진 채로 하루하루를 맞이하며, 강력한 방식으로 그 목적을 달성하는 능력에 대해 이야기하고 그것에 감사해야 한다는 내용을 담고 있습니다.

　'직장'은 당신의 인생에서 무미건조하고 반복적이며 재미없는 모든 것을 대변하는 말입니다. 당신이 목적을 가지고 자신의 인생을 설계하기 시작하면 당신 때문에 세상은 변합니다. 또한 세상은 당신이 이바지하고 베푸는 것을 돕기 위해 당신을 중심으로 긍정적이고 협조적인 관계를 더 많이 구축하려고 노력할 것입니다.

지금까지 우리가 살아온 사회의 시스템은 항상 최선을 지지하지는 않습니다. 이 시스템의 많은 부분이 공장 노동자들을 위해 설계됐고 따라서 개인의 독특한 능력이나 개인이 전체에 기여하는 특별한 방법을 고려하고 있지 않습니다.

어릴 때부터 우리에게는 따라야 하는 예정표가 존재했습니다. 다음 단계로 나아가기 위해 좋은 학점이나 탁월한 능력과 같이 사회가 요구하는 규정을 잘 따르면 칭찬과 보상을 받죠. 학교에서나 직장에서 우리는 전체적인 큰 그림을 방해하는 일이나 중요하지 않은 작은 프로젝트를 구분할 필요가 있다는 것을 배웁니다. 지금과 같은 사회 시스템 속에서 우리는 개인의 능력과 열정에 대한 고려 없이 단지 성공적인 직장을 가진 중년이 될 뿐입니다.

대부분의 사람들은 마흔 살이 되면 주차장에서 엘리베이터로 걸어가다가도 인생에서 뭔가 잃어버린 것 같은 공허한 자신의 모습을 발견합니다. 건실한 직장이 있고, 건강 보험에 가입되어 있으며, 다른 사람들이 선망하는 삶을 살고 있다는 생각에 그동안 아무 문제가 없다고 여겨왔을 것입니다. 우리는 때때로 이렇게 망치로 머리를 한 대 얻어맞은 것 같은 상황이 될 때까지 오랫동안 고통을 무시하고 스스로에게 거짓말을 합니다. 그러다 보면 우리의 몸과 마음은 어느덧 한계점에 도달하게 되죠. 나 역시 이러한 상황을 겪었고 팟캐스트에서 비슷한 상황을 겪은 많은 사람들과 경험을 나누었습니다.

우리는 뉴욕의 출판사에서 일하다가 공황장애가 온 세라 나이트 Sarah Knight(미국의 영화감독이자 작가)처럼 갑자기 몸이 아플 수도 있습니다. 인생이 맘대로 되지 않는다고 슬퍼하며 술과 마약에 의존할 수도 있고요. 차고에서 희망 없는 삶을 이어가다 40대에 비로소 자신의 삶을 돌아본 젠 신체로Jen Sincero(미국의 작가 및 강연자)처럼 시궁창의 맨 밑바닥에서 자기 자신을 발견할 수도 있습니다. 또한 사랑하는 친구를 떠나보내고 삶에 대한 각성을 하게 된 에밀리 맥도웰Emily McDowell(《제대로 위로하기There Is No Good Card for This》의 공저자)처럼 어떤 충격적인 일이 계기가 되어 삶의 깨달음을 얻기도 합니다. 우리 스스로 변화를 결심하지 않으면 온전한 깨달음을 얻지 못하고 남은 인생을 불안과 위기 속에서 살게 됩니다.

이 책을 통해 사람들에게 자신 안에 내재되어 있는 마법을 활용하는 방법을 알려주려는 것이 아닙니다. 그러한 생각을 계발하려는 것도 아닙니다. 주어진 틀 밖에서 생각하는 방법을 배우자는 것이 아니며, 바쁘게 사는 것을 독려하려는 것도 아닙니다. 그저 문제에 대한 해결법을 찾고 일이 성사되도록 아이디어를 탐색하고 발전시킬 공간을 확보하자는 것입니다.

'직장'은 우리에게 구경꾼이 되라고 말하는 시스템의 또 다른 말입니다. 대부분의 사람들은 다른 사람의 꿈을 이루어주기 위해 살아갑니다. 나는 당신이 당신의 꿈을 이루면 좋겠습니다. 그리고 당신 자신을 위한 일을 찾으면 좋겠습니다. 이 세상에는 오직 당신만이 할 수 있는 무언가가 있습니다. 나는 당신이 성취감을 추구한다는 사실을 알고 있고, 그것을 이룰 수 있도록 도와주는 임무를 수행하고 있습니다.

여기 새로운 아메리칸 드림이 있습니다. 새로운 아메리칸 드림의 목표는 다른 사람이 만들어놓은 패러다임 속에서 유명한 사람이 되거나 경쟁자를 제압하는 것이 아닙니다. 그것은 즐거움이 향하는 곳으로 발을 내딛고 그저 당신이 좋아하는 것을 하면서 인생을 사는 방법을 찾는 것입니다.

당신이 조용히 속삭이는 내면의 목소리에 둘러싸여 일생 동안 충만한 자신감과 편안함을 느끼는 것은 얼마든지 가능합니다. 물론 내면의 목소리를 알아차리는 것은 힘든 일일 수 있습니다. 그것을 나도 모르는 사이에 옆으로 밀어내거나 치워버렸을 수도 있습니다. 다양한 활동과 직장 일 사이에서 이루어질 수 없는 것들을 꿈꿔왔기 때문에 어느 것을 선택해야 할지 모르는 경우도 있습니다.

혹여 당신은 어떤 분야에 있어서도 자신이 뛰어난 사람이라고 느껴본 적이 전혀 없을지도 모릅니다. 그러나 장담컨대 당신이 잘할 수 있고 당신이 이 세상에 기여한 것을 다른 사람들이 자연스럽게 알게 되는 분야가 반드시 있습니다. 씨앗은 그곳에서 자랍니다. 그곳에 실마리가 있습니다. 진실을 감지하는 자신의 감을 믿고 그 감을 따라가야 합니다. 그곳에 당신과 오랫동안 함께했지만 당신이 찾을 수 없었던 것을 발견할 수 있도록 도와줄 심오한 지혜가 있습니다.

나는 내 안에서 속삭이는 소리에 완전히 둘러싸인 상태로 40대에 접어들었고, 지금은 완전하게 그러한 흐름 속에 있음을 느낍니다. 사람들은 새해 결심이나 5년 후의 내 모습에 대해 물어보겠지만 그것은 내 방식이 아니라고 자신 있게 답할 수 있습니다. 나는 그곳이 어디든 상관없이 나를 부르는 방향으로 돛을 세우고 방향을 정합니다. 즐거움과 호기심에 빠져든 채로 말이죠. 내가 있어야 할 곳에 있게 될 것임을 확신합니다. 나 자신을 흐름 속에 내맡겼을 때 발생하는 일은 매우 흥미롭기 때문에 내가 가야 할 곳을 억지로 통제하고 싶지 않습니다. 그저 느낌대로 흘러가고 싶습니다.

내가 비욘세가 될 필요는 없습니다. 빌 게이츠가 될 필요도 없죠. 나를 즐겁게 하는 일을 하고 싶습니다. 내가 사랑하는 일을 하고 싶습니다. 나에게 성공이란 통장 잔고나 명성이 아닙니다. 다른 사람이 원하는 삶을 사는 것이 아니라 내가 원하는 '나의 삶'을 산다고 느끼는 것이 성공입니다. 우리가 다른 사람이 원하는 삶을 사는 것을 그만두면 이 세상은 분명 더 좋아질 것입니다.

성공이란 '이 세상에 존재하는 다양한 즐거움을 얼마나 자주 누릴 수 있느냐'로 결정된다고 생각합니다. 나는 이것을 토대로 새로운 꿈과 잘 어울리는 성공에 대한 참신한 정의를 내릴 것입니다. 성공은 당연히 그래야 하는 것처럼 자기 스스로를 지속적으로 개발하고 개선하는 장대한 모험과도 같으며, 목적을 갖고 그것을 이루고자 노력하는 것입니다.

성공에 대한 새로운 정의를 받아들이고 새로운 모험의 길을 떠난다면 우리에게 무슨 일이 발생할까요? 당신은 '즐거움'이 존재하는 곳으로 방향을 정하게 됩니다. 그 흐름 속에 몸을 내맡기는 한 당신은 '나 자신이 있어야 하는 곳'에 모습을 드러내게 될 것입니다.

나 자신의 이야기를 바꿀
준비가 되어 있나요?

당신에게 이런 이야기를 하는 나는 누구일까요? 나는 어떻게 이런 것을 알고 있을까요? 내 삶에 대한 공유 없이 당신에게 나와 같이 이 책을 통해 당신의 내면 깊은 곳까지 들여다보자고 요청하는 것은 공평하지 않습니다. 고백하건대 하루하루 진정한 나로 거듭나기 위해 아침에 잠을 깨는 지금의 감정을 예전의 나는 생각조차 못했습니다.

나의 어린 시절은 매우 복잡했습니다. 집은 슬픔이 가득했고 그로 인해 집이 전혀 편하게 느껴지지 않았습니다. 부모님은 끊임없이 다퉜고 부모님이 싸우는 동안 나는 이불 밑에 숨어 집에서 탈출하기만을 꿈꿨습니다. 아빠의 분노에 대한 공포 속에 하루하루를 버티며 살았죠. 엄마는 항상 지쳐 있었고 아빠는 언제나 불만에 가득 차 있었습니다. 엄마는 침대를 벗어나는 법이 없었고 정말로 행복하지 않은 듯 보였습니다. 대부분의 시간을 우울하게 보냈죠. 나의 가장 오래된 기억 중 하나는 내가 네 살이던 때 아침을 먹는 나에게 엄마가 결혼 생활의 끔찍함과 자신의 꿈을 포기한 것에 대한 후회를 토로한 것입니다.

나는 다섯 살 때 부모님의 상담사가 되었습니다. 그들의 불평을 참을성 있게 들어주었죠. 부모님께 내 양심이 해줄 수 있는 가장 최선의 조언을 해주었지만 그럼에도 나는 학대받고 무시당하고 있다는 느낌을 강하게 받았습니다. 나라는 존재는 내가 모든 사람을 기분 좋게 해줄 때만 가치가 있는 것처럼 느껴졌습니다.

또한 나는 학교 선생님이 부모님께 언어교정 치료를 권할 정도로 말을 잘하지 못했습니다. 그 누구도 내가 하는 말을 잘 이해하지 못했죠. 마치 입안에 작은 돌을 가득 물고 있는 것처럼 말했습니다. 1학년 때 비로소 그렇게 언어교정 치료를 시작했고 치료 선생님은 부모님께 내가 집에서도 말을 많이 해야 한다고 말했습니다.

영화를 자주 보던 나는 영화의 한 장면처럼 사람들이 잔뜩 모여 있는 저녁 식사 자리에 내가 마법처럼 등장해 사람들의 이목을 집중시키는 상상을 하곤 했습니다. 나는 안전하다고 느끼는 곳에 있고 싶었습니다. 물론 내 주변의 모든 것이 암흑은 아니었습니다. 나는 1980년대 TV 프로그램을 많이 시청했고, 여동생과 같이 놀았으며, 동네 친구들과 어울려 장기자랑도 했습니다. 그리고 결정적으로 나에게는 음악이 있었습니다.

엄마는 마치 피터팬 같았습니다. 그녀는 내가 〈신혼부부들The Honeymooners〉(1950년대에 방송된 미국의 시트콤_옮긴이) 재방송을 보기 위해 한밤중까지 깨어 있는 것을 전혀 개의치 않아 하고 오히려 좋아했습니다. 내가 저녁 식사로 밥 대신 아이스크림 먹는 것을 허락했고, 학교를 결석하고 함께 해변에 놀러 가자고 말하기도 했습니다. 그녀는 믿을 수 없을 정도로 기분이 좋았다가 마치 다른 사람처럼 갑자기 우울해했습니다. 그녀는 언제든지 기분 좋은 마법의 시간을 보낼 수 있었지만 불행하게도 대부분의 시간을 우울하게 보냈습니다.

엄마는 전통적인 똑똑함보다는 창의성이 뛰어난 것에 더 큰 칭찬을 해주었습니다. 내가 어린 나이일 때부터 내 안에 있는 예술성을 발휘하도록 도와주었죠. 나와 같이 콜라주(종이를 붙여 만드는 그림 또는 작품_옮긴이) 활동을 하고 도서관에서 책을 읽어주기도 했습니다. 엄마는 밤마다 침대에서 나를 꼭 안아주었고, 신발을 벗고 맨발로 풀 위를 거닐거나 벌새를 관찰하는 것은 매번 엄마의 생각이었습니다. 엄마 덕분에 나는 춤과 피아노를 배웠고 극장에서 공연도 했습니다. 음악은 엄마와 나에게 있어 관계와 표현의 수단이었습니다.

자신의 잠재적인 재능을 발휘해보려고 단 한 번도 자신감을 갖고 노력해보지 않은 것이 엄마의 가장 큰 비극이었습니다. 학창 시절 그녀는 고등학교 연극부 스타였습니다. 정말 놀라운 배우의 재능을 가지고 있었죠. 무대 위에서 뽐내는 연기의 깊이와 존재감이 어마어마했지만 결국 배우의 길을 걷지는 않았습니다. 1950년대에 어린 시절을 보냈기 때문에 그녀 앞에 놓인 선택지는 엄마가 되거나 직장 생활을 하는 것 두 가지뿐이었습니다. 나는 재능을 개발하지 않을 때 나타나는 직접적인 영향을 엄마를 통해 목격했습니다.

어렸을 때 엄마와 정말로 친밀했기 때문에 슬픔이 엄마를 완전히 집어삼키기 시작했을 때 나의 고통 또한 이루 말할 수 없을 만큼 심했습니다. 그녀는 항상 우울해했고 피아노를 치면서 노래를 부르다가 우는 것은 일상적인 일이었습니다. 그러나 나와 즐겁게 놀아주던 엄마는 사랑스럽고 티 없이 맑았습니다. 불안과 어둠이 엄마를 완전히 지배한 것은 내가 열네 살 무렵이었습니다.

엄마의 좌절이 그녀가 내면의 목소리를 듣지 않기로 결정한 것에서 비롯되었다는 것을 내가 깨닫기까지는 수십 년이 걸렸습니다. 엄마의 불만과 좌절을 나 또한 고스란히 느꼈고, 그것이 나를 잠식하는 것이 싫었습니다.

부모님이 이혼한 뒤 상황은 더 나빠졌습니다. 부모에게 버림받은 충격은 내가 감당하기에 너무도 컸습니다. 깊은 배신감을 느꼈지만 엄마의 삶을 위해 나는 엄마의 치어리더가 되기로 마음먹었습니다. 이러한 상황에 대해 내가 한 번도 화를 내지 않은 이유가 갑자기 궁금해졌을 때까지 나는 집에 꽃을 가져갔고 응원의 말을 엄마에게 건넸습니다.

"나는 어때? 나라는 존재가 엄마가 살아가는 충분한 이유가 되지 않아?" 하고 애원했지만 "너로는 충분하지 않아. 나는 너를 위해 살 수 없어. 나는 더 이상 너에게 해줄게 없어"라는 엄마의 대답은 나를 충격에 빠뜨렸습니다.

내가 오늘날까지 걸어온 길이 나도 모르는 사이에 정해진 것은 한순간이었습니다. 어느 날 밤 엄마는 자살을 시도했습니다. 너무 놀란 나는 밤중에 아빠가 사는 집으로 달려가 도움을 요청했습니다. 그러나 여자 친구의 아이들이 자고 있을 때는 집에 찾아오지 말라고 말하는 아빠를 보며 큰 충격에 빠졌습니다. 살아갈 이유를 잃은 채 힘없이 집으로 돌아왔죠.

그날 나는 앞이 깜깜해지는 느낌을 받았고, 그런 막막한 기분을 그 누구도 살아가는 동안 절대 느끼지 않도록 만들겠다고 다짐했습니다. 몇 년이 지났지만 오늘날까지 나를 이끌어온 것은 바로 그 사명이었습니다. 비전을 설정했지만 그 비전을 달성하기 위한 여정은 매우 힘들었습니다. 무엇보다 나는 먼저 진실을 탐구하는 사람이 되어야 했습니다.

나의 어린 시절은 사람들이 성장하고 나이를 먹어감에 따라 불행한 결혼 생활과 스트레스 가득한 직장 생활을 영위하는 불행한 어른이 될 뿐이라는 큰 오해를 불러일으켰습니다.

10대 때 나의 학교 성적은 바닥이었고 숙제는 거의 하지 않았습니다. 학창 시절을 가까스로 버텨냈다는 표현이 맞을 겁니다. 온 세상의 짐이 다 내 어깨 위에 있는 느낌이었습니다. 졸업할 생각이 전혀 없었지만 나를 이해해주신 어느 선생님 한 분이 '졸업은 꼭 해야 한다'며 내가 졸업할 수 있도록 본래 성적에 걸맞지 않은 좋은 학점을 주셨습니다. 감사하게도 그 일은 나로 하여금 답을 찾는 여정을 시작하도록 부추겼습니다.

고등학교 졸업 후 주립 대학에 겨우 입학했지만 입학하자마자 학사경고를 받았습니다. 그 무렵 나는 주위를 둘러보기 시작했고 이 세상이 문득 궁금해졌습니다. 삶의 목적에 대한 답을 찾고자 불교와 유대교를 가르치는 종교 수업에 등록했고 그것을 계기로 '우리는 왜 존재하는가?'라는 실존주의적 질문에 대한 답을 찾기 위해 모든 종교 관련 서적을 섭렵했습니다. 그렇게 나는 큰 계획 속에서 의미를 탐구하고 인간이라는 존재가 자신의 목적과 결부하는 방식을 이해하는 것에 푹 빠졌습니다. 마치 그 어떤 소명과 영감을 받은 느낌이

들었습니다.

그러던 중 대학 신문의 편집장을 맡게 되었습니다. 내가 원하는 것이 무엇인지 전혀 몰랐지만 그때가 처음으로 내 안에 있는 나침반을 따라간 경우였습니다. 내 안의 목소리는 나에게 대학 신문을 구독하는 4만 명의 독자들에게 영감을 불러일으키라고 말했습니다. 시간이 흘러 인문학 학위를 받았고, 졸업하자마자 예루살렘으로 여행을 떠났습니다. 당시에 나는 뭔가 영혼을 찾는 일을 하고 싶었습니다. 본래는 3주 여정이었지만 그렇게 3년이나 예루살렘에 머물렀습니다.

예루살렘에서 나는 신과 사랑에 빠졌습니다. 물론 당신은 신 대신 다른 용어를 사용해도 됩니다. 모든 사람은 자신만의 북극성을 반드시 찾아야 하고, 나는 과거에도 존재했고 현재에도 존재하며 미래에도 언제나 존재할 세계의 근원과 나를 연결하는 방법을 찾았습니다. 나의 스승이던 데이비드 에런David Aaron (랍비이자 저술가)은 '우리는 모두 저마다 걸작이며 신의 작품이다'라고 설파했습니다. 나는 최면에 걸린 듯 그 말에 푹 빠져들었습니다. 그것은 나에게 의미와 목적의식을 불어넣어주었습니다. 무한의 존재와 연결된 느낌을 받았고 모든 창조물의 근원 속에 내가 들어갈 곳이 있다는 것을 알았습니다. 내가 예루살렘에 온 이유가 궁극의 선을 이 세상에 알리기 위해서라는 것을 깨달았고 그것이 나를 기분 좋게 만들었습니다.

3,000년 된 유대교 전통을 배우는 것은 나에게 산소와 같았습니다. 유대교의 가르침은 나의 어릴 적 경험과 결합해 세계에 대한 나

의 관점을 변화시켰고, 세계와 소통하는 나의 방식을 바꾸었습니다. 내 안에 있는 모든 세포가 느낄 수 있을 만큼의 충만한 에너지와 모든 사람들을 이어주는 달콤하고 신성한 빛과같은 영감을 얻은 채로 나는 매일 아침 눈을 떴습니다. 우리에게 부수적인 것은 아무것도 없습니다. 우리는 모두 각자 태어난 이유가 있습니다. 나는 이 세계에 오직 나만이 채울 수 있는 무언가가 있다는 것을 배웠습니다.

신비한 세계에 푹 빠져 그렇게 3년을 보낸 후 나는 성스러운 땅에서 배운 모든 것을 실천하고 행동할 준비가 되어 있었습니다. 그것의 일환으로 가장 먼저 음악가가 되고자 16년 전 미국 LA에 도착했습니다. 가족들이 LA에 가는 것을 말리면서 '성공은 너 같은 사람에게 일어나는 일이 아니야'라고 했던 말을 나는 아직도 기억합니다.

나는 유난히 아이처럼 음악을 좋아했습니다. 여동생과 함께 엄마가 연주하는 피아노 앞에 앉아 노래하고 웃었습니다. 혼자서 가사를 쓰기도 했습니다. 음악은 나에게 최고의 피난처였고 표현을 위한 신성한 탈출구였습니다. 음악만이 어둠에서 벗어나 나를 빛낼 수 있는 티켓이라고 나 자신에게 말하곤 했습니다. 유명해지고 싶었고 스타디움을 가득 채운 관중 앞에서 공연하는 것을 꿈꿨습니다.

LA로 온 것은 엄청난 순진함의 결과였습니다. 나는 내가 음악가가 될 운명이라는 것을 확신했고, 그 확신은 나의 영적인 탐험을 통해 구축되었습니다. 나는 친구도 없고, 연줄도 없고, 돈도 없었습니다. 그저 한 발 한 발 나아갔고 내 이야기를 사람들 앞에 조금씩 펼쳐 보이기 시작했습니다.

나는 월세를 지불할 만큼 충분한 월급을 받으면서 크레이그스리스트Craigslist(미국의 지역 생활정보 사이트에서 시작돼 전 세계로 확산된 온라인 벼룩시장_옮긴이)에서 일을 시작했고, 일을 하면서 레코드 회사와 계약을 맺고 록스타가 되려면 어떻게 해야 하는지 알아갔습니다. 우선 스타가 되려면 싱어송라이터로서 앨범을 많이 팔아야 한다고 생각했습니다. 그것이 실제로 내가 알고 있는 유일한 방법이었습니다. 그래서 정말로 열심히 노력했습니다. 나에게 도움이 되는 모든 사람을 만나려고 했고, 데모 앨범을 만들기 위해 허리띠를 졸라맸습니다. 또한 레코드 회사의 연락처를 수집하기 위해 노력했습니다.

나는 무엇보다 나 자신에게 적절한 질문을 하는 것에서부터 시작했습니다. A에서 B로 가려면 무엇을 해야 할까? 누구를 만나야 할까? 어떻게 면접이나 미팅 약속을 잡아야 할까? 팟캐스트에서 나는 우리가 얼마나 자주 꿈을 이루기 위한 자원이 부족하다고 잘못 생각하고 있는지 끊임없이 이야기했습니다. 돈이 없거나 인맥이 없을 때 우리는 자신이 초라하다고 생각합니다. 하지만 우리에게 있어 가장 큰 자원은 '자신을 활용하는 능력'이라고 생각합니다. 좋은 소식은 돈, 인맥, 멋진 학위 등과 같은 모든 부수적인 것은 있으면 좋지만 그렇다고 반드시 필요한 것은 아니라는 것입니다. 결정하는 힘과 자원을 잘 활용하는 능력이 있다면 우리는 모든 것을 해결할 수 있습니다.

나는 행동하고 시도하고 솔선수범하는 것에 대한 고집을 선천적으로 타고났습니다. 남편은 내가 작은 국가도 운영할 수 있다고 말합니다. 3년 내내 곡을 썼고 어떤 곡은 꽤 괜찮았습니다. 나는 마침내 유명한 음반 회사인 인터스코프Interscope 레코드와 일하기로 계약했습니다. 내가 가지고 있던 옷 중 가장 세련된 트루릴리젼True Religion(미국 의류 브랜드_옮긴이) 청바지를 입고 녹음실에 앉아 노련한 음반 제작자인 론 페어Ron Fair가 레이디 가가Lady Gaga의 〈파파라치〉를 녹음하는 것을 감상하면서 '마침내 내가 해냈어. 드디어 여기까지 왔어'라고 혼자 생각했습니다. 인턴이 직접 스타벅스 커피를 가져다 주는 약속의 땅에 도착한 것 같은 기분이 들었죠. 내가 아닌 다른 누군가가 되기 위해 너무 열심히 노력한 것 같다는 생각도 들었습니다. 하지만 그런 생각을 재빨리 일축하고 '너는 잘할 수 있고 이 길이 너의 인생이 될 거야'라고 스스로 다짐했습니다.

세 달 뒤, 산타모니카에서 운전을 하고 있는데 제작자로부터 전화가 걸려왔습니다. 그는 나에게 차를 잠깐 세우라고 부탁했죠. 그러고는 이렇게 말했습니다. "당신 노래를 이번 앨범에서 빼기로 했어요." 몇 초간의 침묵이 흘렀습니다. 그의 목소리는 불친절했죠. "저기, 당신 노래는 훌륭해요. 당신 노래는 미셸 브랜치Michelle Branch(미국의 싱어송라이터), 나탈리 머천트Natalie Merchant(미국의 가수 겸 작곡가), 셰릴 크로우Sheryl Crow(미국의 싱어송라이터)를 합친 것 같아요. 그들의 노래는 자주 들리지만 그렇다고 그들이 큰 인기가 있는 것은 아니죠. 당신 노래가 라디오에서 큰 인기를 얻을 것이라는 확신이 없어요. 당신은 재능이 있지만 아직은 때가 아닌 것 같아요."

너무나도 충격이었습니다. 힘이 하나도 없는 오즈의 마법사를 만난 느낌이 들었죠. 그 후로 음악으로 성공하겠다는 내 꿈을 지웠습니다. 나는 당장 나의 새로운 정체성을 찾아 나섰습니다.

'부모님을 위해 이제까지 해온 것처럼 상담사가 될 거야.'

'요가를 잘하니까 요가 선생님이 될 거야.'

'창의적인 면을 살려 인테리어 디자인 수업을 수강할거야.'

나의 재능을 비영리법인, 화훼디자인공방, 섭외대행사, 부동산 회사에 접목하려고 노력했습니다. 그럴수록 나는 점점 더 비참해졌고 그 이유를 알지 못했습니다. 내가 경험한 모든 직업은 내 인생이 아니라 다른 사람의 인생을 더욱 빛나게 만들었습니다. 나는 마침내 상업 부동산 분야에서 아주 잘나가는 회사에 취직했습니다. 당시에는 그것이 매력적인 대안처럼 보였습니다. 스물다섯 살에 연봉 1억 이상을 벌었고, 비싼 스포츠카를 몰았으며, LA에서 먹을 수 있는 모든 종류의 초밥을 맛볼 수 있었습니다.

그러나 내가 하는 것들이 거짓처럼 느껴졌고 그것은 나의 본모습이 전혀 아니었습니다. LA에서 발생하는 대부분의 결정적인 사건들이 그러하듯 나도 차 안에서 2년 만에 인생의 전환점을 맞이했습니다. 고속도로 갓길에 차를 대고 '더 이상 못하겠어. 나를 속이는 건 여기까지야. 나에게 맞는 새로운 길을 다시 찾을 거야'라고 울면서 결심했습니다. 예루살렘에서 만난 스승님이 식물지지대로 사용되는 기타나 문진으로 이용되는 다리미를 상상해보라고 했던 것이 문득 기억났습니다. 기타나 다리미의 용도는 그것이 아닙니다. 그것들처럼 나 역시 내가 가진 잠재력을 적절한 곳에 알맞게 사용하지 못하고 있다고 느꼈습니다. 나는 내 자신을 위해 뭔가를 하고 있지 않았습니다. 다른 사람을 위한 삶을 살고 있었죠. 그때의 상황은 엄청난 재앙처럼 보였지만 실제로는 나에게 큰 축복이었습니다.

그 때가 바로 내가 더 많은 것을 하기 위해 태어났다는 것을 기억해낸 순간이었습니다. 내가 배운 하나의 사실은 '우울함의 반대는 행복이 아니라 목적'이라는 것입니다. 우리는 자신만의 고유한 본질로 세상에 기여하는 것과 같은 의미 있는 일을 하고 싶어 합니다. 하지만 우리 자신에게 이러한 원대한 질문을 던지는 것은 두려운 일입니다. 그것은 당신의 주변 사람들을 위협하기도 하고 당신 스스로 많은 것을 바꾸고 안전지대를 벗어나도록 요구합니다. 그렇게 하기는 정말 쉽지 않습니다. 그러나 그 열매는 정말로 달콤합니다.

나는 다시 음악가로 복귀할 방법은 알지 못했지만 나의 이야기를 바꿀 준비는 되어 있었습니다. 그러자 신호가 왔습니다. 검토를 계속하는 것보다 행동을 해야만 모든 것이 선명해진다는 것은 정말 알 수 없는 수수께끼입니다. 앞으로의 여정은 이래야 한다는 잘 구성된 계획을 던져버리겠다고 마음을 먹어야만 모든 것이 뒤죽박죽되고 그 속에서 실제로 우리가 해야 할 것이 무엇인지 알게 됩니다.

나는 그 주에 몇 년 만에 처음으로 〈빌보드 매거진〉을 샀습니다. 라이선스를 통해 TV 드라마나 광고에 자신들의 노래를 제공하는 인디 음악가들에 대한 기사가 실린 페이지를 펼쳐든 순간 번뜩이는 아이디어가 떠올랐죠.

이것은 지금까지 내가 한 번도 생각하지 못한 길이었습니다. 나는 음반 계약을 따내기 위해 엄청나게 노력했지만 그런 방법 말고도 음악을 할 수 있는 또 다른 길이 있었습니다. 나는 광고나 TV 드라마에 어떤 음악과 가사가 쓰이는지 면밀히 조사하고 관찰을 거듭한 다음 의도적으로 그것들과 부합하는 음악을 만들었습니다. 음악가로서 이렇게 음악을 만드는 것은 열등한 방법이라고 생각해 무시하는 음악가들이 많았지만 나는 그러한 의문에 대해 '아니요'라고 답했습니다. 당신이 생각하는 것과 정확히 일치하지는 않더라도 우리가 삶을 영위할 수 있는 방법은 매우 많고 다양합니다.

나는 리버스 엔지니어링Reverse Engineering(이미 만들어진 시스템을 역으로 추적하여 처음의 문서나 설계기법 등의 자료를 얻는 방법_옮긴이)을 시작했고 레지나 스펙터Regina Spektor, 잉그리드 미켈슨Ingrid Michaelson, 크리스티나 페리Christina Perri처럼 이 분야에서 큰 반향을 일으킨 대단한 싱어송라이터들이 많다는 것을 알게 되었습니다. 내 인생 최초의 큰 전환점을 맞이하게 된 것이죠.

이 작업을 통해 취미와 사업의 명확한 차이점을 깨달았습니다. 취미는 오롯이 자기 자신만을 위한 영감이고, 사업은 구매자에게 관심을 가지는 것이라는 점 말이죠. 나는 TV쇼, 영화, 광고에 쓰인 음악을 조사하기 시작했고 가사의 주제와 완성된 작품의 일관성을 파악하기 위해 노력했습니다. 에이전시의 연락처도 열심히 수소문했죠. 독특하고 기억하기 쉬운 곡을 앞세워 경쟁에서 이길 태세를 갖추고자 노력했습니다.

그 어떤 때보다 열정적으로 곡을 썼습니다. 수백 군데의 에이전시에 전화를 했고, 하루에 LA와 시애틀, 뉴욕, 밀라노, 파리, 시드니에 있는 40명 이상의 사람들과 통화했습니다. 불편한 경험이었죠. '좋습니다'라는 대답을 듣기 위해 200번 이상 '안됩니다'라는 대답을 들었습니다. 그러나 내가 진정 원하는 것을 할 수만 있다면 이런 불편함은 얼마든지 감수할 의향이 있었습니다. 엄청난 노력이 필요했지만 끝끝내 나는 이것으로 돈을 벌기 시작했습니다.

주요 소매업체에서 내가 만든 노래를 두 번이나 사용했고 그 대가로 10만 달러의 수표를 받았습니다. 그다음 해에는 연수입이 20만 달러에서 30만 달러로 늘었습니다. 〈프리티 리틀 라이어즈Pretty Little Liars〉, 〈오피스The office〉, 〈크리미널 마인드Criminal mind〉 같은 인기 드라마와 맥도날드, 하스브로, KFC 광고에 내가 만든 노래가 등장했습니다.

익명으로 활동하며 수년 동안 작곡가로서의 커리어를 계속 키워나갔습니다. 녹음하러 갈 때마다 변호사 연봉을 받기 때문에 하루하루가 휴일이나 다름없었죠. 〈버라이어티〉〈빌보드〉〈LA 위클리〉같은 유명 잡지에 내 음악과 내 이름이 함께 소개되면서 점차 인지도를 얻기 시작했습니다. 많은 잡지들이 내가 라이선스 노래를 만들어 돈을 벌고 있다는 동일한 메시지를 공유했죠. 그 당시 나는 PR 에이전트나 매니저조차 없었습니다. 그것은 지금도 마찬가지입니다.

아티스트들이 나에게 도움을 요청하기 시작했지만 아티스트로서의 내 삶은 여전히 그 기반이 빈약했습니다. 곡을 쓰는 것 이외에는 영 서툴다는 생각을 지울 수가 없었죠. 그러나 아티스트들이 지속적으로 찾아왔고 나는 결국 에이전시 사업을 하기로 결정했습니다.

　'다음에는 뭘 해야 하지?'라고 자신에게 묻는 상황이 되었을 때 우리는 왜 두 가지 중 하나만 선택해야 할까요? 나는 아티스트 활동을 하면서 다른 아티스트들을 도와줄 수 있었습니다. 에이전시 회사는 영화와 광고의 테마송, 엔드 타이틀로 그해 4배나 성장했습니다.

　내 경력에서 이 시기는 어떤 것이 효과가 있는지 알아보기 위해 엄청난 양의 아이디어, 이벤트, 프로젝트를 시도해볼 수 있다는 것을 자각한 때였습니다. 우리는 왜 스스로를 하나의 역할에만 한정시킬까요? 우리는 왜 기회와 자원의 네트워크를 구축하고, 운용하고, 창조할 수 있음에도 하나의 수입원에만 집착할까요? 더 복잡한 상태를 받아들일 준비가 되어 있으면 당신의 삶에 더 많은 것이 동시에 발생합니다.

　이것이 한 친구로부터 자신이 운영하는 팟캐스트에 출연해 음악 비즈니스에 대해 이야기해달라고 부탁받았을 때 정확히 나에게 일어난 일입니다. "나를 비롯해서 전 세계 아티스트를 가르치기 위한 온라인 강의를 개설해줄 수 있을까?" 친구는 당시 나에게는 완전히 생소했던 팟캐스트의 출연을 요청하며 이렇게 말했습니다.

　순간 나는 온라인 강의가 아티스트들이 정말 별로인 노래를 나에게 엄청나게 보내오는 중대한 문제를 해결할 수 있을 것이라는 사실을 깨달았습니다. 온라인 강의는 내게 곡을 보내는 아티스트들에게 내가 어떤 종류의 곡을 작업 중인지, 음악 제작자들이 요구하는 것을 어떻게 리버스 엔지니어링 할 수 있는지 알려주면서 아티스트들

직장에 연연하지 않기

의 음악에 대한 기초를 다질 수 있었습니다.

어떤 분야든 상관없이 성공한 사람들은 기회를 찾지 않고 스스로 기회를 만듭니다. 또한 그들은 다른 사람들의 문제점을 해결해줄 방법을 모색합니다.

셋째 딸을 임신했을 때 나는 '온라인 강의 제작하기'라는 에이미 포터필드Amy Porterfield(미국의 온라인 마케팅 전문가)의 온라인 수업에 등록했고 그 결과 나의 첫 번째 웨비나Webinar(온라인으로 진행하는 세미나 또는 강의_옮긴이)를 보유하게 되었습니다. 수천 명의 사람들이 실시간으로 등록하여 첫해에만 45만 달러의 수익이 발생했습니다. 이 모든 것은 터무니없어 보이지만 사실입니다.

가장 좋았던 것은 많은 작곡가들이 성공적인 라이선스를 확보한 것입니다. 라이선싱 경험이 하나도 없던 한 작곡가는 자신의 노래가 커피 광고에 등장하자마자 5만 5,000달러를 벌었습니다. 맥주 광고에 삽입된 노래로 7만 5,000달러의 수익이 발생한 작곡가도 있었습니다. 그해에 40퍼센트의 작곡가들이 자신의 음악을 판매했습니다. 작품이 수익으로 바뀐 것입니다. 이것은 엄청난 일입니다. 이것은 내가 이제까지 시도했던 모험 중 가장 위대한 모험에 참가하도록 나를 독려하는 또 다른 계기가 되었습니다.

수강생 중 한 명인 에이미 로프터스 페찬스키Amy Loftus Pechansky는 내가 말한 것의 85퍼센트 정도는 음악뿐만 아니라 프로젝트를 열정적으로 운영하고 있는 모든 사람에게 적용된다는 것을 알아차렸습니다. 내가 말하고자 하는 것은 음악가들은 물론 자신이 사랑하는 것을 하면서 돈을 벌고 싶은 모든 사람을 위한 것입니다. 내가 말하는 것은 고객의 필요사항을 관리하는 것에서부터 거래를 트기 위한 소개 메일을 보내고, 자신을 홍보하는 방법과 같은 단순한 기술이지만 대부분의 사람들은 이러한 것조차 어디서부터 어떻게 시작해야 할지 잘 모릅니다. 내 인생에 또 다른 프로젝트를 추가하고 싶지 않은 수백만 가지의 이유가 있었지만 내 등을 떠미는 내면의 속삭임이 결국 또다시 들려왔죠.

팟캐스트 〈직장에 연연하지 마세요〉를 처음 시작할 때 친구는 나를 도와줄 똑똑한 사람이라며 자신의 친구를 소개해주었고 덕분에 첫 방송을 잘 마쳤습니다. 내 생각에 첫 방송은 50명 정도 청취했지만 그보다 훨씬 더 많은 사람들이 들을 만한 가치가 있다고 여겼는지 메인 페이지에 내 팟캐스트 방송을 게재했습니다. 덕분에 내 팟캐스트는 비즈니스 카테고리에서 차트 50위로 시작해 20위를 거쳐 2위까지 상승했고, 50명으로 시작한 청취자 수는 10만 명으로 늘었습니다. 1년 후 내 팟캐스트는 100만 다운로드 횟수를 달성했고, 곧 두 배인 200만 다운로드 횟수를 기록하더니 얼마 지나지 않아 600만 다운로드 횟수를 기록했습니다.

이와 같은 결과에서 얻은 메시지는 나에게 중요했고 아주 명확했습니다. 그것은 바로 '당신은 충분합니다. 당신은 중요합니다. 당신이 존재하는 데는 이유가 있습니다. 오직 당신만이 이 세계에 기여할 수 있는 유일무이한 존재입니다'였죠.

현재 나는 팟캐스트 진행자, 코치, 교육 워크숍 운영자 그리고 세 아이의 엄마입니다. 여전히 작곡을 하고 음악을 가르치고 에이전시를 운영합니다. 일이 엄청나게 많지만 엄청나게 재미있고 놀랄 만한 보상이 있습니다. 나는 매일 오전 5시, 내 인생의 그 어떤 때보다 더 활기차고 즐거운 마음으로 일어납니다. 마침내 다른 사람을 도울 수 있는 방법을 찾았고 그것이 나의 가장 큰 성공이라고 생각합니다.

자신의 감을 믿으세요

모든 창조적인 과정이 그러하듯 프로젝트의 진면목은 막판까지 완전히 드러나지 않습니다. 사업, 동기, 가치보다 훨씬 더 큰 것을 이야기하는 이 책의 진정한 목적을 이해하는 데 오랜 시간이 걸릴 수도 있습니다. 이 책은 자신의 감을 믿는 것에 관한 것입니다. 당신의 즐거움을 믿고 따르세요.

당신을 둘러싼 현실의 제약으로부터 자유로워지고, 적절한 기회가 끊임없이 주어지는 새로운 수단을 배우고, 우연히 당신을 지지하는 사람들을 만나고, 경제적으로 풍요로워지는 것을 상상해보세요.

당신이 이 책을 집어 들었다면 당신은 앞으로 펼쳐질 변화가 궁금하고, 당신이 진정으로 원하는 삶에 대해 질문하는 내면의 속삭임을 들었을 것입니다. 당신에게 좀 더 어울리는 삶을 살기 위해 떠나는 여정에 내가 함께하겠습니다. 아마도 그 여정은 당신이 지금까지 한 일 중 가장 간단하면서도 가장 복잡한 일이 될 것입니다.

꿈 실천 노트

15분 정도 꿈에 대해 생각해보세요

각 장의 끝에 핵심 요약과 다양한 글을 공유할 것입니다. 그것들을 읽으면 엄청나게 많은 아이디어가 떠오를 것이라고 확신합니다. 그 생각들을 머릿속에서 끄집어내어 종이에 적는 것은 당신이 할 수 있는 가장 강력한 수단 중 하나가 될 것입니다. 펜과 종이를 앞에 두고 지금부터 바로 시작해보세요!

마법 지팡이를 사용해 내일 아침 당신이 좋아하는 것을 하면서 돈을 벌 수 있다면 당신은 무엇을 하고 싶나요? 빵집 창업? 브로드웨이 무대 공연? 영화 촬영? 15분 정도 당신의 꿈에 대해 생각해보고 그것이 어떤 느낌인지 느껴보세요. 또한 그 꿈에 대한 의심이 고개를 드는 것도 알아차려보세요. 회의감에 대해서도 앞으로 다룰 예정이니 너무 걱정하지 마세요. 의심은 일반적인 일이고 그런 의심을 인지하는 것은 앞으로의 여정에 도움이 됩니다. 기억하세요, 생각은 그 자체로는 아무것도 아닙니다.

2

여정과
과정

"혹시 작게 숨만 쉬고 있으면서
그것을 삶이라고 부르고 있나요?" _메리 올리버

       '지구라는 행성에서 당신의 존재는 엄청나게 중요하다'는 모든 진실 가운데 가장 기본적이고 중요한 것에서부터 시작해보겠습니다. 당신은 가치 있고 이 세상이 제공하는 모든 혜택을 누리기 위해 창조되었습니다.

  일러스트레이터이자 팟캐스트 진행자인 내 친구 앤디 J. 피자Andy J. Pizza는 "사람들이 다이아몬드를 좋아하는 이유는 그것이 매우 희귀하기 때문입니다. 그런데 나 자신보다 더 중요한 것이 있을까요?"라고 말합니다. "당신이 신을 믿든 과학을 믿든 상관없이 당신의 DNA와 경험은 당신을 이 세상에서 가장 희귀한 존재로 만듭니다. 당신과 같은 사람은 과거에도 없었고 앞으로도 없을 것입니다. 당신의 존재는 당신만이 유일하게 이 세상과 공유할 수 있는 것이 있고, 당신만이 유일하게 이 세상을 더 완전하고 아름답게 만들 수 있는 무언가가 있다는 것을 증명하는 단 하나의 증거입니다."

당신을 괴롭히는 무언가가 이 책을 펼치게 했다고 나는 확신합니다. 당신은 스스로 충분하지 않다고 생각합니다. 당신의 일부는 당신이 더 많은 것을 할 수 있는 능력이 있다고 항상 생각하지만 당신은 중요하지 않은 일을 하는 것에 진저리를 내거나 상황이 끝나기만을 기다립니다. 또한 잠재력을 발휘하며 살기를 희망하지만 그렇게 하지 못하는 상황이 닥치는 바로 그때가 불안감이 엄습하는 순간이라고 생각합니다.

당신 안에서 피어난 목표와 미션은 너무 크고 밝게 빛나기 때문에 당신의 유일한 선택지는 잠재력을 충분히 발휘하면서 살아가거나 아니면 의심과 좌절의 황무지에서 남은 인생을 보내는 것입니다. '당신은 여기에 대단한 일을 하러 왔습니다'라는 당신의 내면에서 우러나온 지혜의 속삭임을 들었을 때 귀를 기울이세요! 그러면 당신만의 고유한 재능을 세상과 공유할 수 있는 권한이 주어지는 알맞은 기회와 마주치게 될 것입니다.

아침에 일어나기 싫어하는 사람들은 일반적으로 다양하고 폭넓은 기회를 잡지 못합니다. 또한 다른 사람들이 당신에게 비현실적인 꿈을 꾸고 있거나 꿈을 이루기 위한 전략이 없다고 말할지도 모릅니다. 이와 같은 모든 상황에서 이 책이 당신에게 도움이 되기를 바랍니다.

당신 주위를 맴돌고 있는 오래된 사고방식에서 벗어나세요. 당신을 일깨우고, 당신을 기쁘게 하고, 당신이 배우고 싶은 것을 탐험해보세요. 이번 생에 당신이 하고 싶은 것을 더 많이 하기 위해 우선순위를 변경해보세요. 그것이 돈이든 사랑이든 친구든 창의성이든 상관없이 더 많은 것이 당신의 삶에 유입될수록 당신은 더 많은 것을 공유해야 합니다. 자신의 웰빙을 우선순위로 둘수록 다른 사람을 위해 더 많이 봉사할 수 있습니다. 당신이 행복할수록 당신은 다른 사람들이 행복을 추구하도록 만들 수 있습니다.

궁극적으로 우리는 봉사하기 위해 이 땅에 태어났습니다. 당신이 더 많이 가지고 있을수록 당신은 더 관대해질 수 있습니다. 우리가 살아가는 세계는 좋은 감정을 전파하는 사람, 무엇인가를 만들어내는 사람, 여유로운 마음가짐으로 살면서 다른 사람에게 영감을 주어 그들이 더 큰 목표를 달성할 수 있도록 도와주는 사람들이 더 많이 필요합니다. 진실한 즐거움은 전염되고 사람들로 하여금 그들의 행복을 추구하도록 만듭니다. 더 높은 의식 단계에 도달하고자 하는 염원과 가장 높은 수준의 잠재력을 달성하기 위한 노력을 통해 우리는 가족과 친구들을 위해 더 진실하고 나은 모습으로 우리 자신을 표현합니다.

삶의 한 분야에서 어떤 모습으로 자신을 표현할 것인지 일단 이해하기 시작하면 삶의 모든 분야로 그것을 확대할 수 있고, 그런 다음 더 전체적이고 통합된 목적, 성공, 행복 단계에 도달하기 위해 노력할 수 있습니다. 이러한 몰입 단계는 회의실에서, 침대 위에서, 노트북을 하거나 친구들과 시간을 보내는 등 우리가 어디에서 무엇을 하더라도 우리에게 충만하고 잘 정돈된 느낌을 줍니다.

데이비드 색스David Sacks는 간단하지만 정말 강력한 아이디어인 '당신의 삶에 예술을 접목하세요'를 공유한 미국의 유명 작가입니다. 매일 아침 스스로에게 '어떻게하면 이 세상에 기여할 수 있을까?' '어떻게 하면 다른 사람들을 위해 더 나은 세상을 만들 수 있을까?' 질문해보세요.

또한 현 시점에서 당신을 더 당신답게 만들어준다고 생각되는 것을 계속해보세요. 더 나은 자신과 보조를 맞추고 당신에게 속삭이는 것을 향해 용기를 가지고 걷다 보면 문이 열리고 당신은 당신의 재능이 필요한 사람과 만나게 될 것입니다. 그리고 당신을 필요로 하는 곳과 당신에게 최고의 기쁨을 주는 일이 당신을 이끌 것입니다.

우리는 누구나 좋아하는 일을 하면서 돈을 벌 수 있습니다. 단순히 돈을 버는 정도가 아니라 큰 돈을 벌 수 있습니다. 그러나 그러기 위해서는 행동을 해야 합니다. 자신이 영감받은 일을 실행에 옮겨야 합니다. 이 책은 우리가 어떤 행동을 해야 하는지에 대해 엄청나게 많은 아이디어를 제공해줄 것입니다.

자, 이제 준비가 되었습니다. 과정의 첫 번째 단계는 어둠을 인지하는 것입니다. 어둠은 잠시 동안일 수도 있고, 상당히 긴 시간일 수도 있지만 당신 스스로 자신이 괜찮지 않다는 것을 인정한다면 어둠을 인지하는 데는 아무 문제가 없습니다. 인생에서 뭔가 부족하다고 느끼거나 원하는 만큼 인생을 즐기지 못하고 있다고 생각할 수 있습니다. 잠시 동안 자신의 길에 대해 생각해봤을지도 모르고요. 특히 당신의 직업에 대해서는 더 고민했을 것입니다.

어둠을 인정한다는 것은 '나는 9시 출근과 5시 퇴근이 맘에 들지 않지만 어쩔 수 없이 해야만 해. 변화를 꿈꾸지만 사무실 책상에 내가 계속 앉아 있는 이유는 '나는 아직 충분하지 않아' 또는 '아직은 내가 할 수 있는 일이 없어'라고 스스로에게 말하고 있기 때문이야' 라고 생각하는 것을 의미합니다. 우리 대부분은 이렇게 참으면서 살고 있죠.

변화는 정말로 두려운 일입니다. 그래서 많은 사람들이 자기 자신에게 계속 괜찮다고 이야기합니다. 괜찮지 않은 것을 괜찮다고 하려면 당신 기분을 문제없도록 유지하기 위해 엄청난 배짱이 필요합니다. 당신은 그럴 자격이 있지만 실제로는 자신을 위한 최고의 삶을 살고 있지 않다고 진정으로 깨닫게 되면 당신은 스스로 정말 해야 일을 시작할 것입니다.

베스트셀러인《인생이 빛나는 생각의 마법The life-changing magic of not giving a fuck》의 저자 세라 나이트는 자신만의 방법을 통해 불만을 실제로 눈에 보이는 유형의 무언가로 치환해 다스립니다.

내 팟캐스트에 출연한 그녀는 "가장 먼저 해야 할 일은 목표 설정입니다"라고 말했습니다. "다음 두 질문에 대한 답을 통해 가치 있는 목표를 설정할 수 있습니다. 먼저 '내 인생에서 뭐가 잘못되었을까?'라고 물은 다음 이어서 '왜?'라고 묻는 것이죠."

"내면의 대화는 다음과 같이 진행될지 모릅니다. '내 인생에서 뭐가 잘못되었을까? 나는 아이들과 많은 시간을 보내지 못해. 왜 그럴까? 정시에 퇴근하지 못하기 때문이야. 그렇다면 당신의 목표는 '정시에 퇴근하기'가 됩니다. 자, 이제 어떻게 해야 할까요? 목표를 작고 관리 가능한 크기로 쪼갠 다음 한 번에 하나씩 목표를 달성하면 됩니다"라고 사라는 말합니다.

내면의 문제는 우리가 넘어야 할 첫 번째 산입니다. '나는 가치 있는 존재다'라는 믿음과 함께 시작해야 하죠. 부끄러움과 의심을 떨쳐버리고 '이것을 가지고 있는 나는 누구인가?' '이것을 하는 나는 누구인가?'라고 질문해보아야 합니다. 또한 당신은 좌절을 감당할 수 있는 용기가 필요합니다. 우리는 누구나 자신이 부족하다고 여겨지거나 거절당하는 것을 원치 않기 때문에 그런 상황이 발생할 수 있는 일과 경험은 필요 없다고 자신에게 말합니다.

비록 누군가는 당신의 창작물을 좋아하지 않거나 당신 스스로 첫 번째 시도에 대해 만족하지 않더라도 우리는 우리 자신에게 문제가 없다는 것을 인정하는 법을 배울 것입니다. 우리 자신이 완벽할 필요가 없다는 것을 인정하는 용기를 갖추게 되는 것이죠. 이러한 과정을 받아들이는 것은 당신이 가치 있다는 것을 알아가는 여정의 일부분입니다.

기쁜 소식은 당신이 진정한 운명을 되찾는 과정은 상당히 간단하다는 것입니다. 예를 들어, 당신이 요가를 좋아한다고 가정해봅시다. 당신은 정기적으로 요가를 하고 새로운 친구들을 만날 수 있는 요가 프로그램에 등록합니다. 요가 선생님은 당신에게 코스타리카에 있는 스튜디오에 대해 이야기하고 당신은 여행 갈 계획을 세웁니다. 코스타리카에 도착한 당신은 그날 오후에 자신의 에너지에 집중해야 한다는 것을 깨닫게 하는 레이키^{Reiki} 수업(우주 만물을 통해 자연치유를 추구하는 대체의학_옮긴이)에 참가합니다. 이것이 당신이 가치 있다는 것을 알아가는 과정의 힘입니다.

만약 당신이 영화 줄거리에 대해 이야기하는 것을 좋아한다면 당신은 하루 종일 영화 이야기를 하며 돈을 벌고 싶을 것입니다. 매주 반전을 다루는 영화의 영상을 유튜브에 올리는 것부터 시작할 수 있겠죠. 구독자 수를 조금씩 늘리기 위해 새로운 형식을 시도하는 것이 당신은 매우 즐겁습니다. 팟캐스트를 개설하고 영화를 좋아하는 사람들을 위한 저녁 모임도 만듭니다. 어느새 당신은 하루 종일 영화 이야기를 하며 돈을 벌고 있습니다. 이것이 과정의 마법입니다.

우리는 이것을 흐름, 과정, 추세, 영적 기술 등으로 명명할 수 있습니다. 가장 중요한 것은 당신이 올바른 길로 가고 있을 때 영감이나 우연한 만남을 통해 촉발되는 탐구 정신을 감지하는 것입니다. 가령 '왜 그런지는 모르겠지만 나는 아무래도 이것을 해야 할 것만 같아'라고 스스로에게 말하고 있는 자신을 발견할지도 모릅니다. 삶이 당신을 인도한다면 당신은 미래에 발생할 일에 대해 더 이상 스트레스를 받지 않아도 됩니다. 나를 가장 즐겁게 만드는 기회나 아이디어를 나 자신과 잘 결부시키면서 '어떻게'를 극복하게 되면 당신이 해야 할 일은 순서대로 정렬되기 시작할 것입니다.

열정은 그 어떤 것보다도 두뇌를 활성화시킵니다. 캐나다 작가인 대니엘 러포트는 '우리가 가장 열정적으로 활동할 수 있는 분야로 방향을 잡아야 한다'고 조언합니다. "열정은 의식의 고조 단계입니

직장에 연연하지 않기

다. 열정은 실제로 행복, 관심, 만족보다 훨씬 더 상위 단계에서 움직이죠."

명확성은 행동을 따라옵니다. 우리는 과정의 각 단계에서 다음 단계에 무엇을 해야 하는지에 대한 실마리를 획득합니다. 그 누구도 여정이 앞으로 어떻게 진행될지 알지 못합니다. 당신은 직감을 믿는 법에 대해 배우고, 스스로를 기분 좋게 만들면서 사람들이 당신의 성과에 대해 만족하게 하며, 더 큰 기회를 잡을 수 있는 곳으로 움직여야 합니다. 보물찾기처럼 당신은 궁극적으로 당신의 목표로 인도하는 여정의 각 단계에서 다음 단계의 실마리를 찾을 것입니다.

"행복은 목적입니다." 강연자이자 동기부여 강사인 비니 프리드먼Binny Freedman이 말했습니다. 우리가 이 세상에 기여할 수 있는 방법을 찾는 것처럼 우리는 관계를 변화시키는 힘이 있는 깊은 만족감을 스스로 개발해야 합니다. 우리는 자신의 일부를 다른 사람에게 베풀고 다른 사람들을 더 나은 상태로 만들기 위해 자신을 희생하며 의미를 얻습니다.

우리는 이러한 목적의 개념을 주춧돌로 삼고 일상생활에서 목적과 상호작용을 이뤄야 합니다. 목적이 특별해야 한다는 생각을 버리세요. 이미 존재하지만 당신이 그것을 더 발전시킬 수 있는 목적과 의미를 찾아야 합니다. 이런 생각을 토대로 완벽한 단 하나의 목적이 필요하다는 중압감을 날려버려야 합니다. 목적은 누군가에게 전화를 거는 것일 수도 있고, 동료와 시간을 좀 더 보내는 것일 수도 있고, 업무적으로 문제를 일으키는 생각을 지워버리는 것일 수도 있습니다.

하루하루 다른 사람을 위해 무언가를 하기로 마음먹은 후로 내 인생은 지금이 가장 활력 넘친다고 느낍니다. 이 세상에 보탬이 되고 더 나은 내가 되도록 당신을 독려하는 일에는 행복 그 이상의 무언가가 있습니다. 나는 더 나은 세상을 만들고 내 자신을 표현하고 싶은 간절한 열망을 달성하는 것에 중독되었습니다.

그러나 당신의 소명을 개발하고 인지하기 위해서는 인내가 필요합니다. 우리는 오랫동안 무언가를 하는 것에 대한 공경이 사라진 위험한 세상에 살고 있습니다. 모든 것은 시간의 흐름에 따라 발생한다는 생각을 하지 못하고 참을성 없이 여정을 떠나는 일이 많죠.

무언가를 알고 싶으세요? 구글을 활용하세요. 무언가를 배달시키고 싶으세요? 주문하세요. 우리는 지금 당신의 삶에 대해 이야기하고 있습니다. 파울로 코엘료Paulo Coelho의 《연금술사The Alchemist》나 잭 케루악Jack Kerouac의 《길 위에서On the Road》와 같이 당신이 읽었던 소설 중 가장 좋았던 작품에 대해 생각해보세요. 당신만의 여정을 떠나는 것이 중요합니다.

에밀리 에스파하니 스미스Emily Esfahani Smith(미국의 작가이자 강연자)는 내 팟캐스트에 출연해 전 세계 인구의 3분의 1만이 선천적으로 자기가 무엇을 해야 하는지 알고 있다고 말했습니다. 우리가 하고자 하는 것은 우리의 시도와 도전에 상대적으로 즉각적인 성공 대신 실패라는 이름표를 다는 것입니다. 대다수의 사람들은 첫 번째 시도에서 자신의 평생 소명이 무엇인지 알지 못하지만 그 시도 자체가 곧 당신을 평생 소명으로 인도할 용기 있는 첫걸음입니다.

앤디 J. 피자는 말했습니다. "창작 활동을 하는 사람들은 항상 문제를 해결해주는 요정이 나타나기를 기다립니다. '당신은 사실 마법사입니다'라고 말해줄 해그리드Hagrid(《해리포터》 시리즈에 나오는 등장인물_옮긴이)를 기다리는 것이죠. 나는 그들에게 항상 '이봐요, 해그리드는 오지 않아요'라고 일러줍니다. 당신은 거울을 들여다보면서 당신이 어떤 종류의 마법을 가지고 있는지 확인해야 합니다. 과거에는 발현되지 않은 재능을 가진 사람들을 찾아다니던 재능발굴자들과 에이전트들이 엄청나게 많았기 때문에 우리는 문제 해결 요정의 신화가 머릿속에 각인되어 있습니다. 재능 있는 사람들을 찾아다니던 사람들은 창의적인 산업의 판도가 바뀌면서 재능을 탐색하기 위해 많은 자원이 필요치 않다는 것을 깨달았습니다. 재능은 인터넷에서 폭발했죠. 그것은 실력 위주로만 평가받지 않았죠. 완벽하지 않아도 만약 누군가가 청중을 모을 수 있다는 것을 증명하기만 하면 남는 장사였습니다. 발현되지 않은 재능을 외부에서 찾는 사람은 이제 없습니다. 내가 제안하는 것은 당신 스스로 자신을 위한 해그리드가 되는 것입니다."

오늘날 당신은 창의적인 환경 속에서 출발 시점을 스스로 선택할 수 있습니다. 우리가 더 깊이 몰두하고, 생각의 변화를 느끼고, 본질적 자아와 친해지고, 더 큰 기쁨을 찾기에 앞서 나는 팟캐스트 〈직장에 연연하지 마세요〉 청취자와 초대 손님들에게 이 여정이 어떤 식으로 진행되는지 알려주었던 두 가지 놀라운 이야기를 당신과 공유할 것입니다.

즐거움을 직업으로 바꾸세요

토미 마칸주올라Tomi Makanjuola는 나이지리아 출신의 채식주의자이자 채식요리 연구가입니다. 그녀는 하루 8시간 일하면서 자신의 블로그를 성공적인 프로젝트로 이끌겠다는 꿈을 막 키우기 시작했을 무렵 팟캐스트 〈직장에 연연하지 마세요〉를 청취하기 시작했습니다. 그녀는 하는 일에 비해 보상이 너무 적었던 전문 요리사의 삶을 정리하고 런던의 한 출판 업계에서 일하고 있었습니다. 직장을 다니면서 그녀는 부업으로 나이지리아 요리를 이용하여 더 건강한 식단을 제시하는 블로그를 운영했죠.

팟캐스트를 듣고 난 다음 토미는 자신의 열정을 어떻게든 직업으로 바꾸겠다고 스스로에게 다짐했습니다. 그녀는 요리책을 자비로 출판하고, 매주 유튜브에 요리 영상을 올렸습니다. 이벤트로 저녁 식사 자리를 마련해주거나 비공개 연예인 파티에서 요리를 하기도 했죠. 그 결과 6개월 만에 토미는 거의 10만 달러를 벌었습니다.

나이지리아 라고스에서 태어나고 자란 토미는 10대 때 영국으로 이주했습니다. 남프랑스에서 1년 유학했을 때 그녀는 건강함과 식단이 신체 건강과 활력에 미치는 영향에 대해 배울 기회가 있었습니다. 그녀의 사업 여정은 바로 여기서부터 시작되었고 이 놀라운 발견을 다른 사람들과 공유하기 위해 블로그를 개설했습니다.

"나는 채식주의자로 살아가면서도 끝내주는 나이지리아 음식을 여전히 즐길 수 있다는 것을 내 친구와 가족들에게 보여주고 싶었어요. 정확히 어디로 가는지 또는 어디로 인도되고 있는지 몰랐지만 나는 천천히 그러나 확실히 그 일을 하기 시작했어요. 하면 할수록 내가 하는 일을 더 사랑하게 되었고, 그 일이 나에게 얼마나 많은 기쁨과 생동감을 주는지 잘 알게 되었죠. 이것을 다른 사람들과 공유하고 싶었어요"라고 토미는 말했습니다.

그녀는 요리와 나이지리아 채식요리에 대한 자신의 열정을 요리사라는 직업으로 바꾸었지만 곧 자기회의와 자기의심에 빠졌습니다. 줄곧 식당에서 일하는 것이 요리 경험을 쌓기 위해 더 현명한 선택임을 스스로에게 주입해야만 했습니다. 결국 요리사의 삶에 환멸을 느낀 그녀는 고향으로 돌아와 요리 다음으로 흥미가 있던 문학에 대한 관심으로 출판 업계에 일자리를 얻었습니다. 비록 그녀는 블로그 활동과 비정기적인 저녁 식사 이벤트를 지속적으로 운영하고 있었지만 그때까지도 열정 프로젝트는 '언젠가' 이룰 꿈으로만 남아 있었죠. 그러던 2018년 여름의 어느 날, 그녀의 친구가 그녀에게 팟캐스트 〈직장에 연연하지 마세요〉 링크를 보냈습니다. 재생 버튼을 누르고 영상을 접한 뒤로 그녀의 마음가짐이 변하기 시작했습니다. 그리고 마침내 자신의 즐거움을 직업으로 탈바꿈시켰습니다.

자신이 열정을 쏟는 분야를 직업으로 삼기 위해 다양한 자원을 활용할 준비가 완료되었을 때 그 시기가 왔음을 알려주는 미래의 어떤 순간이 존재한다고 생각하는 사람들이 많습니다. 토미의 삶은 그때를 결정하는 사람은 다름 아닌 '우리 자신'임을 보여줍니다. 그 누구도 당신의 어깨를 두드리며 '지금이 시작해야 할 때'라는 것을 알려주지 않습니다. 그것이 엄청나게 두려운 일이라 할지라도 두려움과 함께 공존하는 법과 자신의 열정을 추구하는 법을 배울 때 발생하는 일에 대해 토미는 다음과 같이 이야기합니다.

"마음 깊은 곳에서 '열정'에 몰두해야 한다고 말하고 있는 듯한 불편한 느낌이 항상 있었어요. 나의 열정은 음식을 나누고, 내가 만든 나이지리아 채식요리를 먹는 사람들의 얼굴에 즐거움이 피어나는 것을 보는 것이죠. 마음가짐을 바꾸기 전까지 나는 결국 그 일을 하지 못했어요. 마음을 변화시키는 것이야 말로 내게 꼭 필요한 것이었죠. 팟캐스트를 청취하면서 나는 열정으로 가득 찼어요. 열정은 내가 무언가를 하도록 만들었죠. 팟캐스트를 통해 나는 내가 하고 싶은 일을 하게 될 것이고, 그것은 완벽할 필요가 없으며, 적절한 때를 기다릴 필요 또한 없다는 것을 알았어요."

"하루는 세스 고딘Seth Gordin(미국의 기업가이자 《보랏빛 소가 온다》의 저자)이 출연한 팟캐스트를 들었는데 방송에서 그는 두려움과 맞서는 법, 두려움을 다루는 법, 특별한 고객을 발굴하는 법에 대해 이야기했어요. 요리를 하고 시식회 전에 나는 항상 불안했죠. '사람들이 내가 만든 음식을 좋아할까?' '음식을 먹는 동안 그들은 과연 즐거울까?'라는 고민을 계속했어요. 하지만 사람들이 자리에 앉자마자 서로 담소를 나누고, 새로운 사람들을 사귀고, 음식에 대해 이야기하면서 즐거운 시간을 보내는 것을 확인했어요. 모든 걱정은 연기처럼 사라졌죠. 나는 내가 이 일을 해야 하는 이유에 대해 더 강한 확신을 얻었어요."

"나는 페이스북 이벤트를 만들어 지인들을 초대하기 시작했고 지인들에게 그들의 지인을 초대해달라고 요청했어요. 인스타그램, 트위터, 입소문을 활용하여 기반을 구축했죠. 이 일을 하면 할수록 내가 진심으로 원한다면 이 일을 취미가 아니라 직업으로 삼을 수도 있겠다는 것을 생각이 들었죠."

"어느 날 갑자기 나는 매일 아침 일어나 내가 사랑하는 일을 하고 싶었어요. 100퍼센트 확신했죠. 그동안 생각만해오던 '내가 좋아하는 일에 확신을 갖고 완전히 몰두하기 위해 무엇을 해야 할지 생각할 시간'이 닥친 거죠. 〈직장에 연연하지 마세요〉와 같은 팟캐스트를 듣는 것은 그 과정의 일부였어요. 팟캐스트를 통해 무엇이 가능한지에 대해 눈을 뜨게 되었지만요. 다른 사람들의 이야기를 듣고 그들은 할 수 있지만 나는 할 수 없을 것이라고 말하기 쉽지만 마음을 바꾸고 나니 할 수 있는 것들이 무한하다는 것을 깨달았어요. 매일 아침 일어나 내가 좋아하는 일을 할 수 있고 모든 일이 잘 풀릴 것이라는 것을 직감으로 알았어요."

토미는 무한한 가능성을 실현할 수 있는 자신을 만들기 위해 일상에서 사소하지만 강력한 변화들을 시행하기 시작했습니다. 저축을 더 많이 하고 물건을 신중하게 구매하며 돈에 대한 마음가짐을 변화시켰습니다. 그녀는 다양한 사람들의 창업스토리를 샅샅이 살펴보고 성공한 창업가들의 여정을 분석했습니다. 그녀는 매일 짬을 내어 자신의 창업 청사진을 그려보았습니다. 가장 중요한 것은 그녀가 수년간 자신을 머뭇거리게 만든 것들을 과감히 정리한 것이었습니다.

"나는 1년 이상 작업하다 멈추다 하던 요리책 프로젝트를 다시 추진했어요. 프로젝트를 추진할 원동력이 갑자기 생겨버렸죠. 책 제목은 《플랜턴 바나나 요리책Plantain Cookbook》이었어요. 플랜턴 바나나는 내가 평생 동안 사용해온 매우 유명한 나이지리아의 요리 재료지만 많은 사람들이 잘 모르죠. 나는 40가지의 채식요리법을 만들었고 매일 저녁과 주말마다 요리를 하고 기록했어요. 내가 만든 요리에 대해 걱정을 정말 많이 했는데 때마침 카메라가 있어서 사진을 찍기로 결정했죠. 요리하고 사진 찍을 시간을 확보하기 위해 빡빡한 일정을 소화했지만 그 과정을 나는 굉장히 즐겼어요. 그렇게 사진 찍은 요리들을 온라인에 올리기 시작했죠."

"그다음에는 유튜브 채널에 올릴 영상을 지속적으로 만들어야겠다고 다짐했어요. 1년 동안 매주 한 개의 영상을 올리자고 목표를 세웠죠. 그리고 실제로 그렇게 했어요. 요리법을 공유하고, 요리 시식회 사진을 찍거나 여행지에서 맛본 채식 요리들도 촬영했죠. 이런 활동들을 통해 내가 무엇을 할 수 있는지 정말 많이 알게 되었어요."

"스스로 준비하고 자신을 믿기 시작하면 현실이 당신에게 다른 이야기를 하더라도 할 수 있는 것들이 정말 많아요. 예전에는 흐름이라는 것을 믿지 않았지만 모든 것이 정말 순서대로 진행되기 시작했어요. 요즘에는 건강한 나이지리아 음식이 주는 메시지를 가지고 더 많은 사람들과 소통할 수 있을 것 같은 느낌이 들어요. 지금의 나는 모든 가능성에 대해 열려 있어요. 마술이든 놀라움이든 상관없이 삶이 나를 위해 준비한 것들을 받아들일 준비가 되어 있어요."

토미의 이야기들이 바로 내가 말하는 즐거움을 따르는 과정 속의 소명이라는 것입니다. 일단 이러한 삶의 흐름에 몸을 맡기게 되면 모든 것이 당신을 위해 맞춰지기 시작합니다.

이어서 소개할 미국 출신의 도예가이자 디자이너인 조너선 애들러의 이야기는 우리가 자신의 즐거움을 따를 때 무엇이 가능한지를 말해주는 또 하나의 훌륭한 사례입니다. 그는 현 시점에서 가장 성공한 디자이너이지만 대학교에서 그를 가르친 교수는 그에게 디자인에 대한 재능이 없다고 대놓고 말했습니다. 그러나 그를 보면 알 수 있듯이 소명이라는 것은 반드시 우리를 찾아옵니다.

자신의 즐거움을 따를 때

조너선 애들러의 생동감 있는 디자인은 생기발랄함과 품격을 절묘하게 조화시킨 공간을 창출합니다. 도예에 대한 그의 엄청난 사랑은 오늘날 전 세계적으로 퍼져 있는 그의 모든 작품에 녹아 있습니다.

애들러는 캠핑 간 아이처럼 도예에 대한 그의 사랑이 지극한 것을 깨닫고 브라운 대학에서 수학하는 동안 로드아일랜드 디자인 대학에서 추가로 수업을 들으며 도예에 대해 계속 탐구했습니다. 도예에 푹 빠진 그는 순수미술 석사 학위를 취득하기 위해 교수 중 한명에게 자문을 구했습니다. 그 교수의 대답은 사람들이 그에게 어떻게 도예를 시작하게 되었는지 물어볼 때마다 그가 항상 말해주는 이야기입니다. 교수는 그에게 디자인에 대한 재능이 전혀 없고 '도예는 너의 길이 아닌 것 같다'고 직설적으로 말했습니다.

나중에 한 인터뷰에서 애들러는 '모든 창의적인 사람과 도예가는 넘어서야 하는 회의론자가 반드시 있어야 한다'고 말했습니다. 그때 그는 그 교수의 말을 도예를 그만두라는 계시로 받아들였고, 뉴욕으로 가 배우 에이전시에서 직원으로 일하며 의미 없는 몇 년을 보냈습니다. 애들러의 이야기는 가장 성공한 예술가라 하더라도 자신의 소명을 깨닫기까지 많은 시행착오를 겪는다는 것을 보여줍니다.

"20대의 나는 미숙했고 세상 속으로 뛰어든다는 생각에 매우 흥분한 상태였어요. 학교 성적은 좋았지만 실제로 세상을 헤쳐 나가는 능력은 별로라는 것을 깨달았죠." 그는 내 팟캐스트에 출연하여 나이 불문하고 모든 사람이 공감할 만한 말을 했습니다.

애들러는 일을 잠시 쉬면서 '진흙, 땀 그리고 눈물Mud, Sweet and Tears'이라고 불리던 도예 스튜디오 근처의 새 아파트로 이사했습니다. 부모님이 그에게 미래의 계획을 물어봤을 때 그는 약 6개월 동안 작업 공간을 탐색하면서 무료 수업을 진행하고 있었습니다. 그가 자신의 미래에 대해 별안간 공포와 절망을 느꼈을 때 그는 디자인 업계에 아무런 연고가 없는 27살 청년이었습니다.

직장에 연연하지 않기

그의 행동이 자신감, 순수함, 자포자기 아니면 다른 무엇에서 비롯되었는지는 몰라도 애들러는 어느 날 바니스Barneys(미국의 유명 백화점 체인_옮긴이)의 구매담당자에게 연락해 자신의 엘리베이터도 없는 4층짜리 아파트에 있는 그의 도예작품을 보러 오라고 초대했습니다. 놀랍게도 구매담당자는 그의 아파트를 방문했고 유용한 피드백을 해주었습니다. "멋진 작품이네요. 그러나 우리가 지금 당장 원하는 것과는 거리가 있어요. 우리는 도자기 표면에 잔금이 표현된 것을 찾고 있고 그런 것에 관심이 많습니다."

애들러는 "알겠습니다. 할 수 있어요"라고 답하고 곧바로 작업에 착수했습니다. 그는 인라인스케이트를 타고 새벽에 소호SoHo(미국 뉴욕 맨해튼에 있는 예술거리_옮긴이)에 있는 어느 스튜디오를 방문해 구매담당자가 원하는 작품을 만들기 위한 재료를 가져왔습니다. 그는 자신의 작품을 바니스의 구매담당자가 요구한 대로 수정하여 그에게 보냈고 애들러의 사업은 거기서부터 시작됐습니다.

"나는 소호에 10평방미터 크기의 공간을 한 달에 250달러를 주고 빌릴 수 있는 도예 협동조합을 발견할 때까지 직업을 구하기 위해 이리저리 뛰어다니며 기회를 탐색했어요. 엄청난 노력이 필요했지만 결국 해냈죠. 도자기를 굽기 시작했습니다. 그때 나는 '무슨 일이든 해내고 말거야'라고 계속 다짐했어요. 더 이상 물러설 곳이 없었죠. 이것이 내가 잡아야 할 기회였어요." 그가 말했습니다.

바니스 측에서 그의 작품을 구매했습니다. 애들러는 당시 소호에 디자인 스토어를 막 개장한 빌 소필드Bill Sofield라는 디자이너를 우연히 만나 급격히 가까워졌습니다. 소필드는 애들러가 바니스에 판매한 도자기 이야기를 듣고 매우 놀랐지만 그의 작품을 좋아했기에 그가 전시회를 열도록 도와주었습니다. 애들러의 주요 자원은 바로 '자기 자신'이었습니다. 점토와 작업 공간은 그 당시 비교적 저렴했죠.

"나는 생각했어요. '좋아, 오직 도예에만 매진할거야' 그렇게 내 자신을 활용하기 시작했습니다. 그때 당시 나는 완전히 한 마리의 동물이 되었어요. 나 자신을 실업자 나부랭이에서 쉼 없이 돌아가는 기계로 탈바꿈시키는 무언가가 내 머릿속에서 켜져만 갔지요. 점토와 같이 먹고 자고 숨 쉬었죠. 아침 7시에 작업실에 출근했어요. 정오까지 100개의 머그를 쉬지 않고 만들었고 30분 동안 점심을 먹었어요. 그런 다음 다시 머그 만드는 일에 몰두했죠. 졸지에 나는 나를 감시하는 엄격한 교관이 되었어요. 아무 생각 없이 3년 동안 이것을 계속했죠."

3년 동안 애들러는 그렇게 자신의 사업을 구축해나갔습니다. 소호 여러 곳에서 전시회를 열기 시작했죠. "나는 매우 지쳐 있었지만 집중력은 엄청났어요. 작은 가내수공업 시스템을 구축해 도기를 채색하고 도기에 유약을 바르는 조수 몇 명을 두었죠. 나는 다양한 기법을 보유하고 있지 않았지만 도예품을 아주 잘 만드는 기술이 있었어요. 모든 작품을 직접 만들었죠"라고 그는 말했습니다.

애들러의 주변 사람들이 그가 '번 아웃' 징후를 보이는 것을 파악하고 그에게 짧은 휴가를 권했습니다. 그 휴가 기간 동안 애들러는 자신의 아이디어를 더 크게 키우려면 누군가의 도움이 필요하다는 것을 깨달았습니다. 그는 뉴욕에서 이리저리 기회를 찾던 중 개발도상국 예술가들을 미국 예술가들과 연결해주는 예술가 지원 프로그램이 있다는 것을 알게 됐습니다. 그 프로그램을 통해 페루에 있는 한 공방을 방문할 수 있었죠.

"나는 세상을 구하려고 하지 않았어요. 그냥 내가 좋아하는 부부가 운영하는 훌륭한 공방을 방문한 거죠. 그들은 나에게 가족과 다름없는 사람들이 되었어요. 나는 기회를 포착했고, 그 기회를 잡았고, 그들과 관계를 쌓기 위해 몇 개월 동안 그곳에 머물렀어요."

애들러는 오늘날에도 여전히 페루의 예술가들과 함께 작업합니다. 그곳을 처음 방문했을 때 그는 자신의 일상을 박차고 나올 시간과 공간이 있었고 다시 꿈을 꾸기 시작했습니다. 그는 그곳에서 도예라는 새로운 표현 수단에 자신의 디자인 철학을 어떻게 녹이고 미래를 위한 사업을 어떻게 지속적으로 운영할 것인지 고민했습니다.

"도예 사업은 스타일에 큰 중점을 두지만 한 번 설정된 스타일은 그다지 많이 바뀌지 않거든요. 하지만 유행은 계속 바뀌기 때문에 사업에는 주기가 있을 수밖에 없어요. 다른 도예가들이 겪은 일을 파악한 다음 혼자 생각했죠. '실업자와 진배없는 나에게 그런 일이 발생하면 큰일 나겠어!' 나는 항상 나에게 영감을 주는 패션 업계를 주의 깊게 살펴보고 패션 디자이너들이 어떤 식으로 끊임없이 자신들을 변화시키는지 확인했어요. 그런 다음 나만의 독특한 스타일을 만들면서 패션 업계에서 배운 것들을 엄청나게 확장시켰죠. 전통적인 도예가가 되기보다 유행에 민감한 패션 사업 모델을 도예에 늘

접목했어요"라고 그는 설명했습니다.

페루에서 보낸 시간을 통해 애들러는 새로운 재료를 생각할 수 있었습니다. 그는 방직공을 만났고 수제 베개를 자신만의 독특한 스타일로 만들기 시작했습니다. 그러자 그는 다시 숙명과 맞닥뜨리게 되었습니다. 예술가 지원 프로그램을 후원하는 포터리반Pottery Barn(미국의 고급 가구 체인점_옮긴이)에서 역대 최대 주문을 받게 된 것이죠. 그는 빈궁한 삶에서 벗어나 자신의 첫 번째 매장을 열 수 있을 만큼의 충분한 자금을 확보했습니다.

"단순히 물건을 만드는 사람에서 더 큰 유형의 공간을 대표하는 사람이 되는 것이기 때문에 매장을 가진다는 것은 내 인생에서 정말 중대한 순간이었어요. 그때는 임대료가 그렇게 비싸지 않을 때였죠. 가게에서 일하며 도자기 굽는 일을 내 손으로 직접 다했어요. 비용을 최소화한 다음 종잣돈을 모았고 그것으로 두 번째 매장을 열었죠. 운이 어느 정도 작용한 것도 있지만 이렇게 되기까지 정말 쉽지 않았어요. 특히 나는 남들이 한 것을 그대로 따라하지도 않았죠."

오늘날 조너선 애들러의 이름을 모르는 사람이 거의 없을 만큼 그는 전 세계에서 가장 독특한 디자이너 중 한 명입니다. 그는 28개의 매장을 가지고 있고 피셔프라이스나 아마존 같은 다양한 기업들과 협업하고 있습니다. 많은 것을 이룬 지금도 창작의 기쁨은 여전히 그를 움직이는 가장 큰 원동력입니다.

"나는 지금 멋진 삶을 살고 있어요. 무언가를 만드는 일에 매우 중독되어 있죠. 사업 부분은 종착역으로 가기 위한 수단이에요. 전문가로서 내 삶의 본질은 창의성이죠." 그가 말했습니다.

자신을 활용하는 능력을 그 어떤 사례보다 잘 보여주는 애들러의 이야기를 나는 매우 좋아합니다. **그 누구도 당신만큼 당신의 꿈에 대해 관심이 없습니다. 시작해도 된다는 허락을 찾고 있다면 그것은 오직 당신 안에서 찾을 수 있습니다.**

세라 나이트는 말했습니다. "자기 자신을 찾는 과정은 항상 옳습니다. **당신은 당신의 행복에 대해 스스로 책임져야 합니다. 지구상의 그 누구도 당신을 위해 그 일을 해주지 않기 때문입니다.**"

꿈을 위한 북마크

- 이 세상에서 당신의 존재는 매우 중요합니다.
- 당신이 존재하는 데는 이유가 있습니다. 우리는 당신이 필요합니다.
- 세상 사람들은 자신을 행복하게 만들어주는 사람을 필요로 합니다.
- 당신이 반짝반짝 빛날 장소는 언제나 존재합니다.
- 어떤 흐름을 타야 할지 아는 것은 엄청난 변화를 가져옵니다.
- 삶의 자연스러운 흐름에 몸을 내맡기면 모든 것이 당신을 위해 제자리를 찾습니다.
- 당신 내면의 목소리에 귀를 기울이세요.

꿈 실천 노트

자신에 관한 목록을 작성하세요

어떤 것이 당신 본연의 모습과 가장 잘 어울리나요? 당신과 가장 잘
부합하는 활동, 주변 사람, 생각들을 하나씩 적어보세요. 그런 다음
그중에서 당신이 할 수 있거나 또는 더 자세히 탐구하려고 시도했
던 것들의 목록을 작성해보세요. 당신이 주재할 수 있는 모임이 있
는지, 참가할 수업이 있는지, 제공 가능한 서비스가 있는지, 만들어
낼 수 있는 것이 있는지 등을 생각하며 기록해보세요.

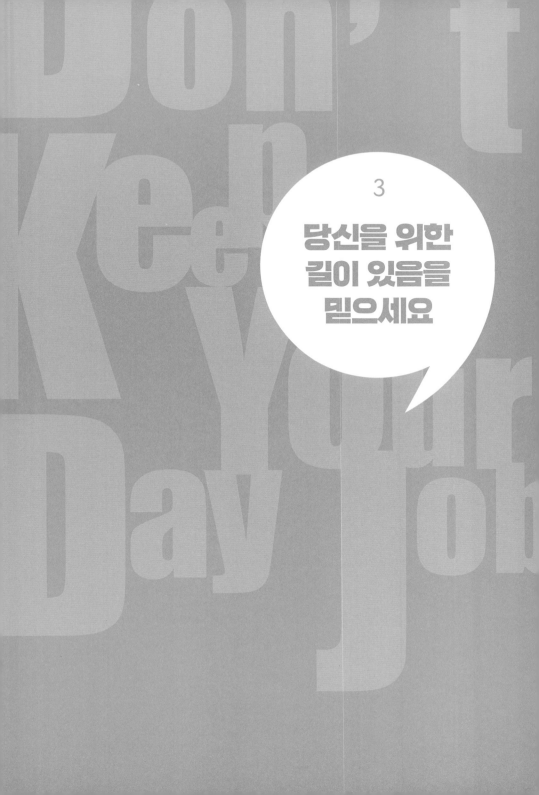

3

당신을 위한
길이 있음을
믿으세요

"당신의 열정은 무엇입니까?
무엇이 당신의 영혼을 자극하고, 이곳에 존재하는 이유와
완벽하게 조화를 이룬 것 같은 느낌을 주나요?
이것만은 확실히 알아두세요. 그것이 무엇이든 간에
당신은 그것을 하면서 생계를 유지할 수 있고,
동시에 다른 사람들을 위한 서비스를 제공할 수 있습니다.
내가 보증합니다." _웨인 다이어

만약 당신에게 속삭이는 것이 무엇이
든 상관없이 그것을 향해 걸어갈 용기가 있다면 무슨 일이 일어날까
요? 당신이 마음속의 열망에 대해 더 이상 저항하지 않는다면 무슨
일이 일어날까요? 또한 당신이 스스로에게 나는 아직 부족하고 그
것은 불가능한 일이며 자격이 없다고 계속 말하는 것을 그만둔다면
어떤 일이 일어날까요? 우리가 스스로에게 부정적인 말을 하는 것
을 그만두고 마음을 내려놓으면 마음속의 안개들이 걷히기 시작합
니다. 진정한 자신과 친구가 되고, 자신의 호기심과 기쁨을 따라가
는 법을 배우면서 우리는 자신의 삶과 더 잘 어울리게 됩니다.

우리는 모두 기쁨을 느끼고 그 기쁨을 세상에 전하기 위해 창조되
었지만 마음속의 소음과 주변의 참견에 쉽게 포위됩니다. 마음속의
소음과 주변의 참견은 우리를 열정과 여정으로부터 멀어지게 합니

다. 자신과 맞지 않는 경우에는 아주 작은 일조차 우리를 힘들게 하고 좌절감을 안겨줍니다.

나는 모든 것이 자기 위치에 있는 것을 매우 중요하게 생각합니다. 우리가 자신의 말에 귀를 기울일 때 주변 상황은 완벽하게 제자리를 찾기 시작하죠. 하지만 우리가 자신에게 가장 큰 기쁨을 주는 곳과 완전히 반대 방향으로 우리를 인도하는 외부 목소리에 이끌려 인생의 대부분을 살아간다는 사실은 놀라운 일입니다. 우리는 자명한 사실에 대해 저항하고 있습니다. 또한 진실을 외면하고 있습니다.

자신의 나침반을 믿는 법을 배우는 것은 중요합니다. 내면의 세계가 존재하고 그것과 우리가 함께하는 순간 할 수 있는 일들에 대하여 우리는 너무 과소평가합니다. 우리는 모두 인간의 형태 안에 있는 에너지를 가진 영적이면서도 무한한 경이로운 존재입니다. 우리가 스스로 무언가를 발산한다고 느끼는 모든 것과 우리 주위에 있는 모든 것도 각자의 분위기를 우리에게 전달합니다.

우리가 기쁨과 마음속 열망에 대해 더 심오하게 인식할 때 우리는 진정으로 원하는 것에 도달하기 위한 문을 스스로 열 수 있습니다. 그곳에서 우리는 다음 단계로 인도되고, 앞장에서 살펴본 것처럼 아름다운 놀라움이 나타납니다. 그렇다면 우리는 어떻게 내면을 살펴볼 수 있을까요?

당신 안의 무언가가 껍질을 깨고 나온 적이 있는지 스스로에게 질문해보세요. 있다면 그것을 유지하세요. 그곳에 지혜가 있습니다. 그곳에 진실이 있습니다. 팟캐스트 〈깨어 있는 삶Live Awake〉을 진행하는 세라 블론딘^{Sarah Blondin}은 명상과 성찰의 힘에 그녀의 인생을 바쳤습니다. 그녀의 가장 큰 소망은 사람들이 현실에 기반해 자신의 중심을 찾고 그곳에서부터 행동하도록 도와주는 것입니다.

그녀는 팟캐스트에서 믿을 수 없는 관점을 공유했습니다. 그녀에 의하면 스스로에게 도움을 청하는 것은 괜찮습니다. 아침에 눈을 감고 자신의 목적을 찾는 것을 도와달라고 해도 괜찮은 것이죠. 신성한 치유 명상을 위해 시간을 투자하고 목적을 찾는 것을 도와달라고 해보세요. 삶의 건강한 흐름 속으로 빠져들기 위해 도움을 요청하세요. 우리 모두에게 적용되는 지혜가 있고 그러한 지혜는 어떤 책이나 동기부여 연설자도 제공해줄 수 없는 정확한 답을 제공합니다. 세라와 나는 명상과 성찰에 숨겨진 힘이 있다는 것에 동의합니다.

세라는 말했습니다. "나는 아무것도 모릅니다. 내가 아는 것은 단지 내 마음을 따라갈 때 기분이 좋다는 것뿐입니다. 매일 순간순간마다 마법을 찾는 것은 옳고 좋은 일입니다."

우리는 종종 우리가 보는 것 때문에 장님이 됩니다. 눈을 뜨고 있을 때 나는 나의 인식, 한계, 고독을 봅니다. 하지만 우리가 눈을 감고 그것을 바라볼 때 그 장벽 너머를 볼 수 있습니다. 우리는 빛을 봅니다. 진실을 봅니다. 풍요로움과 모든 것의 상호 연결성을 봅니다. 좋은 것, 할 수 있는 것 그리고 사랑하는 모든 것을 봅니다.

심호흡을 하세요. 당신을 구속하는 제약이 무엇이든 그것을 극복하고 드넓은 곳으로 나가세요. 질문하는 것이 정답을 맞히기 위한 열쇠입니다. 5분 동안 눈을 감고 앉아 스스로에게 질문해보세요. 정답이 보일 것입니다. 자신이 누구인지 찬찬히 관찰할 수 있는 공간과 시간을 스스로에게 제공할 때 당신은 새로운 감각과 연결될 것입니다. 모든 것과 연결되어 있는 느낌을 경험할 수 있죠. 그것은 내면의 고요함과 평화로움입니다. 행복이나 즐거움의 감정일 수도 있고요. 이러한 내면의 고요함과 평화로움에 대한 관점은 혼란과 스트레스보다 훨씬 더 흥미롭습니다. 일단 당신이 진실한 생각을 하는 것이 가능하다면 흥미로워하는 것이 무엇인지 알아볼 수 있습니다.

지금까지 당신이 해온 방법을 바꿔야 했다는 사실을 깨닫기 위해 킬리만자로산 정상을 등반하거나 아기를 낳는 것과 같이 반드시 대단한 경험이 필요한 것은 아닙니다. 한 번도 해본 적 없는 일을 하겠다고 결심하는 순간 돌파구가 보일 것입니다. 당신은 미지의 영역으로 들어갈 준비가 되었습니다. 계기는 목요일 오전이나 토요일 오후에 생길 수 있습니다. 당신이 차에 있거나 술집에서 술을 마실 때 돌파구가 보일 수도 있고요. 당신이 해야 할 일은 앞으로 전념할 '최종 결정'을 내리는 것입니다.

지금 있는 곳에서 바로 시작하세요

호기심과 열정은 당신이 먼 바다를 항해하는 데 필요한 가장 중요한 도구입니다. 창조적인 여정의 아름다움은 좌충우돌하면서 이곳저곳을 탐험하려는 의지에 있습니다. 베스트셀러 작가이자 심리학자인 앤절라 더크워스는 열정은 발견하는 것이 아니라 키워나가는 것이라고 믿습니다. 실제로 열정은 삶을 영위하면서 호기심을 가지고 새로운 아이디어와 기술을 배우면서 개발되는 것입니다.

'개발'과 '발견'의 차이는 매우 중요합니다. 내 팟캐스트에 출연한 수많은 초대 손님들이 하나의 아이디어로 시작해 그 아이디어를 개발하기 시작했고, 자신이 또 다른 것에 대해 열정을 가지고 있다는 것을 깨달았기 때문입니다. 이 모든 것은 행동을 통해 이루어졌습니다.

앤절라는 팟캐스트에서 열정적으로 다음과 같이 설명했습니다. "사람들은 항상 내게 묻습니다. '어떻게 하면 열정이나 목적을 발견할 수 있을까요?' 그럼 나는 '아니에요, 아니에요. 발견이라는 단어를 쓰지 마세요. 발견이라는 말은 열정이나 목적이 바위 밑 어딘가에 있고 언젠가는 당신이 그것을 찾을 수 있는 것처럼 들려요. 열정과 목적을 찾는 과정은 그것보다 훨씬 더 점진적이랍니다'라고 말하죠. 많은 사람들이 '이것이 내가 의도했던 것이다'라고 말할 수 있게 되기까지 소명을 발전시키려면 적어도 몇 년의 시간이 걸립니다."

"그럼 그 과정을 어떻게 시작해야 할까요? 오랜 시간이 필요한 과정입니다. 소명을 발전시키는 것과 관련해 내가 말할 수 있는 가장 중요한 것은 시행착오를 겪어야 한다는 것입니다. 기본적으로 회사에서 다양한 직업이나 역할을 경험해야 합니다. 단지 일기장에 열정과 목적을 찾는 것에 대해 쓰고 모든 것이 자기 바람대로 이루어질 것이라고 기대할 수는 없습니다."

"세상을 살다 보면 여러 번의 시행착오를 겪게 될 것이고 당신이 결국 무엇을 받아들이고 당신이 무엇에 점점 더 재미를 느끼게 될 것인지 예측하기가 매우 어렵습니다. 무작위적인 이유 때문에 당신이 어떤 일을 겪게 될 것인지 예측하기도 상당히 힘듭니다. 나는 인내심과 탐구적인 사고방식을 토대로 사람들이 자신의 소명을 개발하기 위해 여러 시도를 해보게끔 격려합니다. 이 문제로 어려움을 겪고 있거나 자신의 생각에 갇혀 있으면서도 그 생각에서 벗어나려는 시도 자체를 안 하는 사람들을 많이 보았습니다."

소명은 발견하는 것이 아니라 개발하는 것이라는 앤절라의 말을 나는 좋아합니다. 자신에게 헌신하기 위해서는 열정과 투지 그리고 어떤 것이 효과가 있는지 알아내기 위한 인내심이 필요합니다.

예술가이자 애니메이터인 솔 블링코프Saul Blinkoff는 디즈니에서 일하고 싶다는 어린 시절의 꿈을 이뤘습니다. 그는 최고의 애니메이터가 되겠다고 다짐했고 그 꿈을 이루기 위해 자신의 길을 꾸준히 갈고 닦았습니다. 내 팟캐스트에 출연한 솔은 이렇게 말했습니다.

"당신의 꿈이 무엇이든 간에 자신의 기술을 연구하고 전략을 수립하는 데 상당한 시간을 투자해야 합니다. 목표를 달성하는 방법은 여러 가지지만 당신보다 앞서 그 길을 걸어간 사람들의 어깨를 딛고 올라 서서 그들의 이야기를 교훈 삼아 앞으로 나가는 법을 배울 수 있습니다. 목표를 달성해야 하는 자신만의 이유를 아는 것은 자신이 왜 그 일을 하고 싶어 하는지 스스로 잘 알고 있다는 의미이기 때문에 그 일이 엄청나게 힘든 일이라 할지라도 지속적으로 그 일에 전념하는 데 있어 도움이 될 것입니다."

솔은 꿈이라고 믿었던 목표에 도달하자 자신이 일러스트 작업만큼이나 이야기를 만드는 데 관심이 많다는 것을 깨닫고 감독 및 작가로서 새로운 모험을 시작했습니다.

인생은 심각하게 생각할 필요가 없습니다. 재미있게 즐기세요. 나는 인생을 어렸을 때 즐겨 했던 보물찾기에 비유합니다. 당신은 보물을 손에 넣기 위해 보물이 숨겨진 장소를 계속해서 돌아다닙니다. 찾고 있는 것이 때론 가깝게 있고 때론 멀리 있지만 어쨌든 계속 찾으며 돌아다닙니다. 가장 중요한 것은 자신이 원하는 것을 얻기 위해 바로 행동에 나서는 것입니다.

저널리스트이자 기업가인 수지 무어Susie Moore는 충동에 따라 행동하는 것이 실제로 어떻게 사업 초반에 현명한 사업 전략이 될 수 있는지에 대해 다음과 같이 말했습니다.

"생각은 적입니다. 심리학자들은 우리가 하는 생각의 97~98퍼센트는 쓸모없고 반복적인 것들이라고 말합니다. 그래서 나는 생각하지 않고 그냥 합니다. 의사 결정에 있어서 당신이 내린 결정은 중요한 것이 아닙니다. 결정을 내렸다는 것은 말 그대로 결정만 했다는 것입니다. **결정은 가급적 빨리 하고 결정된 사항을 유연하게 그냥 계속해나가는 것이 중요합니다. 그냥 해도 상관없습니다. 잘못된 것은 하나도 없죠. 대부분의 일은 아직 최종적인 것이 아닙니다.**"

이 세상은 우리가 좀 더 쉽게 행동하기를 원하기 때문에 우리가 해야 할 일은 자신의 충동을 따르는 것입니다. 이 세상은 우리의 여정을 오랜 시간이 걸리는 힘든 것으로 설계하지 않았습니다. 또한 행동하는 것을 언덕을 오르는 일처럼 만들어놓지도 않았습니다. 일단 우리가 꿈을 이뤄야 하는 이유에 전념하면 그 방법에 대해 유연해질 수 있습니다. 유연성을 바탕으로 우리는 계속 전진하는 법을 습득할 수 있습니다.

"연필은 인생의 축소판입니다(연필은 잘못 썼거나 실수했을 때 지우고 다시 쓸 수 있기 때문에, 실수를 두려워 말고 뭔가를 꾸준히 시도해야 한다는 의미_옮긴이)"라는 말을 나는 좋아합니다. 당신이 실수를 하거나 잘못된 길을 갈 때 당신은 혼자가 아니라는 것을 깨닫게 될 것입니다. 이것은 우리 모두가 겪는 여정입니다. 당신은 당신이 생각하는 것보다 훨씬 더 용감합니다.

팟캐스트 〈사장되기Being Boss〉의 진행자 에밀리 톰슨Emily Thompson은 당신이 지금까지 살아오면서 이미 달성한 100가지 일을 나열하는 방법을 소개했습니다. 이미 달성한 100가지 일의 목록을 읽고 수십 년 동안 당신이 얼마나 노력했는지 깨닫는 것은 믿을 수 없을 정도로 강력한 활동입니다. 당신이 그동안 얼마나 많은 것을 성취했는지 알게 되고, 그것은 당신이 지금 하고 있는 것을 멈추지 않고 계속하거나 다른 무언가를 다시 시작할 수 있는 자신감을 기르는 데 큰 도움이 됩니다.

일단 결정을 내리고 나면 당신은 주변 환경이 얼마나 빨리 움직이는지 아마 놀랄 것입니다. 우리는 위험을 감수할 때 불균등하게 보상을 받습니다. 5년이나 10년 후 자신의 모습을 상상해보고 스스로에게 질문해보세요. '나는 무엇이 되고 싶은가? 내가 이것을 완벽하게 유지한다면 내 삶은 어떻게 될까? 내가 이미 충분하다면? 불편함을 감수한다면 내 삶은 얼마나 달라질 수 있을까? 지금 내가 있는 곳에서 바로 시작하면 어떨까?'

우리의 가장 큰 성취는 이렇게 되어야 한다고 배워왔던 만들어진 나 자신보다 더 진정한 내가 되고, 우리에게 더 이상 필요 없는 것은 과감히 버리고, 우리가 말하고 만들고 표현해야 한다고 느끼는 것을 받아들이는 용기를 갖는 것과 같이 우리 내면에서 발생하는 미묘한 변화들입니다.

사람들이 원하는 직업을 얻지 못하고 원하는 관계를 맺지 못하는 이유는 가장 전념해야 할 순간에 전념하지 못했기 때문입니다. 그들은 자신이 결정을 내렸다는 사실을 망각합니다. 결국 그들은 매일매일 결정을 합니다. 그런 미묘한 변화가 당장 당신의 통장 잔고를 바꾸지는 않습니다. 하지만 당신 스스로 나는 행복할 자격이 있고 좋아하는 것을 할 자격이 있다고 생각하며 더 많이 결정할수록 나는 당신이 좋아하는 것을 번창하는 사업으로 바꿀 수 있는 더 좋은 기회를 얻을 수 있다고 굳게 믿습니다.

즐거움은 우리의 존재 이유입니다

자신의 이름을 딴 회사에서 인생 코치로 활동하고 있는 마사 베크

Martha Beck는 어떻게 하면 우리가 생각의 폭풍을 벗어나 보다 일관되고 사랑스런 공간에 익숙해질 수 있는지에 대해 놀라운 지혜와 통찰력을 보유한 베스트셀러 작가이기도 합니다.

그녀는 《길을 헤매다 만난 나의 북극성Finding your own North Star》《아담을 기다리며Expecting Adam》《리빙 더 세인츠Leaving the Saints》《여유의 기술The Joy Diet》 등 유명한 책들을 저술했습니다. 세 개의 하버드 학위를 가지고 있고, 오프라 윈프리Oprah Winfrey의 인생 코치 중 한 명으로서 그녀는 비전이 얼마나 클 수 있고 그것이 얼마나 압도적으로 느껴지는지 잘 알고 있습니다. 그럼에도 그녀는 우리 모두와 마찬가지로 아직도 배우고 있는 학생입니다.

10여 년 전 마사를 생방송에서 보았을 때 그녀와 더 많은 시간을 보낼 수 있는 영광을 갖게 되는 것이 내 꿈이 될 만큼 그녀는 대단했고, 똑똑했으며, 사람들 중심에 서 있는 존재였습니다. 나는 그런 마사의 여정이 궁금했죠. 마사가 내 팟캐스트에 출연했을 때 그녀와 나눈 대화는 지금까지도 내가 경험한 가장 강력한 대화 중 하나로 기억합니다.

마사는 말했습니다. "사회학 교수가 되어 경영대학원에서 학생들을 가르치기 시작했을 때 대부분의 사람들이 자신이 원하는 것을 자유롭게 하지 못한다는 것을 처음으로 깨달았어요. 사람들이 자기가 원하는 일을 자유롭게 하지 못하고 있다는 것은 나에게 정말 어처구니 없는 일이었죠. 하기 싫어하는 일을 왜 하고 있나요? 도무지 이해가 되지 않았어요."

"나는 내 앞을 가로막고 있는 장애물을 돌파해야 할 이유가 있었어요. 하버드에서 박사 과정을 밟고 있을 때 아이를 임신했는데 아이가 다운증후군 진단을 받은 것이죠. 합법적으로 낙태를 할 수 있는 기간이 얼마 남지 않았고 내가 하고 싶은 일이 무엇인지, 아이를 낳아야 할 이유가 무엇인지 정말 깊이 고민해야 했어요. 문제는 내가 아이를 원하느냐 원하지 않느냐가 아니라 '어떤 아이가 낳을 가치가 있느냐' 하는 것이었습니다. 그것은 나에게 어떤 종류의 생명이 이 세상에 태어날 가치가 있는지에 대한 질문을 던졌고 나는 그것을 생각하고 또 생각했습니다. 내가 존경하고 또 그렇게 되기를 열망하는 하버드의 사람들을 둘러봤지만 그들 중 누구도 특별히 행복해보이지 않았어요. 그들은 정말로 행복하지 않았죠."

"나에게 삶의 이유는 오직 기쁨이라고 생각했습니다. 랠프 왈도 에머슨Ralph Waldo Emerson은 '아름다움은 존재 자체의 이유'라고 말했죠. 나에게 있어 기쁨은 아름다움을 느끼는 것이고, 기쁨은 존재 자체의 이유였습니다. 나의 아이가 기쁨을 느낄 수 있을 것이라는 말을 들었고 '그거면 충분하잖아'라고 생각했죠. 그렇게 나는 아이를 출산했습니다. 장애를 가진 아이가 있으면 일상이 바뀝니다. 내가 아이를 낳지 않았을 때의 삶과는 완전히 달랐죠. 아이를 낳은 것은 내가 지금까지 한 모든 것을 바꾸어놓았습니다."

"그러다 하루하루를 즐겁게 보내는 것이 우리가 존재하는 유일한 이유라는 생각에 직면했어요. 그것이 어린 시절에 느꼈던 자유로움과 결합된다는 것은 내가 아주 특이한 행동을 했다는 것을 의미했죠. 어린 시절에 나는 하기 싫고 하지 않아도 되는 일이면 하지 않았습니다. 하고 싶은 일과 할 수 있는 일이라면 그냥 했고요."

마사의 경영대학원 학생들은 그녀의 특별한 인생철학에 대해 묻기 시작했고 그녀는 자신의 모든 것을 그녀의 책《길을 헤매다 만난 나의 북극성》에 담았습니다.

"간단히 말해 만약 당신이 정말로 싫어하는 것이고, 그것이 당신을 신체적으로 아프게 하고, 당신 자신의 눈을 포크로 찌르고 싶게 만든다면 당신은 그것을 조금 더 적게 할 수 있습니다. 당신을 극도로 행복하게 만들고, 에너지 충만한 삶을 살게 하며, 당신을 빛으로 가득 채우는 것이 있다면 그것을 하세요. 그냥 한번 해보세요."

사람들은 마사의 말을 듣고 깜짝 놀랐습니다. 마사의 메시지는 '삶을 어떻게 살아갈 것인가'에 대해 깊은 반향을 불러일으켰죠. 나는 즐거운 일에 너무 열중한 나머지 강제로 하거나 무의미한 일을 할 여지를 아예 만들지 않습니다.

또한 마사는 '본질적 자아'와 '사회적 자아'에 대한 강력한 개념을 나에게 소개했습니다. 그것은 내가 나의 내면 상태를 인식하는 방식을 완전히 변화시켰습니다. 마사의 말에 따르면 본질적 자아는 당신의 본성과 유전적 특성으로 귀결되는 당신의 개인적인 요소입니다. 국가, 문화, 당신이 다니는 회사조차도 당신의 본질적인 자아를 변화시킬 수는 없습니다. 반면 사회적 자아는 가족, 친구, 미디어에 이르기까지 당신의 국가, 문화, 회사에 대응해 당신이 채택하는 행동과 행위입니다. 사회적 자아는 당신에게 언어, 취향, 일상생활 방식에 대해 알려주는 행동의 내면화된 규칙을 가르쳐줍니다.

　이상적인 상황에서는 본질적 자아와 사회적 자아가 일치하지만 그렇지 않은 상황에서는 본질적인 자아와 사회적 자아가 충돌합니다. 학교를 예로 들면, 정규 교육이 의무 교육이고 정규 교육이 장려되는 사회에서 당신이 학교를 좋아하고 성적도 좋다면 당신의 두 자아는 잘 일치하고 있는 것입니다. 하지만 같은 사회에서 당신이 정규 교육, 빡빡한 시간, 밀폐된 공간 등으로 어려움을 겪고 있다면 두 자아 사이에는 갈등이 생깁니다. 학교는 의무일 수 있지만 인간관계에서 진로에 이르기까지 우리가 감수해야 할 것의 대부분은 그렇지 않습니다.

　당신의 본질적 자아와 사회적 자아가 일치하는지 어떻게 알 수 있을까요? 두 자아의 사이가 안 좋을 때 그것을 알 수 있는 신호들이 있습니다. 몸은 축 처지고, 마음은 갈피를 못 잡고, 창작 의지는 거의 없어집니다. 점심시간에 이 책을 읽으면서 지금 당신이 그렇다고 느낄지도 모릅니다. 두 자아를 단절시키는 분위기를 만드는 것은 직업, 인간관계, 심지어는 문화일 수도 있습니다. 궁극적으로 사회적 자아가 요구하는 가정들을 만족시키기 위해 본질적 자아에 그것을 강요하는 것은 야생 곰을 티 파티에 참석하도록 길들이는 것만큼 보람 없는 일입니다.

　이러한 징후들은 우리를 바른 길로 인도하기 위한 것이며, 이러한 징후에 관심을 기울이지 않는 것은 거의 대부분 위기를 초래합니다. 뭔가 옳지 않다고 당신이 느끼는 순간 한 발 물러나 어느 지점에서 그것이 당신의 본질적인 본성을 침해했는지 살펴보세요. 무서운 가정일 수도 있지만 이러한 재평가 과정을 거치면서 당신은 문화적 규칙들을 위반할 가능성이 더 커집니다. 그런 상황을 조금 덜 무섭게 만드는 것은 우리 모두가 준수해야 한다고 생각하는 규정들이 우리의 생각보다 훨씬 적다는 것을 깨닫는 것입니다.

"나의 슬로건은 '빨리 인정하자'예요. 뭔가 자신에게 맞지 않다고 느끼는 순간 그냥 포기하고 당신을 위해 뭔가 좋고 재미있는 일을 하세요"라고 마사는 결론 내렸습니다.

"자신의 안전지대를 벗어나는 데서 오는 불편함과 자신의 본질적 자아와 어울리지 않는 일을 하는 것과의 차이를 어떻게 알아차릴 수 있을까요?" 나는 그녀에게 물었습니다.

"안전지대를 벗어나는 공포는 마치 사랑에 빠지는 것에 대한 두려움과 비슷하죠. 처음으로 사랑에 빠졌지만 상대방이 당신을 사랑하는지 알 수 없을 때 우리는 '어머나, 정말 매력적이네. 하지만 내가 원하는 것을 가질 수 없을까봐 두려워. 모든 것이 잘못될까봐 걱정이야. 상처 받을까봐 너무 무서워'와 같은 머리 아픈 느낌이 듭니다." 마사는 대답했습니다.

"이것은 우리가 안전지대를 벗어나 올바른 방향으로 나아가고 있다는 것을 의미합니다. 우리 가슴이 진정으로 원하는 것이 있다면 그것을 잃어버리거나 그것을 잘하지 못하는 것에 대한 공포가 발생하기 때문에 두려움은 항상 존재할 수밖에 없죠. 사랑에 빠지는 것에 대한 두려움과 고등학교 때 최악의 수업을 듣는 것에 대한 두려움, 그리고 그 교실 문을 다시 통과해야 하는 두려움의 차이를 우리는 알고 있죠. 이러한 두려움들은 서로 완전히 다릅니다. 사람들이 그들의 본성을 따르는 것보다 두려움에 따라 행동하게 만들어야 모든 문화가 번창하기 때문에 우리는 그러한 두려움에 그냥 대응하지 말라고 배울 뿐이죠"라고 마사는 말했습니다.

나는 대답이 '아니요'일 때 우리 몸이 크고 분명하게 신호를 보낸다는 사실 알고 있습니다. 나에게는 결혼하고 싶었지만 남자친구에 대해 확신이 없던 친구가 있었습니다. 남자친구가 마침내 그녀에게 청혼했을 때 그녀에게 즉각적인 신체 반응이 나타났습니다. 그녀는 순간적으로 숨을 쉴 수 없었고, 마치 토할 것 같았으며, 다리에 힘이 풀려 주저앉아버렸습니다. 그녀는 '이 결혼은 하면 안 될 것 같아'라고 생각했죠. 당신이 '아니요'라고 말하기 전에 당신의 몸이 얼마나 더 크게 소리 지르길 원하나요?

'아니요'는 보통 크고 분명하게 전달됩니다. 하지만 '예'는 보통 이보다 더 조용하고 부드럽습니다. 우리가 특정한 문화 방침을 따라야 한다고 배울 때 우리의 본질적인 자아를 위한 진정한 '예'가 무엇인지 판별하는 것은 더 어려울 수 있습니다.

이에 대해 마사는 설명했습니다. "사람들은 사회화되는 과정에서 트라우마가 너무 심해 자신의 열망을 망각하게 됩니다. 예를 들어, 내가 당신 가슴에 화살을 쏘면 당신은 비틀거리며 '병원에 데려다주세요'라고 말할 거예요. 만약 내가 라이프 코치로서 '좋아요, 하지만 먼저 당신의 인생에서 무엇을 하고 싶은지 말해보세요'라고 한다해도 당신은 무엇보다 가슴에서 화살을 빼달라고 할 것입니다. 만약 내가 '알겠어요. 당신은 지금 가슴에서 화살을 뽑아내길 원하지만 화살을 제거했다고 가정했을 때 당신은 자신의 직업이나 경력을 위해 무엇이 하고 싶을 것 같나요?'라고 묻는다 해도 당신은 여전히 가슴에 박힌 화살 외에는 아무것도 생각할 수 없을 거예요. 당신이 진정으로 사랑하는 것이 무엇인지 모른다면 당신의 길을 가로막는 무언가가 있다는 의미죠. 그리고 트라우마는 당신이 순종하는 문화에 대한 당신의 충성입니다. 그것이 곧 당신의 두려움이기도 하고요."

마사는 사람들에게 트라우마를 언급하는 순간 충격을 받거나 그들을 너무 화나게 하기 때문에 '내가 절대 하지 않을 것이 무엇일까?'라고 질문하면 자신의 트라우마가 무엇인지 확인할 수 있다고 말했습니다. 트라우마를 보다 덜 무섭게 만드는 방법 역시 모든 사람이 우리에게 준수하기를 강요하는 규칙들이 생각보다 훨씬 적다는 것을 깨닫는 것입니다. '모든 사람이 나에게 원하는 것은 무엇일까?'와 같은 말로 시작하는 문장에 대해 생각해보거나 걱정해본 적이 몇 번이나 있나요? 이제 당신에게 실제로 그런 말을 한 사람의 이름을 세 명 대보세요.

당신에게 그런 말을 한 사람은 보통 가까운 가족이거나 친구들이지 당신이 마음속으로 믿고 있는 '모든 사람'이 아닙니다. 우리의 뇌는 약 여섯 명 정도의 사람들 의견을 받아들여 그것을 '모든 사람'이라고 생각합니다. 그리고 우리가 준수해야 한다고 가정하는 것에서 벗어나지 못하게 만들고 본질적 자아가 우리에게 하라고 요구하는 것을 거의 하지 못하게 만듭니다.

"고작 세 명에서 여섯 명 정도의 사람들을 위해 우리는 스스로를 미치게 만들고, 삶을 낭비하고, 결국 쓸쓸하고 무력하게 삶을 마감하고 있어요. 그들의 손에 당신의 삶을 맡기고 싶나요?"라고 마사가 물었습니다.

자책하지 마세요. 생각을 반복적으로 하는 것은 우리 머릿속에 자신이 사실이라고 믿고 있는 것에서 진실을 분리하기 어렵게 만드는 틈새를 만듭니다.

"우리가 어떤 생각을 할 때 생각은 실제로 뇌에 전기 연결과 비슷한 신경 시냅스를 만듭니다. 우리가 이미 했던 생각을 다시 할 때 뇌는 그 생각을 전기 코드를 감싸고 있는 절연재 같은 미엘린Myelin이라고 불리는 지방 물질층으로 감싸죠. 우리가 특정한 생각을 할 때마다 그것을 다른 층의 미엘린으로 감싸게 되는데, 그 효과는 믿음을 더 진실하게 느껴지게 만들고 우리가 그것을 더 빨리 생각하게 만들어요. 반면 대안을 고려하는 것을 더 어렵게 만들죠. 자책하지 않고 생각을 반복적으로 하지 않는 것은 처음에는 시도하기 힘든 일입니다"라고 마사는 말했습니다.

"이것은 다른 언어를 배우는 것과 같습니다. 뇌는 단 하나의 연결이라도 만들기 위해 고군분투하죠. 당신은 실제로 생각을 잠시 멈추는 것을 연습해야 합니다. '그들 모두 내가 자신들을 책임지길 원한다'는 생각이 들 때마다 당신은 하던 생각을 멈춘 다음 그렇게 생각하지 않는 다섯 사람을 적어야 합니다. 당신이 기존 생각과는 다른 회로를 만들어야 기존 생각회로는 약해지기 시작해요. 오래된 믿음의 패턴이 희미해지기 시작할 때 우리는 아마 처음으로 우리 자신의 진정한 여정에 대해 생각할 수 있을 것입니다. 우리는 스스로 진로를 계획할 수 있어요. 책 출간, 영화 제작, 빵집 개업 등은 최종 목표만 놓고 보면 압도적이고 가슴 벅찬 느낌이 드는 크고 장엄한 작업임이 분명합니다. 당신이 해야 할 일은 생산성의 이상향으로 가는 길을 포장하기 위해 큰 목표를 성취할 수 있는 작은 단계로 쪼개는 것입니다. 이 혁신적인 개념은 엄청난 프로젝트들을 대하는 나의 방식을 근본적으로 바꾸어놓았어요.”

마사는 ‘저 높이 날아올라 당신의 인생을 처음부터 끝까지 바라보라’고 제안하면서 ‘남기고 싶은 나만의 유산이 무엇인지’ 그리고 ‘평생 동안 무엇을 경험하고 싶은지’를 나에게 질문했습니다.

“큰 아이디어들을 당신의 장기 목표로 삼으세요. 그런 다음 그것을 쥐의 시선으로 보세요. 쥐는 자기 얼굴 바로 앞에 있는 작은 것 하나만 할 수 있습니다. 스스로에게 ‘독수리의 시선으로 본 큰 목표를 달성하기 위해 오늘 당장 할 수 있는 작은 행동은 무엇일까?’라고 질문해보세요. 독수리의 시선으로 본 큰 목표가 무엇인지 잘 기억나지 않으면 다시 돌아가 확인하면 돼요. 독수리와 쥐의 시선으로 목표를 번갈아 바라보며 올바른 방향으로 그냥 계속 걸음을 옮기면 되는 것이죠. 그렇게하면 당신은 먼 길을 갈 수 있습니다”라고 마사는 말했습니다.

우리의 비전과 목표는 끊임없이 변하기 때문에 이 과정은 매우 중요합니다. 우리는 매년 또는 십 년마다 새로운 모험과 사업을 시작하는 자신을 발견할 수 있습니다. 마사는 미국 이외의 대부분의 문화권에서는 삶을 주기적인 것으로 본다고 나에게 상기시켜주었습니다. 그것이 이직, 이별 혹은 새로운 시작이든 상관없이 우리의 삶에서 한 번 이상 원점에서 다시 출발하는 자신을 발견하는 것은 정상적인 일입니다. **우리는 단 한 번의 삶 속에서 나비가 되기 위해 여러 번 애벌레가 됩니다.** 새로운 과정을 계획하기 위해서는 기꺼이 초심으로 돌아가 새로 시작할 용의가 있어야 합니다.

하지만 부정적인 대화와 생각 패턴에 사로잡혀 있을 때 우리의 마음은 계속 상처를 받기 때문에 돌파구를 마련하기가 어려울 수도 있습니다. 우리에게 너무 많은 고통을 안겨주는 원인이 마음이기 때문에 원점으로 돌아가는 것이 때로는 힘들 수 있죠.

"서양인들은 명상 수업을 통해 자신의 문제를 잘 해결할 수 있다고 생각하는 경향이 있습니다. 하지만 나는 생각하는 것 자체가 문제라고 생각해요. 생각은 크고 강력한 엔진이어서 모든 것을 갈아버리고 놀라운 모든 것을 만들어내지만, 생각에는 나침반과 지도가 없습니다. 나침반과 지도는 자기 자신의 다른 부분에서 보충해야 하죠. 사람들이 머릿속으로 생각만 하면서 돌파구를 찾으려고 시도하는 것은 눈보라 속에 서 있는 것과 같아요. 눈보라 속에서는 아무것도 볼 수 없죠. 그냥 바람과 빙글빙글 돌아가는 것들만 눈앞에 있을 뿐입니다. 하지만 이런 상황을 오랫동안 지켜보다 보면 어느 날 당신은 눈보라에 휩쓸리지 않고 눈보라를 보는 사람이 될 거예요. 그

곳이 바로 나침반과 지도가 있는 곳이죠"라고 마사는 말했습니다.

앉아 있을 때 우리는 지극한 고요함과 평온함을 느낍니다. 해야 할 일에 대한 조언과 영감은 고요함과 평온함이 연결된 곳에서 발현됩니다. 생각의 눈보라를 주의 깊게 살펴볼 때 우리는 관찰자가 될 수 있고, 내면에 존재하는 진정한 자아와 연결될 수 있습니다. 충만한 온전함과 만족감으로 이루어진 우리 내면의 진정한 자아는 모든 것들이 서로 연결되어 있다는 상호 연결성을 인지하고 있습니다. 진정한 자아는 항상 손닿는 가까운 곳에 있습니다.

서로 경쟁하는 너무나도 많은 사람들의 이야기를 들으면 '과연 그들을 위한 자리가 있을까'라는 생각이 듭니다. 하지만 오직 당신만이 지금까지 당신의 이야기를 써왔기 때문에 당신이 이 세상에 제공하는 것이 매우 독특하다는 사실을 상기시키는 데 있어 경쟁을 활용할 수 있습니다.

마사는 서점에서 그녀의 첫 사인회를 했을 때 주위를 둘러보고 너무나 많은 경쟁자들이 존재한다는 사실 때문에 큰 충격을 받았습니다. 그 후 그녀는 자신이 읽었던 책 중에 자신의 삶을 뒤흔들었던 책을 전부 기억해냈고 모든 책은 가치가 있다는 것을 깨달았습니다.

"개성을 위한 공간은 무궁무진해요. 당신만의 독창적인 공헌, 당신의 본질적 자아만이 창조할 수 있는 것, 다른 누구도 만들어낼 수 없는 것은 필요할 뿐만 아니라 절실히 요구되는 것입니다. 그런 것을 찾게 되면 세상에 내놓는 것이 당신 의무죠. 그것이 바로 이 세상에 당신이 존재하는 이유입니다"라고 그녀는 말했습니다.

일생 동안 이러한 상황을 아주 깊이 탐색해온 마사는 오늘부터 우리 모두가 자신의 삶에 적용할 수 있는 간단한 규칙 하나를 공유했습니다. 새로 출간한 그녀의 워크북 《온전한 깨끗함Integrity Cleanse》에서 발췌한 내용을 소개하면 다음과 같습니다.

"나는 내가 지금 하고 있는 일이 절대적으로, 정말로, 진정으로, 완전히 내가 하고 싶어 하는 일인지 살펴봐요. 만약 하기 싫은 일을 하고 있다면 나는 그 일을 하지 않을 거예요. 만약 하고 싶은 일을 하고 있다면 누가 '아니요'라고 해도 상관없이 나는 그것을 할 거예요. 꽤 무모하게 살아가는 방법이지만 내가 진정으로 솔직해질 때 다음과 같은 두 가지 일이 일어난다는 것을 발견했죠. 첫 번째는 내가 다른 사람들보다 훨씬 더 소중하다는 것을 깨닫게 되었다는 거예요. 나를 더 소중한 사람으로 생각한다고 그것이 나를 야만인으로 만들지 않아요. 오히려 그것은 나를 더 큰 동정심을 가진 사람으로 만들죠. 두 번째로 발생하는 일은 마법입니다. 모든 것이 나를 도와주기 시작해요. 내가 진실하지 않으면 모든 것이 나를 가로 막으려고 합니다. 모든 것이 나를 가로막는 이유는 나에게 화가 났거나 나를 벌하기 위해서가 아닙니다. 우리 자신은 모두 진실하게 행동하도록 만들어진 존재이기 때문이에요. 우리는 단지 구조상으로만 온전한 상태인 것이 아니에요. 진정으로 하고 싶으세요? 그렇다면 그냥 하세요. 그렇지 않다면 하지 마세요. 그것으로 끝입니다."

무엇이 가능한지에 대한 많은 사람들의 정의는 실제로 우리가 할 수 있는 것보다 그 크기가 훨씬 더 작습니다.

직장에 연연하지 않기

내가 가장 좋아하는 마사의 책 중은《여유의 기술》입니다.《여유의 기술》은 좀 더 행복하고 좀 더 성취감을 느낄 수 있는 삶을 살기 위한 10가지의 일상적인 활동들에 관한 책입니다. 지금 당장 시작할 수 있는 활동 3가지를 소개합니다.

1. 아무것도 하지 않기: 매일 적어도 15분 동안 아무것도 하지 마세요. 잠시 앉아서 호흡하면서 당신의 본질적인 자아와의 만남을 시도해보세요. 당신이 느끼는 것을 느껴보세요. 기분이 좋지는 않겠지만 당신은 그렇게 할 필요가 있습니다.

2. 위험 감수하기: 하고 싶지만 그것을 하는 것이 두려운 일을 하세요. 당신 자신을 한계 상황까지 몰아세우지 않으면 당신은 결코 새로운 일을 하지 않을 것입니다(예전에 오프라 윈프리가 프로젝트 도중 마사에게 한 말은 "나는 무서워요. 그렇지만 괜찮아요"였습니다).

3. 맘껏 즐기기: 감각의 축제를 즐기세요. 몸은 우리가 하는 일을 결정하는 데 매우 중요합니다. 우리 몸은 수조 원을 들인 소중한 경주마와 같기 때문에 우리는 행복해야 합니다. 몸은 우리가 가진 것 중 가장 가치 있는 것입니다.

내가 마사와의 대화에서 가장 놀랐던 것은 마사가 정말 명료하게 "즐거움은 존재의 이유로 충분합니다"라고 말한 것이었습니다. 즐거움은 정말로 우리가 존재하는 이유입니다. 마사와 이야기를 나눈 뒤, 나는 옷을 잘 차려 입고 미니 댄스파티를 위해 음악을 크게 틀어

봤습니다. 또 단지 아름답다는 이유로 잡화점에서 꽃을 사보기도 했습니다. 우리는 자신이 누리는 즐거움을 위한 능력을 키우기 위해 노력해야 하고, 더 자주 노력할 필요가 있습니다. 생각하고, 행동하고, 당신에게 기쁨을 주는 사람들과 함께 하루를 보내세요.

분명해질 때까지 시도해 보세요

지금까지 우리는 모두 자신이 하고 싶은 것과 되고 싶은 것을 정확히 아는 사람들을 만나왔습니다. 반면 몇 안 되는 관심사 중 하나를 선택한 탓에 좌절감을 느끼거나 소명이 무엇인지 잘 모르는 사람들도 있습니다. 당신이 만약 자신의 소명이 무엇인지 모르는 후자에 속해 있다 해도 괜찮습니다. 소명이나 열정은 단 하나만 있는 것이 아니니까요.

삶의 여정 중 가장 힘든 부분이 바로 우리의 노력을 어디에 쏟아야 하는지 알아내는 것입니다. 우리는 여러 분야에 관심이 있거나 아니면 그 어떤 것에도 관심이 없기 때문에 좌절합니다. 따라서 직접 해보는 것은 인생 여정에 있어 중요한 부분입니다.

소명이 무엇인지 궁금해하는 대신, 당신을 즐겁게 만드는 것과 당신이 좀 더 배우고 싶은 것에 대해 호기심을 가져 보면 어떨까요? 우리를 조금 더 행복하게, 조금 더 만족스럽게, 또는 조금 더 참여하게 만드는 무언가를 찾는 것에서부터 시작할 수 있습니다.

직장에 연연하지 않기

'치즈케이크 닌자'로 알려진 그렉 프랭클린Greg Franklin은 자신이 치즈케이크 만드는 것을 좋아한다는 것을 알았을 당시, 진정으로 자신이 하고 싶은 일을 하고 있지는 않았습니다. 그는 12시간씩 창고에서 교대 근무를 한 다음 쉬는 날 할 수 있는 취미를 찾다가 우연히 치즈케이크를 만드는 열망에 대한 작은 목소리를 들었습니다.

그렉은 내 팟캐스트 페이스북 커뮤니티에 자신의 여정을 공유한 최초의 청취자들 중 한 명이었습니다. 그는 예상대로 일이 진행되지 않거나 놀라운 일이 생겼을 때 글을 올리곤 했습니다. 그는 한 걸음씩 전진했고 오늘날 자신만의 케이크 가게를 소유하고 있습니다.

"어렸을 때는 치즈케이크 만드는 것을 좋아하지 않았어요." 그렉은 자신의 놀라운 모험의 시작을 이렇게 설명했죠.

그는 에어컨 수리 기사 교육을 받았지만 수년 간 여러 직업을 전전했습니다. 취미 갖는 것을 좋아해서 때때로 취미를 이용해 돈을 벌어보려고 시도하기도 했죠. 예를 들어 사진을 찍고, 디지털 비디오 촬영을 배우고, 교회에서 기독교 음악 콘서트를 홍보하는 일이었습니다. 그러던 그가 치즈케이크에 대한 열망에서 시작하여 치즈케이크 사업에까지 이른 자신의 여정을 다음과 같이 공유했습니다.

"어느 날 나는 새로운 취미를 찾고 있었어요. 페이스북을 둘러보고 있는데 치즈케이크 사진이 뜨더군요. '오, 이거 꽤 괜찮아 보이는데 한번 만들어 봐야겠다!'고 생각했죠. 무엇부터 시작해야 할지 잘 몰랐고 치즈케이크 만들기가 무척 힘들다는 이야기를 들었어요. 하지만 최악의 상황이라고 해봐야 치즈케이크를 제대로 만들지 못하

3_당신을 위한 길이 있음을 믿으세요

는 것밖에 더 있겠어?'라고 생각했죠."

"그때가 5년 전이었어요. 모든 재료를 준비했는데 잘못된 조리 기구를 샀죠. 사전조사를 할 때 중탕냄비가 필요하다고 해서 중탕냄비를 구매한 다음 치즈케이크를 만들었는데 부엌이 완전히 엉망이 되었어요. 아내가 집에 와서 '뭐하고 있는 거야?'라고 묻더군요. 나는 '치즈케이크를 만들고 있어'라고 대답했죠. 그러자 그녀는 '근데 이게 치즈케이크 맞아?'라고 물었고 나는 '알아. 그래도 보기는 좋잖아'라고 말했어요. 그 치즈케이크는 내가 지금까지 본 가장 못생긴 치즈케이크 중 하나였죠."

"내가 만든 치즈케이크는 거무튀튀한 색깔에 푸석푸석했어요. 하지만 먹어 보니 꽤 맛있었어요. 나는 '좋아, 치즈케이크는 취미로는 안 되겠어'라고 생각하고 치즈케이크 만드는 일을 머릿속에서 아예 지워버렸어요. 그런데 며칠 후 또 다른 치즈케이크 사진이 페이스북에 올라왔죠. 치즈케이크 만드는 법도 함께 보여주는 바람에 나는 또 오레오 치즈케이크를 만들게 되었는데 그것도 모양은 정말 예쁘지 않았어요. 하지만 맛은 좋아서 다른 사람들에게 나눠주었죠."

"그 후 몇 달 동안 나는 치즈케이크를 만들기 시작했어요. 갑자기 '치즈케이크를 판매해보자'라는 아이디어가 떠오르기 전까지 치즈케이크를 사람들에게 무료로 나눠주었습니다. 그러다 페이스북에 '바나나 푸딩 치즈케이크 두 개 있습니다. 역대 최고의 치즈케이크입니다. 이 가격에 팔고 싶습니다'라고 글을 올렸어요. 그러나 아무런 반응이 없었죠. 결국 치즈케이크를 팔지 못했습니다. 며칠을 기다렸다가 다시 글을 올렸어요. 그때도 역시 치즈케이크는 팔리지 않았습니다."

"나는 결국 치즈케이크를 소방서와 경찰서에 가져갔어요. 그들은 공짜 음식이라며 매우 기뻐하더군요. 그들은 심지어 내가 만든 치즈케이크 사진을 소셜미디어에 올렸어요. 며칠 후 경찰서 형사 중 한 명이 전화로 남자친구 생일에 사용할 한 입 크기의 작은 치즈케이크를 만들어달라고 부탁하더군요. 나는 '어떻게 만들어야 할지 잘 모르겠지만 방법을 찾아보죠'라고 대답했어요. 우선 적당한 크기의 팬을 고른 다음 조리 시간과 온도를 바꿔가며 여러 가지 시도해 봤죠. 그것 때문에 3개월간 고민했어요. 그녀는 4가지 맛으로 96개의 치즈케이크를 원했어요. 나는 실험해볼 겸 치즈케이크를 구웠는데 여분이 많이 남아서 페이스북에 다시 판매 글을 올렸어요. '컵케이크 크기의 다양한 맛 치즈케이크를 3달러에 팔아요'라고 썼지요. 그런데 왠일인지 케이크가 45분만에 다 팔렸어요. 지금까지 한 번도 구매 요청을 받아본 적이 없었는데 정말 이상했죠."

그러나 그렉이 두 번째로 구운 컵케이크 크기의 치즈케이크는 페이스북에서 잘 팔리지 않았습니다. 그는 치즈케이크를 팔기 위해 시내에 있는 친구들의 사무실을 방문하기 시작했습니다. "나는 사무실로 걸어 들어가 '치즈케이크 좀 사실래요?'라고 말했어요. 95퍼센트의 사람들은 '아니, 난 네가 누군지도 모르고 너는 지금 잡상인처럼 음식을 팔고 있잖아'라고 말했어요. 그날 15개의 치즈케이크를 팔았는데, 케이크를 먹어본 사람들이 몇 주 후에 다시 와달라고 부탁했죠."

그렉의 치즈케이크 사업은 그렇게 시작되었습니다. 그 후 몇 달 동안 그 지역에 있는 사업체에 치즈케이크를 판매했습니다. 처음에는 일주일에 12~20개의 컵케이크 크기의 치즈케이크를 팔았어요. 큰 돈을 벌지는 못했지만 치즈케이크 만들기는 그렉의 즐거운 취미였죠. 사람들이 그렉의 치즈케이크에 대해 이야기하기 시작했고, 그렉의 매출은 일주일에 50개를 판매하는 수준까지 도달했습니다. 그는 근처의 다른 도시에서 치즈케이크를 판매하기 시작했는데, 6개월 만에 세 번째 도시를 추가했습니다. 그의 치즈케이크는 처음 두 도시에서는 20~25개까지 팔렸고, 세 번째 도시에서는 4시간 만에 100~200개까지 팔렸습니다.

그게 2년 반 전 일이었습니다. 그렉의 치즈케이크는 계속해서 잘 팔렸고 어느덧 그렉은 지역 유명인사가 되었습니다. 사람들은 자기 동네에 그렉이 처음으로 방문했을 때 매우 좋아했습니다. 세 번째 도시에는 그렉이 자신이 만든 치즈케이크를 구매하는 고객들을 만나던 작은 카페가 있었습니다. 그 카페의 고객들은 그렉이 없는 날에도 치즈케이크를 팔라고 요구하기 시작했고, 카페 사장은 그렉에게 치즈케이크를 더 많이 사고 싶다고 말했습니다. 몇 달간의 요청이 있은 후 그렉은 여러 카페 주인들에게 연락해 자신의 치즈케이크를 카페에서 팔아도 되는지 물었습니다. 카페 주인들은 "당신이 물어보기만을 기다리고 있었어요"라고 대답했습니다.

그 후 사람들은 그렉에게 언제 치즈케이크 가게를 오픈할 것인지 물어보기 시작했습니다. 그때마다 그렉은 웃으며 자신은 이미 다른 회사에서 정규직으로 근무하고 있다고 말했습니다. 당시 그렉은 개사료 공장에서 사용하는 비닐 포대를 만드는 공장에서 일하고 있었습니다.

"나는 그 일이 썩 맘에 들지 않았어요. 하지만 일을 하면서 치즈케이크 사업을 할 수 있게 허락해주었기 때문에 참고 일했죠. 12시간 교대 근무를 하고 집으로 돌아와서 치즈케이크를 만들기 시작했어요. 일을 하는 동안 '서둘러 교대 근무를 마치고 집에 가서 내가 진짜 하고 싶은 일을 해야지'라고 생각했죠."

그렉이 팟캐스트 〈직장에 연연하지 마세요〉를 접했을 때 그는 여전히 비닐 포대 공장에서 정규직으로 근무하고 있었습니다. 그는 팟캐스트에서 네이버 베이크하우스Neighbor Bakehouse의 창업자인 그렉 민델Greg Mindel의 인터뷰를 듣고 처음으로 자신의 가게를 차리면 어떨까 고민했습니다. 그러던 중 그렉이 직장에서 실수를 저질렀고 그의 상사는 그를 해고했습니다. 그날이 그렉의 치즈케이크 가게 창립기념일이 되었죠.

"공휴일인데 쉬지도 못하고 공장에 나와 일을 해야 한다는 사실에 조금 짜증이 났어요. 나는 상사에게 '쉬는 날에도 일을 해야 한다면 지난 금요일에 미리 말해줄 수는 없었습니까?'라고 물었죠. 상사는 '아, 그 생각을 미처 못했군요'라고 말했고, 나는 '당신은 치즈케이크 닌자가 아니기 때문에 그 생각을 못했을 거예요'라고 말했죠."

그렇게 상황은 종료됐습니다. 그렉은 치즈케이크 파는 것을 직업으로 삼는 일에 대해 계속 고민하는 동안 치즈케이크 사업에 투자하는 시간과 치즈케이크 판매량을 늘려나가기 시작했습니다. 실직한 지 일주일되던 날, 그의 치즈케이크가 엄청나게 잘 팔리는 도시에 정말 작은 공간이 시장에 임대로 나왔습니다. 그렉의 아내는 그에게 그 자리를 임대하라고 부추겼고 그렇게 그렉의 가게는 2018년 12월에 문을 열었습니다. 그는 매달 임대료 낼 정도만 벌면 좋겠다고 생각했지만, 개업 하루만에 임대료의 두 배가 넘는 매출을 달성했습니다.

내가 그렉에게 당신은 우주의 창조주와 진정한 관계를 맺고 있는 것 같다고 말하자 그가 웃으며 이렇게 대답했습니다. "나도 사실 그 창조주와 몇 번 말다툼을 했습니다. 치즈케이크가 시도 때도 없이 계속 머릿속에 떠올랐고 그때마다 '난 안 할 거야. 치즈케이크를 만들고 싶지 않다고!'라고 대답했죠." 그런데 다음 날 "이봐, 치즈 케이크를 만들어야지"라는 목소리가 또 들려왔습니다. "아니, 난 안 할 거야!"라고 대답해도 역시 다음 날 그 목소리가 또 말을 걸어왔습니다. "넌 치즈케이크를 만들 거야" "안 할 거니까 그 말 좀 그만해!"라고 그렉은 대답했죠. 그런 일을 몇 번 겪고 나서 그렉은 끝내 자기 내면의 목소리에 굴복하고 치즈케이크를 만들었습니다.

그렉은 "당신이 부업으로 하고 싶은 일이 무엇인지 모르거나 내면의 목소리가 말하는 것 이외의 다른 직업을 구하려 한다고 해보죠. 그러나 그 목소리가 '이봐, 넌 이걸 해야 해'라고 말하면서 당신을 끊임없이 괴롭힌다면 당신은 결국 그 목소리가 하자는 대로 할 것입니다. 무슨 일이 일어날지는 아무도 모릅니다. 그러니 어떤 일이 최종

적으로 분명해질 때까지는 계속 시도해보세요"라고 말했습니다.

그렉은 용기를 내어 새로운 것을 시도했습니다. 그의 작은 발걸음은 그에게 완전히 다른 삶을 안겨주었습니다. 그렉은 엄청난 위기를 극복할 필요가 없었습니다. 위대한 삶을 누릴 자격을 위해 끝내주는 이야기를 가진 사람이 될 필요도 없었습니다. 당신은 스스로 의미 있는 존재라고 느낄 자격이 있고, 매일 당신이 하는 것을 즐길 자격이 있습니다.

꿈을 위한 북마크

- 당신에게 속삭이는 내면의 목소리를 따라가 그 흐름에 자신을 맡기세요.
- 평온한 상태를 유지하고 마음을 내려 놓을 때 마음속 안개를 깔끔하게 걷어낼 수 있고 마음속 쓸데없는 소리를 제거할 수 있습니다.
- 우리는 모두 기쁨을 느끼기 위해 태어났습니다.
- 목적을 찾기 위해 마음속으로 도움을 요청해도 괜찮습니다.
- 하기 싫은 일이 있으면 그만두세요. 좋아하는 일이 있으면 계속하세요.
- 자신의 본질적 자아와 사회적 자아가 조화를 이루도록 노력하세요.
- 큰 아이디어를 독수리의 시선과 쥐의 발걸음으로 세분화해보세요.
- 단 하나의 열정에만 몰두할 필요는 없습니다. 더 많은 기쁨을 주는 활동들을 찾아보세요.

즐거움을 주는 일에 주목하세요

어떻게 하면 지금 당장 하고 싶은 일을 더 많이 할 기회를 만들 수 있을까요? 어떻게 하면 어렸을 때 당신이 그랬던 것처럼 창의력과 새로운 아이디어들을 위한 공간을 만들 수 있을까요?

즐거움이 충만한 상태는 생산성이 매우 높다는 사실을 기억하세요. 즐거움은 좋은 것들과 하고자 하는 의욕이 충만한 사람들을 끌어들이는 자석입니다.

4

엉망진창
이라도
괜찮습니다

"어제의 나는 영리해서 세상을 바꾸려고 했다.
오늘의 나는 현명해서 내 자신을 바꾸고 있다." _루미

어떤 생각이 떠올랐을 때 그것에 대해 너무 오래 생각한 적이 있나요? 예측을 너무 많이 하지는 않았나요? 우리는 두려움과 공존하는 법을 배우면서 시작해야 합니다. 완료가 완벽보다 훨씬 더 좋습니다. 실패나 상처받는 것이 두려울 때도 우리는 반드시 뭐라도 해야 합니다.

우리는 실수하지 않기 위해 일을 시작하기 전에 그것이 어떻게 진행될 것인지 미리 알고 싶어 합니다. 일이 완벽하게 마무리되기를 바라며, 그렇지 않을 것 같은 경우에는 아예 시작조차 하지 않으려 하죠. 사람들 앞에서 바보처럼 보이는 것을 싫어하며 누구나 이와 같은 두려움을 가지고 있습니다. 고통을 감내하면서 두렵지만 계속 앞으로 나갈 용기가 있는지가 관건입니다. 당신 자신을 포함한 그 누구라도 당신에게 아직 더 준비해야 한다고 말하게 해서는 안 됩니

다. 당신은 이미 복권에 당첨될 준비가 되어 있습니다.

나는 임신을 하기 위해 열다섯 번의 난임치료를 받았습니다. 인간이 창조되는 엄밀한 과정을 현미경을 통해 지켜봤죠. 그 과정에서 태어난 무한한 잠재력을 가진 존재가 바로 당신입니다. 당신이 태어날 확률은 400조 분의 1입니다. 당신의 존재 자체는 이 지구상에서 가장 희소한 자원입니다. 당신은 사실 이미 복권에 당첨된 것이나 다름없습니다. 모든 가능성 중에서 당신이 태어났다는 것은 무척 대단한 일입니다.

내가 보기에 모든 사람의 발목을 잡고 있는 주된 요인은 모든 일을 완벽하게 해야 한다는 중압감 때문에 완벽하게 하지 못할 바에는 아예 시작조차 하지 않는 것입니다. 모든 것을 잘하기 위해서는 평범함에서부터 시작해야 합니다. 무언가를 시도하고 익숙하지 않은 것을 하기 위해서는 큰 용기가 필요합니다.

부업, 팟캐스트, 작곡, 창작, 사과주 제조, 손글씨 판매 등 그게 무엇이든 상관없이 무언가를 하려고 하는 것은 용기 있는 일입니다. 당신은 최고가 될 필요가 없습니다. 지금이 무언가를 하기에 딱 좋고, 하면 할수록 더 잘하게 될 것입니다. 미숙함을 받아들이고 불완전한 기분을 감내해야 합니다. 성공한 사람들은 모든 것이 완벽하지 않다는 것을 알고 있습니다. 종착지란 없습니다. 우리는 다음번에 최선의 결과를 만들기 위해 노력하면 됩니다.

우리는 매일매일 두려움에 시달립니다. 편안한 일상에서 벗어나는 순간 당신을 불편하게 만드는 말과 상황을 극복해야 합니다. 우리는 이것을 보통 '성장통'이라고 부릅니다. 당신은 익숙하지 않은 상황에서 거절당하는 위험을 항상 감수해야 합니다. 당신의 이야기를 책으로 출간하고 존경하는 사람에게 이메일을 쓰는 일에는 용기가 필요합니다. 그러나 배는 항구에 정박하기 위해 만들어진 것이 아니라는 말이 있듯이, 우리는 두려움을 극복하고 행동해야 합니다.

'밀레니얼 동기부여가Millennial motivator'로 알려진 예술가이자 작가인 앰버 래Amber Rae에게는 완벽주의라는 중압감이 고개를 들 때마다 실행하는 작은 습관이 있습니다.

"종이와 펜을 가져온 뒤 완벽함이라는 친구를 초대합니다. 그런 다음 '안녕하세요, 완벽주의자님. 오셨네요. 당신이 두려워하는 것을 말해주세요'라고 말을 겁니다. 내 안의 완벽주의자가 자기 할 말을 하도록 내버려둔 다음 그것을 다 들은 후에 '보세요, 나는 이 일을 진짜 하고 싶어요. 이것이 당신을 불편하게 만든다는 것을 알아요. 두려운 일이라는 것도 알고요. 논리적으로 설명하기 무척 힘들지만 나에게는 중요한 일이기 때문에 당신이 나를 도와주면 좋겠어요'라고 말합니다. 우리는 종종 스스로 자신을 통제할 수 있고 마음속의 완벽주의자와 협상할 수 있다는 사실을 간과합니다. 우리가 자기 내면의 완벽주의자와 대화할 수 있고, 그 완벽주의자가 단순히 나에게 동의하지 않는 사람이라는 것을 이해하면 우리는 불안과 협상할 수 있어요."

앰버는 거절의 두려움을 극복하는 방법도 팟캐스트에서 공개했습니다. "거절은 방향 수정을 의미합니다. 거절을 당하면 우리는 보통 자기가 뭔가를 잘못했고 스스로 아직 준비가 완벽하지 않다고 생각합니다. 그런 탓에 심하게 자책하거나 부끄러워하죠. 그것이 우리를 정체시키고, 스스로를 고독하게 만들고, 스스로 포기하게 하고, 거절을 과도하게 개인적인 것으로 받아들이는 원인입니다. 거절을 방향 수정이나 다른 방향을 알려주는 이정표라고 생각해보세요. 그러면 당신에게 의미 있는 일들을 찾을 수 있습니다. 우리는 있어야 할 곳에 있어야 합니다. 이와 같이 생각하는 것은 '좋아, 이번에는 잘 안 됐네. 다시 한 번 해보자'라고 당신을 일깨워줄 것입니다."

폭스TV의 댄스오디션 프로그램인 〈유 캔 댄스So You Think You Can Dance〉의 안무가 맨디 무어Mandy Moore는 열여덟 살 때 댄서의 꿈을 안고 LA에 도착했습니다. 자신의 경력이 시작될 곳이라고 여기던 유명 댄스 학교에서 장학금을 받지 못하게 되었을 때 그녀는 크게 상심했습니다.

"장학금을 받지 못한 것이 지금까지 나에게 일어났던 사건 가운데 나에게 가장 큰 도움이 된 일이었어요." 맨디가 말했습니다.

장학금을 받지 못함으로써 그녀는 자신의 목표에 더욱 매진했습니다. 그녀는 다른 방법이 있는지 탐색했고, 수업료를 벌기 위해 댄스 학교에서 일하기 시작했습니다.

"일할 때를 제외하고는 늘 수업을 들었어요. 그러면서 점점 학원 운영에 관여하기 시작했죠." 맨디가 말했습니다.

맨디는 노력 끝에 댄스 강사가 되었고 이후에는 할리우드에서 가장 잘 나가는 안무가가 되었습니다. 배움과 성장을 통해 자신의 꿈을 키워나가고 그 꿈에 더욱 헌신한 결과였죠.

거절을 당해도 용기를 잃지 않는 가장 좋은 방법 중 하나는 즐거운 상태를 계속 유지하는 것입니다. 나는 다양한 아이디어와 프로젝트를 통해 거절과 좌절, 실패의 두려움에서 벗어납니다. 또한 거절을 당해도 그 일을 계속하려고 합니다. 누군가가 '아니요'라고 말해도 그것을 개인적인 것으로 받아들이지 않습니다.

그동안 나는 거절을 무수히 많이 당했고 오지도 않을 전화를 수도 없이 기다렸습니다. 이를 통해 실제로 일이 발생하기 전에는 좌절과 실망을 유효한 선택지로 받아들이는 방법을 배웠습니다. 또한 단하나의 도전에 모든 것을 다 쏟아버리는 것을 방지하기 위해 새로운 기회는 항상 있다는 것을 나 자신에게 늘 상기시킵니다.

예전에 나는 아주 잘 만들어진 영화의 엔딩 곡을 작곡한 적이 있습니다. 감독, 프로듀서, 음악감독까지 모두 "좋아요!"를 연발했죠. "진짜 끝내주는군요!" "이 곡은 당신의 기념비적인 작품이 될 것입니다" "영화 〈악마는 프라다를 입는다〉의 도입부에 나오는 케이티 턴스톨KT Tunstal의 곡보다 더 큰 성공을 거둘 거예요"라는 피드백을 받았습니다. 그 곡은 정말로 멋진 곡이었습니다. 그렇게 영화가 제작되고 시사회에도 참가했는데, 내가 만든 곡은 영화에 삽입되지 못했습니다. 믿기 어려웠지만 완성된 영화에서 빠져 있었죠.

비슷한 일은 또 있었습니다. 데이비드 오러셀David O'Russel이 감독하고 배우 제이크 질렌할Jake Gyllenhaal과 제시카 비엘Jessica Biel이 출연한 영화의 엔딩 곡으로 내 곡이 선정된 것이죠. 감독이 갑자기 영화에서 하차하기 전까지만 해도 그 곡은 엄청나게 뜰 거라고 다들 생각했습니다. 그러나 영화는 개봉되지도 못하고 바로 DVD로 출시됐습니다. 엔딩 곡이었던 내 곡을 들은 사람은 거의 없었죠.

또 한번은 짐 헨슨Jim Henson(인형 제작자이자 TV 프로그램 제작자)의 회사와 2년 동안 TV 파일럿 프로그램을 같이 작업했습니다. 작업은 대성공이었고 덕분에 큰 금액의 계약을 맺었습니다. 그 쇼에서 어느새 나는 유명인사가 되었고 내가 작업한 모든 곡이 프로그램에 삽입되었죠.

이와 같은 실패와 성공의 경험들은 일하는 동안 아주 자주 발생합니다. 그래서 나는 일의 진행 상황에 있어서 나는 아무 생각도 하지 않습니다. 중요한 것은 단 하나의 기회만을 기다리다가 뒤처지는 우를 범하지 않고 계속 전진하는 것입니다. 누군가 당신에게 무응답에 대한 사과의 편지를 쓸 때, 당신은 그 편지를 기다리지 않았기 때문에 무슨 일이 일어났는지조차 모르는 편이 좋습니다. 나는 이 전략이 일을 계속 진행하는 데 있어 상당히 중요한 것임을 깨달았습니다.

우리는 지속적으로 자신의 안전지대에서 멀리 벗어나려는 노력을 해야 합니다. 성공의 횟수와 관계없이 그것이 우리가 해야 할 행동입니다.

싱어송라이터 리사 롭Lisa Loeb은 백만 장 넘게 팔린 앨범과 히트곡으로 가수 경력을 시작했지만 여전히 기타 연주에 있어서만큼은 두려움을 가지고 있습니다.

"여름 캠프 때 높은 다이빙대 위에 서서 '나는 할 수 없어'라고 생각했지만 결국은 뛰어내렸던 것처럼 하세요. 심호흡을 한 번 하고 두렵다고 생각하는 그것을 하세요. 불안함 속에서도 뭔가를 계속해 나가는 자신이 매우 놀라울 것입니다. 집에서 나는 기타 주위를 서 성이며 그것을 유심히 바라보곤 합니다. 그때마다 '나를 쳐다보지 마. 나는 더 이상 작곡을 할 수 없어. 곡을 쓰는 법이 생각나지 않아' 라고 되뇌었죠." 리사는 다음과 같이 덧붙였습니다.

"당신이 할 수 있는 일은 먼저 한 발을 내딛는 것인데 그게 참 두 렵습니다. 그것은 나에게도 두려운 일입니다. 한 발 내딛는 과정에 서 여러 가지 생각을 해보세요. 나는 수백 개의 아이디어가 떠오를 때마다 그것을 항상 종이에 적습니다. 사소한 생각도 있고 엄청난 생각도 있고 그에 따르는 불안도 존재합니다. 내가 발견한 불안과 공포를 없애는 단 하나의 방법은 '행동'하는 것입니다."

가슴이 시키는 대로 하는 용기

내가 당신의 좌절이나 상실감을 개인적으로 알 필요는 전혀 없습니 다. 당신은 자신을 무릎 꿇게 만든 좌절이나 상실감을 계속 겪어왔 을 것입니다. 우리는 모두 손에 자신의 패를 들고 있습니다. 우리 중 대다수는 어려운 환경, 나쁜 습관, 쓸데없는 생각 등과 같은 불 리한 패를 가지고 있죠. 그러나 우리 손에 있는 불리한 패들을 보면 우리가 얼마가 많은 것을 극복해왔는지 알 수 있습니다.

한 번 상처를 받게 되면 우리는 영리해집니다. 우리는 자신에게 어떤 것도 절대 원하지 않거나, 아무것도 믿지 않거나, 다시는 그 누구도 진심으로 사랑하지 않겠다고 말합니다. 자신에게 다시는 실망할 일을 하지 않겠다고 다짐하죠. 더 이상 활기차지 않고 주변에 항상 존재하는 놀라운 것들을 더 이상 받아들이지 않습니다. 이 얼마나 끔찍한 일인가요? 만약 우리가 현재 처한 상황을 좋은 결과를 만들 수 있고 운이 좋은 기회로 재정립할 수 있다면 어떻게 될까요?

당신 내면에 있는 것을 공유하기 시작했기 때문에 지금의 혼란스러움은 당신에게 주는 일종의 메시지라는 것을 깨달아야 합니다. 실수, 상처, 오해의 반대는 기술, 능력 그리고 진실입니다.

우리 스스로 약점이나 결점으로 생각하는 가장 힘든 도전들이 실제로는 일생일대의 기회이자 선물이라는 사실을 깨닫는 것에서부터 힘이 만들어 집니다. 또한 우리 자신이 우물에 빠져본 적이 있기 때문에 우물 속에 빠진 사람들을 그곳에서 나올 수 있도록 도와줄 수 있습니다.

이 책에서 당신은 즐거움에 대한 속삭임을 듣는 용기, 가슴이 시키는 대로 하는 용기, 자신의 경험을 공유할 용기를 가진 놀라운 사람들의 이야기를 앞으로도 많이 접할 것입니다. 당신이 이제까지 겪어온 모든 일은 이러한 사람들처럼 하기 위한 준비 과정이었습니다.

당신이 과감하게 하지 못하는 것, 당신의 발목을 잡고 있는 것, 당신의 선택에 대한 자신감이나 자존감 부족에 대해 스스로 인지할 때 당신은 진정으로 진실하고 솔직한 공간으로 들어가게 됩니다. 당신이 상처받기 쉬운 그곳으로 들어가는 것의 장점은 자신에게 더 솔직하고 더 헌신적인 사람이 된다는 것입니다. 여기가 바로 진정한 즐거움이 시작되는 곳입니다.

라라 케이시Lara Casey는 기업가, 블로거, 베스트셀러인 《되게 하라Make it happen》의 작가이자 온라인 상점인 동시에 여성 커뮤니티인 '컬티베이트 왓 매터스Cultivate what matters'의 창업자입니다. 그녀는 여러 가지 직업을 경험하고 성공과 실패를 거듭한 뒤에, 사람들이 겪고 있는 오래되고 고통스러운 문제점들을 더 밝고 더 나은 미래의 기반으로 탈바꿈할 수 있도록 돕는 것을 자신의 미션으로 정했습니다.

라라는 내 팟캐스트에서 자신이 이혼, 낙태, 생활고 등과 같이 상상하기 힘든 어려운 일을 겪었다고 털어놓았습니다. 그녀는 자신에게 계속 물었습니다. '왜 내가 이런 일들을 겪어야 하지?' 글쓰기에 재능이 있던 그녀는 자신의 경험을 글로 쓰기 시작했고, 그것을 통해 이런 고통스러운 상황들이 다른 사람들을 도와주거나 다른 사람들과 관계를 맺기 위한 디딤돌이라는 것을 깨달았습니다. 아마 전지전능한 신은 라라가 더 나은 선을 위한 여정을 추구하도록 만들기 위해 의도적으로 불행을 선택했는지도 모릅니다.

"당신의 혼란스러움은 당신에게 주는 메시지입니다." 그녀는 팟캐스트에서 말했습니다.

삶을 택시라고 생각해보세요. 택시는 빈차라는 불이 켜져 있으면 탈 수 있고 불이 꺼져 있으면 타지 못합니다. 당신이 팟캐스트를 듣고 있는지 아닌지, 당신의 나이가 22세인지 41세인지 73세인지는 나에게 아무 상관이 없습니다. 당신이 살아 있다면 불이 켜져 있는 것입니다. 당신이 살아 있는 한 늦지 않았습니다. 당신이 영향을 줄 수 있는 누군가가 반드시 있습니다. 당신이 할 수 있는 놀라운 일이 반드시 있습니다.

우리가 과거, 고통, 자존심을 바탕으로 평화를 만든다면 우리는 우리의 여정과 그 과정이 얼마나 특별한 것인지 깨닫게 됩니다. 나는 당신이 이 세상에 존재하는 이유와 당신이 겪은 모든 일에는 이유가 있다는 사실을 깨닫는 데서 오는 충만한 기분을 당신이 느꼈으면 좋겠습니다.

당신을 웃게 만드는 사람들로 주변을 가득 채우세요. 좋은 책을 읽고, 잘 먹고, 잘 자고, 당신 자신에게 친절하세요. 간단하게 들리지만 우리는 필요한 것들을 자주 간과하기 때문에 지속적으로 하기가 어렵습니다. 당신을 보듬어주고 챙겨주는 아주 소수의 제대로 된 사람들만이 당신에게 필요합니다.

강사이자 변화 전문가인 알렉산더 덴 헤제르Alexander den Heijer는 "꽃이 피지 않을 때 바꿔야 하는 것은 환경이지 꽃 자체가 아닙니다"라고 말했습니다.

당신 자신이 되세요

작가, 강사, 사업가, 블로거로 활발히 활동하는 대니엘 러포트와 장애물을 제거하고 빛을 되살리는 주제에 대해 인생을 바꿀 만한 대화를 나누었습니다. 대니엘과 나눈 대화는 마치 오케스트라 같았습니다. 대니엘은 모든 해야 할 일에 우선순위를 정하고 당신이 하고 싶은 대로 할 수 있도록 도와주는 일종의 '욕구 지도 플래너^{Desire Map Planners}' 활용 전문가였습니다.

그녀는 현재와 연결되어 있습니다. 진실한 자신이 되고 자기 자신에게 진실을 말함으로써 그녀는 자신을 추종하는 사람들과 깊이 공감하는 접점을 발견했습니다.

"대중은 진실성에 대항하지 못합니다. 당신 자신을 현재 있는 그대로 보여주세요. 그것은 자석과 같습니다. 당신은 항상 누군가를 당신 쪽으로 끌어당깁니다. 진실, 신의 뜻, 삶에 대한 몰입, 사랑 등과 함께하세요. 그러면 다수의 좋은 것들이 당신에게로 끌어당겨진다는 것은 분명한 사실입니다. 내 메시지는 한마디로 '당신 자신이 되세요'입니다"라고 대니엘은 말했습니다.

대니엘은 창의적인 과정을 받아들이는 데 달인입니다. 그녀는 자신이 하고 싶은 것을 하고, 고정관념에 사로잡히는 대신 열린 시선으로 세상을 봅니다. 나는 자신이 생각하는 계획과 실제 현실에서 일어나는 상황과의 괴리 때문에 괴로워하는 많은 사람들과 대화를 나눠보았습니다. 대니엘에게 그럴 경우 혼란스러운 상태에서 다른 것을 시도해야 하는지, 아니면 한 가지 비전을 계속 고수해야 하는지 물었습니다.

"둘 다 가치 있는 일입니다. 그것은 시기에 달려 있는데 시기는 현재와 같은 의미입니다. 만약 당신의 마음속에 현재를 품고 있다면 삶이 당신을 인도하는 것을 느낄 수 있습니다. 어느 날 당신은 '끝까지 싸워야 해, 조금만 더 버텨. 마지막까지 견뎌야 해. 열심히 해'라는 마음의 소리를 들을 수 있을 것입니다. 삶은 당신을 매우 조용하게 인도합니다. 공포는 시끄럽고 왕왕대지만 사랑은 꾸준하며 속삭임과 같습니다"라고 다니엘은 답했습니다.

내가 다니엘에게 직접 들은 그녀의 가장 큰 도전 중 하나는 어떻게 하면 머뭇거리는 사람들의 등을 떠밀어 그들이 속한 곳에서 뭔가를 하게 만들까 하는 것입니다. 그들은 자신이 창조한 것이 평범하다고 생각하거나, 큰 그림을 보지 않고 아무것도 하려고 하지 않습니다.

다니엘은 그녀의 추종자들을 위해 끊임없이 제품을 만들면서 새로운 길을 개척해왔습니다. 나는 다니엘에게 어떻게 사람들을 무기력증이나 스스로 부족하다는 생각에서 벗어나게 만들어 무언가를 바쁘게 하도록 만들 수 있는지, 어떻게 하면 사람들이 행동하게 만들 수 있는지 물었습니다.

"욕구 지도를 그리면 됩니다. 내가 말하는 모든 것은 핵심 욕구에 관한 것이에요. 어떤 기분을 느끼고 싶으세요? 당신은 느끼고 싶은 대로 느끼게 되지만 성공했다고 느끼고 싶은 것은 핵심 욕구와는 거리가 멉니다. 성공은 가슴 뛰는 일에서 당신을 즉시 멀어지게 하는 개념 중 하나입니다. 만약 당신의 첫 번째 본능적인 대답이 '성공적이군'이라면 잠시 멈춘 다음 좀 더 깊이 생각해보세요"라고 다니엘은 조언했습니다.

"당신이 어떤 기분을 느끼고 싶은지 명확하다면 그 기분을 느끼게 해주는 일을 무엇이든 하면 됩니다. 당신은 당신의 에너지에 대해 책임이 있습니다. 당신을 신중한 창조자라고 생각하세요. 당신이 원하는 그 기분은 당신의 두려움을 해소시켜줄 것입니다. 두려움은 항상 당신과 함께합니다. 나는 두려움이 없다는 것을 믿지 않습니다. 조금 두려워하는 것이 공포에 질리는 것의 반대 개념이라고 생각합니다. 인생은 위험합니다. 사랑을 공개적으로 고백하거나 SNS에 글을 쓰는 것은 두려운 일입니다. 본연의 자신으로 사는 것은 항상 위험을 동반합니다."

"내면의 일을 신념으로 만드세요. 믿지 못하겠으면 상상해보세요. 스스로 나는 가치 있는 사람이라고 믿고 비전을 마음속에 만드세요. 그 비전은 당신의 정신에 스며들어 '나는 가치가 없다'는 굳어진 오랜 관념들을 느슨하게 만들어 줄 것입니다. 당신이 가치 없다는 말은 다 거짓말이고 헛소리입니다"라고 대니엘은 말했습니다.

대니엘의 웅변은 내 가슴에 파고들었고 내 몸 전체에 울려 퍼졌습니다. 창의적인 기업가들은 종종 전략에 너무 몰두해서 내면 저 깊은 곳에서 작동하는 정신적 기술을 무시합니다. 우리가 해야 하는 일에는 영적인 탐구가 포함되어 있습니다. 하지만 우리는 창의적인 표현을 지지하지 않는 인생을 너무 자주 참아내며 살고 있습니다. 어떻게 해야 우리는 진정으로 원하는 것을 할 수 있는 흐름에 진입하고 그곳에 몸을 내맡길 수 있을까요?

직장에 연연하지 않기

"당신의 과업은 사랑을 찾는 것이 아니고 단지 사랑하지 못하도록 당신 스스로 만들어놓은 내부에 있는 모든 방해물을 찾는 것입니다" 라고 페르시아의 신비주의 시인이자 법학자인 루미내Rumi의 말을 인용해 대니엘이 대답했습니다.

"오랫동안 나는 어둠을 빛으로 만드는 개념에 대해 설파했습니다. 나는 항상 '모든 장애물을 제거하고 있는가?' 나 자신에게 묻습니다. 나를 사랑하기 때문입니다. 장애물을 깨부수고 싶기에 그것에 필요한 모든 것을 하고 있습니다. 또한 매사에 감사하는 연습을 합니다. 나는 잘 먹습니다. 또 요가를 하죠. 신이시여, 나를 보세요. 나는 몸과 마음을 좋은 상태로 유지하고 좋은 일을 하고자 헌신하고 있습니다."

"내가 하고 있는 것 중 일부는 아름답고 건강합니다. 그러나 상처받기 쉬운 단계는 오직 어둠 속에서만 발견됩니다. 우리 대다수는 고통 때문에 그 어둠 속으로 들어가지 않습니다. 이 과정은 당신이 완전해지기 위해 겪어야 할 고통입니다. 우리는 위기를 경험하고 이제까지 가보지 못한 곳에 도달합니다. 그러나 우리는 위기가 실제로 우리를 변화시키고, 패러다임을 바꾸고, 행동을 바꾸게 놔두지 않습니다."

"당신은 변하지 않는 자신을 벗어던져야 합니다. 오래된 생각에 사형선고를 내려야 합니다. 진리는 모든 것을 새롭게 만듭니다. 아름답고 보기 좋고 멋진 버전의 이야기는 '나는 내 꿈을 실현시킬 수 있을 만큼 내 자신이 가치 있다고 느껴'라고 말합니다. 하지만 다른 버전의 이야기는 '삶이란 거참, 나는 가치 있는 존재가 아닌 것 같아' 라고 말합니다."

"당신은 자신의 감정에 정말로 솔직해져야 합니다. 그런 다음 왜 스스로 자신의 삶이 가치가 없다고 느끼는지 분석해야 합니다. 그 과정은 고통스럽지만 분명 의미가 있습니다. 반드시 그 과정을 거쳐야 합니다. 다른 방법은 모르겠습니다. 그러나 당신이 고통을 끊임 없이 겪을 필요가 없다는 사실은 압니다. 위대한 선 철학 스승인 앨런 와츠Alan Watts는 '고통은 어디에나 있다'고 했습니다. 해야 할 일 때문에 고통받을 것인지 아닌지는 당신의 선택과 자유의지에 달려 있습니다. 당신은 필요한 고통을 겪을 준비가 되어 있습니까? 이 고통을 겪고 나면 당신은 자신의 집착에서 벗어난 곳에 도달하게 됩니다. 그곳에서부터 당신의 목표와 꿈이 바뀝니다. 그곳에서 당신은 친구도, 직장도, 아는 사람도 하나 없이 죽을 것 같은 절망감을 느끼지 않습니다. 그곳에서 당신은 행복하고 거기서부터 모든 일은 진행됩니다."

대니엘은 자신만의 목표, 용기, 즐거움을 찾을 수 있을지 궁금해하는 모든 사람을 위한 아름다운 기도로 대화를 마무리했습니다. "모두 숨을 크게 들이마셔 보세요. 당신에게 몇 가지 다른 이름 또는 용어를 들려드릴 거예요. 조물주, 성모, 성부, 생명의 기원, 신, 창조주여. 진실한 마음으로 당신에게 기도드립니다. 우리는 진심으로 우리가 누구인지 생명의 근원이 무엇인지 알기 위해, 그리고 진정으로 창조의 빛 속에 있고 우리 자신의 빛으로 스스로를 밝히기 위해 당신에게 다가갑니다. 우리는 영혼의 찬란함을 보기를 원합니다. 우리 자신의 불빛으로 우리가 따뜻해지고, 그 불빛으로 거짓을 판별할 수 있기를 원합니다. 우리 스스로 자신을 하찮게 여기지 않도록 해주세요. 안심할 자격도 없고 은혜받을 자격도 없다고 생각하는 고정관념, 거짓말, 환상을 제거해주세요. 그리고 그런 나쁜 것들을 처음부터 우리는 사랑받아왔다는 사실로 바꿔 주세요. 우리는 영원토록 사랑받을 것입니다. 우리의 욕구, 신성한 충동, 우리가 원하는 것은 항상 우리를 안식처로 데려갈 것입니다. 우리가 하고자 하는 모든 것에 은혜와 용기와 축복을 내려주세요. 지금까지 우리가 이룬 것들에 대해 감사드립니다. 우리 있는 그대로의 모습에 감사드립니다. 우리 자신의 길을 가는 것에 감사드립니다."

자신의 비극을 가장 좋은 선물로 바꾸세요

우리의 소명은 종종 우리가 예상한 것보다 그것을 깨닫기까지 시간이 걸리거나 그 사이 많은 위기가 찾아옵니다.

나는 2만 5,000평방미터의 어마어마한 크기에 매일 수천 명의 사람들이 드나드는 LA에 위치한 라스트 북스토어Last Bookstore의 창업자 조시 스펜서Josh Spencer를 인터뷰할 기회가 있었습니다. 라스트 북스토어는 건축학적인 아름다움과 창의적인 분위기 때문에 방문해볼 가치가 있는 곳입니다. 또한 조시의 서점은 오늘날 책이 대표하는 모든 것과 그 책들이 우리 삶에서 차지하는 중요한 역할을 보여주는 기념비적인 장소가 되었습니다.

어느 날 조시와 인터뷰 약속을 잡은 뒤 서점을 방문했을 때 나는 매우 놀랐습니다. 그를 만나기 전까지 저는 알지 못했습니다. 사실은 그가 마비 환자이고 자신의 비극을 가장 좋은 선물로 바꾸었다는 것을 말이죠. 조시는 하와이에서 실력 있는 서퍼로 자랐고 그 기간 동안 그의 신체와 운동 능력이 그의 정체성을 대변해주었습니다.

그러던 그는 대학교 3학년 때 오토바이를 타다가 교통사고를 당했습니다. 서퍼로서 장미빛 인생이 눈앞에 펼쳐져 있었지만 3주 후 병원에서 눈을 떴을 때 그는 신체 마비라는 장애를 얻게 되었고 따라서 서퍼로서의 인생을 장담할 수 없었습니다. 그는 제대로 걷지도 못하는 삶이 살 가치가 있는지 스스로에게 묻기 시작했습니다.

그의 친구가 그런 그에게 성경책을 가져다주었고, 삼손의 이야기를 읽을 때까지는 성경책을 그냥 훑어보기만 했습니다. 그러다 삼손이 사자를 맨손으로 찢어 죽인 부분을 보게 됐습니다(삼손은 신과 같은 완력을 가진 것으로 유명합니다). "먹는 자에게서 먹을 것이 나오고 강한 자에게서 단것이 나왔느니라(구약성경 사사기 14장 14절_옮긴이)." 성경책의 구절들은 마치 조시를 위해 쓰여진 것 같았습니다.

삼손이 사자의 사체에 다가갔을 때 그는 꿀로 가득 찬 벌집을 발견합니다. 삼손은 아무도 풀지 못하는 그의 경험에서 우러난 수수께끼를 이후에도 계속 반복합니다. 조시는 이 이야기가 너무 좋아서 자신의 소명으로 삼았습니다. '이 어둠에서 뭔가 달콤한 것을 만들 수 있지 않을까?' 완전히 극복하기 힘들 것 같던 사고와 그에 따른 결과는 실제로 그가 상상했던 것보다 훨씬 더 나은 무언가를 위한 길이 될 수도 있었습니다.

그는 자신의 상황을 스토리텔링 관점에서 살펴보았습니다. "나는 일반적으로 이야기에는 극적인 변화가 있다는 것을 깨달았습니다. 줄거리가 바뀌고 등장인물들에게 사건이 발생하는 것이죠. 그래서 나는 '내 인생은 한 편의 이야기이고 지금은 줄거리가 반전된 거야. 이 이야기의 등장인물로서 나는 다음에 무엇을 해야 할까? 빈둥거리면서 우울한 채로 살지는 않을 거야. 그렇다면 너무 지루한 이야기가 되어버리니까.' 나는 그렇게 다짐했습니다."

몇 주 후에 조시의 변호사가 그에게 백만장자가 될 기회가 있다고 알려왔습니다. 사고 차량 운전사와 시 정부를 상대로 소송을 제기하면 보상금으로 편한 인생을 살 수 있다는 것이었죠. 하지만 그는 돈을 원하지 않았습니다. 그는 자신이 완전히 망가진 것이 아니기 때문에 그렇게 해서 돈을 버는 것은 올바른 방법이 아니라고 생각했습니다. 자신이 성취해야 할 큰 목적이 있기 때문에 이와 같은 특수한 상황에 놓이게 된 것이라고 생각했죠. 그는 자신의 직관을 믿었습니다. 돈을 받음으로써 자신의 목적을 알고, 인내심을 가지고 그것을 계속하며, 그 목적을 위해 살 수 있는 기회를 날려버리고 싶지 않았습니다. 그는 목적을 위해 살고 스스로의 힘으로 계속 나아간다면 돈으로 살 수 있는 그 어떤 것보다 훨씬 높은 수준의 보상을 얻을 수 있을 거라고 확신했습니다.

조시는 이베이에서 책을 팔기 시작했습니다. 그는 책을 꽤 잘 팔았고 LA 시내에 작은 공간을 마련하기에 충분한 돈을 벌었습니다. 즉흥적으로 그는 더 큰 공간을 매입했고, 그다음 해에 그곳에 현재의 라스트 북스토어인 2만 5,000평방미터짜리 서점을 지었습니다. 이 놀라운 서점은 오늘날 LA에서 가장 사랑받는 장소 중 하나이며 자체 디자인과 탐험을 위한 장소로 수백만 명의 사람들에게 영감을 주고 있습니다.

아마도 고통은 목적으로 치환되나 봅니다. 나는 세상이 친절하게 돌아간다고 믿습니다. 나는 무작위로 비극이 발생하는 것을 믿지 않습니다.

꿈을 위한 북마크

- 당신은 충분합니다.
- 당신의 생각보다 당신은 훨씬 더 잘하고 있습니다.
- 웰빙과 행복처럼 우리가 원하는 것은 우리 손이 닿는 곳에 있습니다.
- 행복은 내면의 일입니다.
- 엉망진창이라는 것은 당신에게 주는 일종의 메시지입니다. 가장 큰 도전이 때때로 우리에게 가장 큰 기회와 선물이라는 것을 기억하세요.
- 달성한 업적이 우리의 가치를 결정하지는 않습니다.

직장에 연연하지 않기

꿈 실천 노트

당신을 방해하는 장애물을 찾아보세요

당신의 임무는 사랑을 찾는 것이 아닙니다. 당신 내부에서 사랑을 가로막는, 스스로 만든 모든 장애물을 찾고 또 찾는 것입니다. 어떤 장애물들을 허물어야 할까요? 당신 인생에 즐거움과 창의성이 스며들지 못하게 막는 생각이나 습관에는 어떤 것들이 있나요?

5

창의성의 족쇄를 푸세요

"지금이 바로 그녀가 아름다운 것들을 만들 계절입니다.
완벽하지는 않지만 그녀가 되기 위해
창조된 모든 것에 대해 말해주는
정직한 것들입니다." _모건 하퍼 니콜스

당신은 그림 그리는 것을 싫어하는 세 살짜리 아이를 본 적이 있나요? 대부분의 사람들은 그들의 몸 안 어딘가에 아로새겨진 창조적인 뼈가 있습니다. 사람들은 필수과목으로 희곡 수업 하나를 듣는 것은 좋아했지만 결코 연극과 관련된 학위는 받지 않았습니다. 사람들은 친구들과 함께 그림을 그리고 와인의 밤을 만끽하며 수채화에 대한 어린 시절의 열정이 다시 불붙는 것을 발견했습니다. 당신이 번뜩이는 영감과 우연히 마주칠 때까지 직장과 일상에서의 책임은 그 창조적인 에너지를 당신에게서 훔쳐 갑니다.

이 시점에서 당신을 위한 좋은 소식이 하나 있습니다. 당신이 생각만 하는 것에서 벗어나, 창의성의 핵심인 진정한 자아와 당신이 의도적으로 다시 잘 어울리도록 도와주는 아주 간단한 연습이 있습니다. 번뜩임은 우리에게서 사라지지 않습니다. 다만 허벅지 근육과 같아서 준비운동만 해주면 다시 움직이죠. 당신은 당신이 지닌 창의성을 활성화해주는 것을 우연히 찾을 때까지 기다릴 필요가 없습니다. 당신은 창의성을 찾기 위해 언제든지 탐험에 나설 수 있습니다.

저명한 작가인 줄리아 캐머런의 삶을 바꾸는 책인 《아티스트 웨이The Artist's Way》로 첫 번째 연습을 할 수 있습니다. 매일 아침에 종이 세 장을 꺼내 앞뒤로 자유롭게 글을 써보세요. 글의 내용보다는 지속적으로 하는 것이 중요합니다. 비록 쓰는 내용이 장보기 목록만큼 지루하더라도 떠오르는 단어들을 계속 써보세요. 직접 손으로 내용을 쓰는 게 좋습니다. 그래야 한 번쯤 잠시 쓰는 것을 멈추고 그것들에 대해 생각해볼 수 있으니까요. 그녀는 이것을 '모닝 페이지Morning Pages'라고 불렀습니다. 4일, 2주 또는 한 달 이상 모닝 페이지 쓰기를 계속하다 보면 당신이 미처 알지 못했던 메시지를 발견할 수 있을 것입니다. 당신의 본모습이 조금씩 드러나게 되기 때문이죠.

당신은 이 신성한 자신만의 사색을 통해, 종이에 적힌 내용의 미래의 결과에 대해 '만약'과 '한다면'을 생각해볼 수 있습니다. 말하거나 행동하라는 등 그 어떤 압력 없이 말이죠. 잠재의식 속에서 새로운 분야를 탐험하고 발견하는 것은 마치 외국을 방문하는 것처럼 조금은 겁이 나지만, 설레고 흥미진진할 수 있습니다.

혼자 속으로만 계속 생각하는 것은 반복되는 의심과 비판에 발목을 잡히기 쉽습니다. 생각을 글로 적어 보면 당신은 그것을 훨씬 더 명확하게 평가할 수 있을 것입니다. 머릿속에서 생각하고 그것을 종이에 쓴 다음 관찰하는 시간을 통해 당신은 '인식하고 있다'는 느낌을 계속 가질 수 있습니다.

"모닝 페이지를 통해 당신은 더 큰 힘과 접촉하기 시작합니다. 지속적으로 모닝 페이지를 계속할 경우 당신은 익숙하지 않는 곳으로 인도될 수도 있습니다. 나는 당신이 그것을 통해 위험을 감수하는 방법을 연습한다고 생각합니다." 자신의 남편이자 영화감독인 마틴 스코세이지Martin Scorsese의 재능을 두 배로 늘려준 지침을 만든 줄리아가 말했습니다.

나는 정장을 입고 상업용 부동산 회사의 책상에 앉아 모닝 페이지를 처음 시작했습니다. 당시 돈을 많이 벌고 있었지만 그 일은 나와 잘 맞지 않았습니다. 친구들과 나는 《아티스트 웨이》를 함께 읽고 매주 만나서 각 장의 내용과 그 효과에 대해 토론하기로 했습니다. 매일매일 모닝 페이지를 쓰면서 나는 내가 작곡을 하고 창의성을 다시 발휘하는 것에 얼마나 필사적인지 알게 되었습니다. 모닝 페이지에서 발견한 소명은 계속 나를 부르고 있었고, 나는 더 이상 작곡에 대한 그리움을 무시할 수 없었습니다. 그때가 바로 내 인생에서 가장 성공적인 시기의 시작이었습니다.

줄리아는 나에게 '아티스트 데이트Artist Dates'라는 내 창작 인생을 바꿔버린 두 번째 연습을 소개했습니다. 방법은 다음과 같습니다.

당신의 안전지대에서 멀리 떨어진 곳에서 당신의 마음속에 존재하는 내면의 아이를 위한 활동을 하나 고릅니다. 감정을 고조시키고 영감을 불러일으킬 수 있는 것을 선택합니다. 연극이나 콘서트를 보

러가거나 또는 박물관에 갑니다. 핸드폰 없이 오래 걸어봅니다. 색
연필이나 아크릴 페인트를 구입해 뭐라도 그려봅니다. 이와 같이 적
어도 어느 정도의 카타르시스를 느낄 수 있는 활동들을 선택하면 됩
니다.

"우리는 매일 '선택 시점'에 직면합니다. 선택 시점은 당신이 그것
을 두려워할지 그것에 충실할지 결정할 수 있는 시간입니다"라고 줄
리아는 내 팟캐스트 청취자들에게 말했습니다.

'아티스트 데이트'를 실천하는 의도는 당신을 일깨우는 아이디어
를 떠올리기 위해 마음을 차분히 하고 당신의 마음과 가슴을 연결하
는 건실한 다리를 만드는 것입니다. 벌써 불평하는 소리가 들리는
듯 하네요. 만들어야 할 점심 도시락이 있고, 청소해야 할 정원이 있
고, 걸어야 할 전화가 있을 때 누가 공원에서 한 시간 즐겁게 보낼
수 있는 여유가 있을까요? 바로 당신입니다.

우리는 소셜미디어나 넷플릭스를 통해 다른 사람이 만든 창작물
을 보는 데 너무 많은 시간을 소비하고 있습니다. 때문에 자기 자신
을 위해서도 동일하게 시간을 사용할 수 있다는 사실을 잊고 삽니
다. 개인적인 창작물을 만드는 순간은 그 어떤 넷플릭스 프로그램보
다도 더 잔잔하게 당신을 그 시간에 빠져들게 만듭니다.

당신이 생각하는 것이 실제로 가능하다고 자신의 사고방식을 바
꾸는 것은 쉬운 일이 아닙니다. 단 한순간도 혼자라고 생각하지 마
세요. 우리는 모두 항상 가능한 것이 무엇인지에 대한 자신의 인식
을 바탕으로 일하고 있고, 시도 때도 없이 엄습하는 부정적인 생각

들과 싸우고 있습니다. 처음에는 작은 시도들이 엄청난 변화를 가져옵니다.

다음 단계는 이 모든 것이 실제로 어떻게 작용하는지 개념화하는 것입니다. 당신은 수채화 그리기, 정원 가꾸기, 악기 연주하기 같은 것을 좋아할 수 있지만 아마 이 중 어느 것을 어떻게 직업으로 바꿀 것인지에 대해서는 바로 답을 못하고 주저할 것입니다. 성공한 사람들은 기회에 대해 개방적입니다. 비가 오고 있는데 한 사람은 양동이를 들고 있고 다른 한 사람은 빈손으로 있다고 상상해보세요. 양동이를 든 사람만이 물을 담을 수 있습니다. 이것은 아주 단순한 비유지만 내가 생각하고 있는 기회에 대해 잘 설명해줍니다. 우리는 기회를 찾는 것에 개방적이어야 하고, 기회를 잡기 위해 뭔가를 할 수 있을 만큼 충분히 용감해야 합니다.

새로운 아이디어를 계속 창조하고 시도하려는 욕구는 내가 성공한 이유이기도 합니다. '무슨 일이 일어날지는 모르지만 어쨌든 나는 뭔가를 할 거야'와 같이 순진하게 살 수도 있습니다. 나는 지루함을 느낄 때마다 내 사업에 새롭게 시도해볼 아이디어들을 브레인스토밍하기 시작합니다. 이러한 브레인스토밍을 통해 생각해낸 아이디어를 시도해보고 그것을 통해 배웁니다. 그것은 끊임없이 계속되는 과정이지만 나는 그 과정에서 많은 기쁨과 즐거움을 발견합니다.

이제 당신은 개념화 과정 을 수행하는 것에 고무되어 있고, 당신의 비전이 실현되기 시작했기 때문에 기업가이자 팟캐스트 〈점프할 때When to Jump〉를 진행하는 마이크 루이스Mike Lewis가 취미를 성공하는 사업으로 바꾸는 '1만 개의 시시한 단계(168~170쪽 참조)'라고 부르는 것에 압도당하는 기분을 느끼기 쉽습니다.

당신은 자신이 알고 있는 것보다 훨씬 더 최고의 이상적인 삶에 가까이 있습니다. 당신이 일을 순서대로 진행하기 시작하면 개념화 과정은 당신이 상상하는 것보다 더 빨리 발생할 것입니다.

하지만 내가 '2밀리미터 차이'라고 부르는 것이 있습니다. 예를 들어, 당신이 훌륭한 골프 선수가 되어 계속 스윙 연습을 하고 있지만 실력이 늘지 않고 있는데 당신 옆의 프로 골프 선수는 홀인원을 쉽게 기록한다고 가정해보세요. 프로 골프 선수는 당신에게 와서 손목을 오른쪽으로 조금만 돌리고 스윙을 특정한 방향으로 보내라고 조언합니다. 당신은 '이건 정말 미묘한 차이인데'라고 생각하겠지만 당신이 그대로 해보면 공은 정확히 가야 할 곳으로 가게 됩니다.

'나는 똑똑하지 못하고 이 사업에 대해 잘 알지 못한다'는 등 당신이 자기 자신에게 아직 부족하다고 말하기 바쁠 때 당신은 자신이 가고 싶은 곳으로 정확히 안내해주는 길의 시작점에서 불과 2밀리미터밖에 떨어져 있지 않습니다. **목표에 도달하는 여정을 완전히 통달하기 위해 필요한 명확성, 자신감, 탁월함은 당신이 진짜 평범하다고 생각하는 것을 계속해서 해나갈 때 비로소 당신에게 찾아옵니다.** 그 2밀리미터는 '실패'와 '시도'로 점철되어 있습니다. 당신이 한 발 내딛면서 당신이 하려는 모든 것의 베타 버전인 최초의 시도를 할 때 정말 많은 두려움이 몰려올 것입니다. 당신이 나와 같은 부류라면 당신은 아마 '대본을 쓰기로 했다면 오스카상을 받을 정도의 대본을 써야 해'라고 생각할 것입니다.

그러나 완벽주의를 추구하는 것은 지양해야 합니다. 부족하다고 느끼는 두려움을 떨쳐버리세요. 휴스턴 대학교 교수이자 엄청나게 많은 저서를 집필한 브레네 브라운Brené Brown은 "우리는 완벽주의라는 것이 우리를 보호해줄 20톤짜리 방패라고 생각하지만, 실제로는 우리가 인정받고 능력을 펼치고자 할 때 우리의 발목을 잡는 20톤짜리 방패입니다"라고 말했습니다. 완벽주의는 '내가 완벽해보이고 모든 것을 완벽하게 수행한다면 수치심, 평가, 비난의 고통스러운 감정을 피하거나 최소화할 수 있을 것이다'라는 1차원적 사고를 부채질하는 자기 파괴적이고 중독적인 믿음입니다.

베스트셀러 작가이자 사업가, 가장 성공적인 블로거 중 한 사람인 세스 고딘은 자신도 여전히 때때로 두려움을 느낀다고 인정합니다. "다음 단계는 매우 단순하지만 쉽지 않습니다. 나쁜 것은 개선될 때까지 가차 없이 말해야 할 필요가 있습니다. 당신은 두려움을 계획할 수 없습니다. 두려움의 문제점을 정확히 파악할 수 없습니다. 두려움을 별것 아닌 것으로 만들 수 없습니다. 두려움은 세상에 늘 존재할 것이고, 당신은 의미 있는 일을 하기 전까지는 아무 의미 없는 일을 하게 될 것입니다. 자기가 무엇을 해야 할지 모르기 때문에 사람들이 중도에 포기하는 것이 아닙니다. 사람들이 포기하는 이유는 두렵기 때문입니다. 그러므로 우리는 우리가 두려워하고 있다는 사실을 있는 그대로 받아들여야 합니다. 우리는 두려움을 없앨 수 없습니다. 중요한 일을 할 때마다 나는 항상 걱정이 앞섭니다. 당신이

직장에 연연하지 않기

가장 좋아하는 극작가나 다른 모든 사람도 두려움에 있어서는 다를 바 없습니다."

"당신이 해야 할 일은 두려움을 받아들이는 것입니다. 두려움의 존재를 인정하고 그것을 나침반으로 사용하세요. 두려움이라는 나침반은 '아, 내가 이 이야기를 이런 식으로 하면 그들의 눈이 반짝반짝 빛날 수도 있고, 그들이 나를 죽이려고 달려들지도 몰라. 모르겠다. 일단 한번 알아보자고'라고 말할 것입니다"라고 세스 고딘은 말했습니다.

두려움을 극복하는 방법 중 하나는 당신이 다른 사람들에게 봉사하기 위해 태어났다는 사실을 깨닫는 것입니다. 당신은 말 그대로 이곳에 봉사하기 위해 왔고, 세상은 당신의 이러한 재능을 알 자격이 있습니다.

베스트셀러 작가이자 TED 강연자인 대니얼 핑크Daniel Pink는 다음과 같이 말합니다. "만약 당신이 세상에 도움이 될 무엇인가를 가지고 있다면 나는 당신이 그것을 사람들에게 베풀어야 할 도덕적 의무가 있다고 생각합니다. 소프트웨어든 디자인이든 사람들의 삶에 중요한 변화를 가져올 특별한 무언가를 가지고 있다면, 유감스럽지만 당신은 사람들이 당신을 찾아와 문 두드리는 것을 기다리면서 빈둥거릴 여유가 없습니다. 당신은 밖으로 나가 사람들에게 당신이 가지고 있는 것을 선보여야 합니다. 당신의 능력이 그렇게 대단하다면 당신 자신의 경제적 능력을 위해서뿐만 아니라 온 세상 사람들에게 그것을 말해야 할 도덕적 의무가 있다고 생각합니다."

오늘날 우리가 할 수 있는 가장 높은 수준의 봉사는 가능성에 대한 롤 모델이 되는 것이라고 생각합니다. 세상에는 어둠과 공포가 존재하지만 불완전한 영광 속에서 빛이 됨으로써 우리는 다른 사람들에게 무엇이 가능한지 보여줄 수 있습니다.

알렉스 바나얀Alex Banayan은 《제3의 문The Third Door》이라는 놀라운 책의 작가입니다. 그는 스티븐 스필버그Steven Spielberg, 마야 안젤루Maya Angelou, 빌 게이츠Bill Gates, 레이디 가가를 포함한 이 시대의 많은 위대한 인물들을 인터뷰하며 그들이 어떻게 지금의 모습이 되었는지 물었습니다.

알렉스는 또한 가장 중요한 교훈 중 하나를 공유한 '미국을 위한 교육Teach for America(미국의 비영리 교육단체_옮긴이)'에서 일하는 어떤 선생님의 이야기를 들려주었습니다. 선생님은 그녀가 가르치는 학생들에게 성인이 되었을 때 어떤 사람이 되고 싶은지 그려보라고 했습니다. 아이들은 대통령, 우주 비행사, 의사 그리고 동화 작가 등을 그려나갔습니다. 그러나 한 아이는 앉아서 빈 종이만 응시하고 있었습니다. 선생님은 그 아이에게 "무엇이든 가능해"라고 말하며 진정으로 되고 싶은 것을 생각나는 대로 그리라고 격려했습니다. 그녀가 어린 소년에게 다시 돌아왔을 때, 그녀는 그 아이가 피자 배달부를 그린 것을 보았습니다. 선생님은 학생의 어머니에게 전화를 걸어 차 한잔 하자고 이야기했습니다. 선생님이 무슨 일이 일었는지 설명해주자 엄마는 놀라운 일이 아니라고 대답했습니다. 소년에게는 단지 세 명의 남성 롤 모델이 있었습니다. 그들 중 두 명은 감옥에 있었

직장에 연연하지 않기

1. 크리에이터

크리에이터는 창의적인 직업에 대해 이야기할 때 우리가 가장 먼저 떠올리는 역할입니다. 당신은 '지지스 컵케이크Gigi's Cupcakes'를 막 개업한 지지 버틀러Gigi Butler와 같은 제빵사일 수 있습니다. 《러브 앤 프렌즈Something borrowed》를 비롯한 여러 베스트셀러 소설을 집필한 에밀리 기핀Emily Giffin과 같은 작가일 수도 있죠. 멋진 가구를 디자인하는 패트릭 케인Patrick Cain과 같은 장인일 수도 있습니다. 이들은 모두 내 팟캐스트의 초대 손님이었습니다.

크리에이터가 되면 당신의 손이 직접 제품에 닿고 당신이 직접 제품을 연마합니다. 자신보다 더 큰 영감과 직접 소통하게 되는 것이죠. 당신은 제품이나 서비스를 만들어 그것을 세상에 제공하고 사람들은 그것에 대한 대가를 지불합니다.

창의적인 일이 글쓰기, 그래픽 디자인, 작곡과 같이 컴퓨터에서 할 수 있는 작업일 수도 있지만 더 많은 청취자들이 손을 사용하기 위해 점점 책상이나 컴퓨터에서 벗어나고 있습니다. 창의성과 관련된 모든 것은 당신 자신이 원천이고 제품이기 때문에 엄청나게 과감하고 사람들을 깜짝 놀라게 만듭니다. 팟캐스트의 청취자 중 한 명이 과감한 창작의 아주 좋은 예를 커뮤니티에 공유했습니다.

"나는 수학과 물리학을 전공한 대학 졸업생입니다. 대부분의 사람들이 나를 정말 똑똑하다고 생각하죠. 하지만 나는 그저 열심히 일하는 사람일 뿐입니다. 3년 전 하루 종일 컴퓨터 앞에 앉아 일하는 첫 직장에 취직했지만, 놀랍지도 않게 그것이 내가 꿈꾸던 인생이 아니라는 것을 깨달았습니다. 이 일을 하기 위해 많은 시간과 돈을 투자했기 때문에, 덫에 걸린 듯 꼼짝 못하는 기분이었습니다."

"농장에서 자라면서 기업가적인 삶의 방식을 포함해 삶에 도움이 되는 것들을 많이 배웠습니다. 나는 결국 언니와 1년 전에 사업을 시작했죠. 우리는 중고 가구와 농기구들을 사랑스럽고 소박하고 세련된 작품으로 재탄생시키고 있습니다. 우리의 목표는 사람들이 쓰레기 매립지에 버리는 것들을 집을 장식하는 장식품으로 바꾸는 것입니다. 한 번에 하나씩, 쓰레기 한 조각을 작품으로 바꾸는 직업을 통해 이 세상을 구하고 있죠. 사업을 하면서 우리가 원하는 목표를 달성하기 위해 많은 노력을 기울였고, 우리의 첫 번째 제품은 500달러 이상의 가격에 팔렸습니다. 그것은 기분 좋은 놀라움이었어요. 올해 10월에는 두 번째 제품을 출시할 예정인데 매출이 두 배 정도 늘 것으로 기대하고 있습니다."

그녀의 이야기는 크리에이터로서 처음 시작할 때 직면하는 많은 요소들을 담고 있었기 때문에 마음에 와 닿았습니다. 그녀는 직장 생활에 환멸을 느꼈고 그녀의 마음, 몸, 정신을 일깨워주는 소명을 받았습니다. 또한 나는 그녀가 창의성을 계속 유지하면서 무엇이 이 모험에서 효과가 있는지 알아 볼 수 있도록 안정성을 제공해주는 런웨이를 미리 만들어놓은 것이 좋았습니다(런웨이에 대해서는 6장에서 좀 더 자세히 알아보겠습니다). 그녀는 런웨이 구축을 통해 창의성은 물론 자신의 모험에서 어떤 것이 효과가 있는지 알 수 있는 안정성을 동시에 확보했습니다.

2. 선생님

선생님은 크리에이터만큼 친숙한 개념입니다. 당신은 다른 사람들에게 도자기 만드는 법, 스크랩북이나 양초 만드는 법, 컴퓨터 코드를 작성하는 법 등을 가르칠 수 있습니다. 부업으로 사람들에게 색 이론을 가르치는 인테리어 디자이너가 될 수도 있고요. 또한 아침 일과를 완벽하게 만들어주는 10일짜리 프로그램을 만드는 라이프 코치가 될 수도 있습니다. 생산성 전문가로서 사람들에게 에버노트Evernote(메모 및 아이디어 정리용 스마트폰 앱_옮긴이) 사용 방법을 알려줄 수도 있습니다.

　당신이 이러한 것들을 가르치기 위해서는 더 이상 물리적인 교실이 따로 필요하지 않습니다. 당신이 직접 온라인 강좌를 개설해 이용 방법 영상을 게시하고, 다른 사람들이 돈을 내고 당신의 수업을 들을 수 있는 스킬쉐어Skillshare, 티쳐블Teachable, 유데미Udemy와 같은 웹 사이트가 있기 때문입니다.

　크리스는 빵 굽는 것을 좋아하는 테레사 그린웨이Teresa Greenway라는 여성이 이와 같은 방법으로 인생을 역전시킨 놀라운 이야기를 들려주었습니다. 테레사는 호텔 청소부로 근무하고 있었지만, 그것으로는 생계를 꾸려나가기에는 큰 어려움을 겪고 있었습니다. 그녀의 가장 큰 기쁨은 맛있는 사워도우Sourdough 빵을 굽는 것이었 죠. 그녀의 딸은 엄마의 열정을 다른 사람과 공유할 수 있는 것으로 충분히 바꿀 수 있다는 통찰력이 있었습니다.

"엄마, 많은 사람들이 사워도우 빵 만드는 법을 배우고 싶어 할 거예요. 왜 이걸 다른 사람들에게 가르쳐주지 않는 거예요?" 그녀의 딸이 물었습니다. 테레사는 "어떻게? 도서관 같은 곳에서?" 라고 대답했죠.

테레사의 딸은 온라인 강의를 게시하는 유데미에 대해 들어본 적이 있었습니다. 그녀는 아이폰으로 어머니의 첫 수업을 촬영했고 플랫폼에 사워도우 빵을 만드는 방법에 대한 단계별 과정을 게시했습니다. 덕분에 테레사는 비교적 빨리 돈을 벌기 시작했습니다. 첫 해에만 2만 5,000달러를 벌었고, 현재는 열두 개 이상의 강좌와 1만 5,000명의 학생으로 1년에 8만 달러 이상을 벌고 있습니다.

디지털 플랫폼과 현실 세계에서 당신의 열정을 다른 사람들을 가르치면서 돈을 벌 수 있는 수업이나 교육과정으로 바꿀 수 있는 무궁무진한 기회가 있습니다.

3. 큐레이터

큐레이터는 빈티지 사진에서 가죽 핸드백까지 공통의 열정을 가진 사람들이 모여 특정 상품을 얼마나 좋아하는지에 대해 서로 이야기할 수 있는 커뮤니티를 만드는 사람입니다. 호기심에 찬 구매자들을 창작자들과 연결시킴으로써 상품과 서비스의 거래가 시작될 수 있습니다. 큐레이션은 에이전시, 혹은 엣시Etsy와 같은 마켓플레이스 또는 라이브 이벤트의 형태로 진행되기도 합니다.

당신은 시인을 초청해 시를 좋아하는 사람들을 위한 시낭송회를 개최할 수 있습니다. 또 바비큐를 좋아한다면 바비큐 애호가들에게 최고의 바비큐 제품을 소개하도록 설계된 페이스북 그룹과 최고의 바비큐와 관련된 제품을 집중 조명하는 웹사이트를 만들 수 있습니다.

낸시 크루거 코헨Nancy Kruger Cohen은 인디 메이커가 만든 염소 우유 캐러멜과 특별한 위스키 같은 장인 음식을 파는 '마우스Mouth'라는 회사를 공동으로 창업했습니다. 오늘날 그의 웹사이트는 소량 상품 생산자들이 그들의 상품을 판매할 수 있고, 미식가들이 새로운 맛과 혁신적인 조합을 맛볼 수 있는 장소가 되었습니다.

나 또한 큐레이터였습니다. 음악감독과 작곡가들이 함께 모여 음악감독들은 새로운 재능을 발굴하고, 작곡가들은 조언과 방향성에 대해 의견을 듣는 라이브 행사를 열었습니다. 큐레이션 활동은 대부분 자신을 행동의 중심에 놓고 자신이 선택한 시장의 소비자와 생산자들의 관계를 구축해주는 윈윈win-win 행위라고 할 수 있습니다.

4. 조사관

조사관은 흥미로운 주제를 탐구하는 데 시간을 쏟는 사람입니다. 흥미로운 주제를 탐구한다는 것은 전문가가 되는 것이 아니라, 당신이 발견한 것에 대해 정말 궁금해하고 열린 마음을 갖는 것을 말합니다. 콘텐츠는 팟캐스트, 책, 블로그, 페이스북 등 많은 매체를 통해 탐색하고 공유할 수 있습니다. 당신은 커뮤니티를 구축한 다음 커뮤니티 구성원들에게 동료들끼리 서로 조언을 주고받는 마스터마인드 그룹이나 멤버십을 통해 추가적인 기회를 제공할 수 있습니다.

미국의 작가 및 강연자인 그레첸 루빈은 팟캐스트 〈행복 프로젝트The Happiness project〉를 시작하기 전에 행복에 대한 생각에 완전히 사로잡혀 있었습니다. 크리스 길아보는 급성장하는 부업 시장hustle economy에 완전히 매료되어 오늘날 부업 시장이 어떻게 성장하고 있는지 탐구하면서 자신의 경력을 쌓고 있습니다.

당신이 열중하는 것에 대해 이야기하는 것만으로 경력을 쌓으면서 돈을 벌 수 있다는 사실은 믿기 힘든 소리처럼 들릴 것입니다. 하지만 결단력을 바탕으로 열심히 집중하면 충분히 실행 가능하고 현실적인 일입니다. 돈은 광고나 스폰서, 라이브 행사 티켓, 킥스타터Kick starter(미국의 크라우딩 펀딩 서비스_옮긴이) 캠페인 등을 통해 확보할 수 있습니다. 이 말이 사실인지 아닌지 알아보는 가장 확실한 방법은 지금 바로 시작해보는 것입니다. 당신은 자신의 말을 들어줄 사람 이외에는 아무것도 가진 것이 없기 때문입니다.

열정을 직업으로 바꿀 수 있는 다양한 방법을 생각할 때, 스스로에게 아무 생각 없이 즐길 수 있는 약간의 여유를 허락하세요. 당신이 흥미를 느끼는 곳에서 시작하세요. 그러면 당신의 재능을 가장 잘 발휘할 수 있는 곳으로 인도될 것입니다.

또한 당신은 하나 이상의 역할을 동시에 수행할 수 있습니다. 예를 들어, 나는 작곡을 하고 라이브 이벤트를 개최하고 팟캐스트를 운영하고 있습니다. 요즘 내 팟캐스트에 출연하는 대부분의 초대 손님들은 앞서 설명한 역할을 여러 개 조합한 멀티 경력을 보유하고 있습니다.

싱어송라이터인 카일러 잉글랜드Kyler England는 팟캐스트에 출연하여 창의적인 과정에서 다양성이 주는 힘에 대해 예전부터 이야기해왔습니다. "서로 다른 다양한 달걀을 다양한 바구니에 담으세요. 나는 여러 사람들과 여러 장르의 노래를 작곡했습니다. 어떤 때는 가수였고, 어떤 때는 가수가 아니었어요. 결과가 어떻게 될지 모르기 때문에 여러 바구니에 당신의 재능과 목표를 분산해서 담으세요. 그리고 뭔가 가시적인 것이 보이기 시작하면 그것을 확인한 다음 당신이 선택한 여정이 당신 생각과 다를 수 있다는 사실을 받아들이세요. 그것이 돌아가는 길일 수도 있지만 꼭 확인해보세요"라고 카일러는 말했습니다.

"나의 음악 인생에서 발생했던 다양한 일들은 내가 직접 목표로 했던 일이 아니었어요. 내가 댄스음악을 하거나 밴드의 일원이 될 거라고는 생각조차 못했지만 그것들은 나에게 큰 즐거움을 주었어요. 앞으로 일어날 일에 대해 열린 마음을 가지세요."

당신이 정말 해보고 싶은 분야를 하나 정한 뒤 각각의 주제에 대해 크리에이터, 선생님, 큐레이터, 조사관이 되는 것이 어떤 모습일지 목록을 한번 만들어보세요. 상상력을 위한 충분한 여유를 당신 자신에게 부여했을 때 마음속에서 떠오르는 생각은 당신을 감탄하게 만들 것입니다.

자신의 호기심을 따라가세요

에밀리 맥도웰은 사람들이 더 나은 세상, 더 친절한 세상, 더 관대한 세상을 만드는 것을 독려하기 위해 자신의 작품을 활용하는 아티스트이자 일러스트레이터입니다. 에밀리는 어린 시절 그림에 대한 사랑과 타고난 소질을 수백만 달러의 제국으로 바꾸어놓았고, 수백만 명의 사람들이 더 진실하고 정직한 방법으로 상호 연결되도록 도와주는 운동을 시작했습니다. 그녀는 사람들을 웃게 만들었고, 상처를 치유해주었으며, 사람들이 친구를 필요로 할 때 친구가 되어주었습니다.

그녀는 자신의 여정이 어떤 모습일지 혹은 그녀의 어떤 모습이 현실을 만들 것인지 알지 못한 채 자신을 더 진실하게 만들어주는 무언가를 찾기 시작했습니다. 그녀의 이야기는 대담하고 뻔뻔스러울 정도로 정직합니다.

당신이 에밀리의 이야기를 듣는 동안 어떻게 해야 당신의 목표를 이룰 수 있는지에 대해서는 생각할 필요가 전혀 없다는 것을 기억하세요. 누구도 그렇게 하지 않으니까요. 그냥 다음 단계로 진행하면서 계속 자신의 호기심을 따라가세요. 당신의 기쁨은 이 세상에서 당신의 봉사를 가장 필요로 하는 곳으로 당신을 이끌 것입니다.

에밀리는 거의 10년 동안 작가, 미술감독 그리고 창의적인 CF감독으로 광고 분야에서 일했습니다. 높은 지위까지 승진했을 때 그녀는 9년 동안 자신이 일했던 분야가 사실은 그녀가 원하는 곳이 아니라는 것을 깨달았습니다. "나는 주위를 둘러보며 생각했어요. '사다리를 올라갔더니 사다리가 잘못된 벽에 기대어 있었네.' 나는 내가 하고 싶은 것이 무엇인지 알고 있었고, 그것을 할 수 있다고 생각했기 때문에 2011년에 회사를 그만두고 프리랜서로 전향했어요. 하지만 정확히 무슨 일이 발생할지는 몰랐죠."

에밀리는 친구의 갑작스런 죽음에 충격을 받고 정신을 차린 다음 돌파구를 찾았습니다. "나는 오랫동안 다양한 불행을 겪었어요. 광고 에이전시들을 옮겨 다녔고 다양한 고객들을 위해 일하거나 여러 사람과 협력하며 사는 인생이 좋다고 생각했습니다. 많은 경험을 했지만 그 경험의 공통점은 내가 '그것을 했다'는 것뿐이었어요. 광고 일은 나에게 맞지 않았죠. 대학 룸메이트이자 가장 친한 친구가 아니었더라면 아마도 나는 계속 그 일을 했을 거예요. 내 친구는 암 진단을 받은 지 3개월 만에 세상을 떠났어요. 내게는 정말 끔찍하고 강렬한 사건이었죠."

"친구가 세상을 떠났을 때 나는 34세였지만 24세 때 나는 혈액암의 일종인 호지킨 림프종Hodgkin's Lymphoma이라는 병을 앓았죠. 암을 극복하고 광고 분야에 뛰어든 사람은 아마 내가 유일할 거예요. 솔직히 말해서 내가 이 일을 시작한 이유는 의료보험 때문이었어요. 스스로에게 현실을 직시하라고 다그쳤죠. 창의적인 사람이었지만 의료보험이 필요했기 때문에 회사에 취직했어요. 그래서 나는 머뭇거렸죠."

"친구가 세상을 떠난 후 마치 온 우주가 내 뺨을 때리면서 이렇게 말하는 것 같았어요. '여보세요, 정신 차려요. 당신에게 이런 일이 일어났다고요.' 나는 암을 극복했지만 내 친구는 그러지 못했죠. 친구는 자기가 사랑했던 일을 하지 못했어요. 친구가 죽기 전에 나에게 남긴 말이 '네가 하고 싶은 일을 해'였죠."

그때의 경험으로 에밀리는 자신의 삶을 살기 시작했습니다(그 보상은 정말 큽니다. 인생은 오직 한 번뿐이니까요). 그녀는 계획 없이 일을 그만뒀지만 아직 살아 있다는 행운을 누리고 있을 때 더 이상 단 하루도 슬프게 살고 싶지 않았습니다.

"프리랜서로 일을 할 수 있다는 것은 알고 있었지만 다음 작품은 정말 무서웠어요. 나는 스물다섯 살 때부터 광고업계에서 성공하기 위해 일주일에 80시간씩 일했죠. '내가 뭘 하려는 거지?' 인생에 있어 무엇을 해야 할지 모를 때 해야 할 일에 관한 기사를 읽었어요. 어렸을 때 좋아했고 계속하고 싶었던 일을 하라는 내용이었죠."

"나는 어렸을 때 글쓰기와 그림 그리기를 좋아했어요. 그래서 그림 그리기를 부업으로 하기 시작했죠. 나는 내가 그림을 잘 그리지 못할 수도 있다고 생각했어요. 스스로 글은 어느 정도 쓴다고 생각했지만 그림은 15년 전 대학생일 때 이후로 아무것도 그리지 않았으니까요. 스스로를 아티스트라고 생각하지 않았죠. 제대로 된 작품 하나 가진 게 없었거든요."

에밀리는 돈벌이나 사업에 대한 생각은 하지 않은 채 동심으로 돌아가 작품을 만들기 시작했습니다. 그녀는 평소에 레터링을 좋아했는데 그 당시에는 레터링이 디자인 트렌드가 되기 전이었습니다. 그녀는 레터링을 인쇄해서 그것을 텀블러(미국의 소셜미디어_옮긴이)에 공유하기 시작했고 그녀의 친구들은 엣시에 제품을 출시해보라며 그녀를 독려했죠. 에밀리는 프린터를 산 다음 집에서 레터링 디자인을 인쇄하여 고객들에게 발송하기 시작했습니다. 에밀리는 카드 만드는 것에 늘 관심이 많았지만 그렇다고 24달러에 팔리는 카드 디자인과 똑같은 디자인을 3달러에 파는 것을 합리화할 정도는 아니었습니다.

"나는 작게 생각하고 있었어요. 큰 비전을 가지고 사업을 시작하지는 않았죠. 그저 내 앞에 있는 프린터의 구매 가격인 600달러만 벌자고 생각했어요."

레터링이 접목된 카드를 만들기 위한 그녀의 노력은 계속됐습니다. "상점에서 본 기성품들은 내가 생각하는 것이 전혀 반영되어 있지 않았어요. 글쓰기, 그림, 심리 등 내가 좋아하는 모든 것을 카드를 통해 구현할 수 있었죠. 나는 연인이지만 서로 만나기 어려운 사람들을 위한 밸런타인데이 카드를 만들어보자고 생각했어요. 기성품 카드로는 절대 표현할 수 없는 그런 카드를 만들고 싶었죠."

에밀리는 전문가용 프린터를 이용하여 50장의 카드를 인쇄한 뒤 판매해보기로 결심했습니다. 그녀는 돈을 벌기 위해서가 아니라 자신의 아이디어와 관점을 세상에 공개하는 일을 하고 있다고 생각했습니다. 엣시는 그녀의 카드를 페이스북에 올렸고 게시물은 입소문을 탔습니다. 덕분에 그녀는 일주일 동안 1,700장의 카드를 팔았습니다. 에밀리는 정신이 하나도 없었죠.

"한 주 동안 나는 완벽하게 검증받았어요. 세상은 내가 이 일을 하기를 원하고 있었죠. 사람들은 자신이 진정으로 원하는 관계를 만들기 위해 내가 만든 카드를 필요로 하고 원하고 있었어요."

에밀리는 밸런타인데이 카드를 판매해서 번 돈으로 시장조사를 하기 시작했습니다. 그러다 뉴욕에서 열리는 문구 박람회에 참가하면 좋을 것 같다는 생각을 했죠. 때마침 해당 박람회에 여분의 전시 공간이 있던 지인을 만났고 덕분에 그녀는 박람회 3개월 전에 40종류의 샘플카드와 카탈로그를 만들어 박람회에 참가할 수 있었습니다. 에밀리는 이것이 자신의 여정을 위한 첫 번째 발걸음이라고 생각했지만 뚜껑을 열어보니 박람회 참가로 인해 그녀의 경력은 날개를 단 셈이었습니다. 어번 아웃피터스Urban Outfitters(미국의 다국적 라이프 스타일 소매 회사_옮긴이)는 즉석에서 3만 달러에 달하는 물량을 주문했고, 2주 안에 배달해달라고 요청했습니다.

에밀리는 그 도전에 지체 없이 응했습니다. 프린터로 카드를 출력했고, 친구에게 사무실 공간을 빌렸으며, 크레이그스리스트에 그녀를 도와 카드를 만들 사람을 찾는 구인 광고를 냈습니다. 그녀가 어번 아웃피터스 소개 책자를 살펴보는 동안 여러 명의 직원들이 카드를 만들었습니다. 특히 한 여성이 에밀리의 사업에 합류해 세세한 일까지 도와주었는데, 그녀는 나중에 에밀리 회사의 첫 번째 직원이자 영업 본부장이 되었습니다.

"5년 동안 우리는 빠르게 성장했기 때문에 기본적으로 3개월마다 완전히 다른 회사로 탈바꿈했습니다. 창의성을 발휘하는 것은 쉬웠지만 사업 운영은 어려웠어요. 사업에 대해 미친 듯이 배워나갔죠."

공감은 에밀리가 하는 일의 핵심입니다. 그녀의 사업인 공감 카드Empathy Cards는 전통적인 격려 카드에 대해 그녀가 내놓은 답이었습니다. 그녀의 카드는 질병, 이혼, 죽음과 같은 끔찍한 일을 겪고 있는 사람을 위해서도 고안되었습니다. 스물네 살에 암을 앓았던 자신의 경험은 그런 일들이 주는 고독과 불편함을 그녀에게 가르쳐주었고, 그녀는 그런 삶을 살고 있는 사람들에게 조금이나마 희망과 사랑을 주고 싶었습니다.

"문화적인 이유로 우리는 종종 다양한 상황 속에서 무슨 말을 해야 할지 잘 몰라요. 이러이러한 상황에서는 이렇게 말해야 한다고 배운 적이 없기 때문이죠. 내 입장에서는 특히 끔찍한 일을 겪고 있는 사람들이 자신들이 위로받고 있다고 느낄 수 있는 대안을 만드는 것이 매우 중요했어요. 나는 친구와 가족들이 스스로 생각해낼 수 없는 말로 그들에게 도움이 되고 싶었어요."

공감 카드는 입소문을 탔습니다. 그녀는 엣시에서 자신의 제품을 더 이상 팔지 않고 자체 홈페이지와 카탈로그, SNS를 만들었습니다. 사람들이 그녀의 카드를 공유하기 시작하면서 그녀의 카드는 이전보다 더 많은 관심을 끌었습니다. 급기야 에밀리의 카드는 33개국의 언론 매체에 소개되기 시작했죠. 이로 인해 그녀는 자신이 하고 있는 일의 보편성을 깨닫기 시작했습니다.

"기본적으로 모든 영어권 국가들은 어떤 상황에서 무엇을 말하고 어떻게 표현해야 하는지에 대한 고민이 정말로 많습니다."

공감은 매우 중요합니다. 모든 사람은 위로받길 원합니다. 에밀리의 이야기는 진실을 고백하는 힘과 나약함을 인정하는 용기의 힘을 보여줍니다. 그녀의 제품들은 사람들이 서로 의사소통하고 관계 맺는 것을 도와주기 위해 고안되었습니다.

그녀의 카드는 누군가를 격려하는 것이 아니라 '지금 이 순간을 너와 함께 하고 싶어. 나는 지금 이 순간 네 옆에 있고 싶어'라는 공감을 전하고 있습니다. 이와 같은 공감은 1,800개 이상의 기업들이 그들의 고객에게 전달하고자 했던 메시지입니다.

만약 당신이 누군가를 덜 외롭고 덜 고독하게 만든다면 당신은 이 세상에서 봉사를 하고 있는 것입니다. 세스 고딘은 모든 성공적인 노력의 핵심은 '적극적인 공감'이라고 말합니다. '시장에 참여하고, 다른 사람들과 거래할 수 있는 능력을 갖추기 위해서는 적극적인 공감대가 필요하다'고 말했죠. 적극적인 공감이란 상대방의 입장에서 열정적이고 깊이 있게 그들이 원하는 것을 이해하는 것입니다.

또한 그들이 필요한 것을 어떻게 가장 획기적이면서 쉽게 제공할 수 있는지 연구하는 것입니다. 공감을 받아들이는 것은 흐름을 완전히 바꾸는 일입니다. 공감이야말로 우리 모두가 필요로 하고 갈망하는 것이라고 할 수 있죠. 우리는 공감이 결핍된 시대에 살고 있으며 그것을 변화시키는 것은 우리로부터 시작됩니다. 또한 변화는 수치심을 버리고 진실을 말하는 것에서부터 시작합니다.

세스 고딘은 스토리텔링이 모든 마케팅의 핵심이라고 말합니다. 에밀리는 누구나 다 알고 있는 보편적인 이야기를 만드는 것에 있어 엄청난 조언을 해주었습니다.

"디테일을 파고들어야 합니다. 더 상세하게 말해야 하죠. 이야기라는 것은 '나는 셔츠를 입었다'와 같이 말하는 것이 아닙니다. '1987년에 남자친구의 어머니가 나와 남자친구를 데프 레파드Def Leppard(영국의 하드록 밴드_옮긴이) 콘서트에 데려다줬을 때, 나는 남자친구 어머니가 운전했던 차 색깔과 똑같은 빨간색 셔츠를 입었다'처럼 말하는 것을 이야기라고 합니다. 구체적인 내용은 보편적인 것이 돼죠. 왜냐하면 당신이 세부 사항을 매우 구체적으로 설명함으로써 다른 사람들이 자신의 이야기와 경험을 떠올리는 것을 도와주기 때문입니다."

에밀리는 자신의 브랜드를 더 많은 매체에 노출시키면서 우리의 여정에서 언제든지 우리를 괴롭힐 수 있는 비판에 당당히 맞섰습니다. 그녀는 목적과 일에 집중하는 것을 통해 자신의 에너지를 적재적소에 사용하기 위한 관점을 확보할 수 있다는 것을 깨달았습니다.

"요점은 사람들이 어떻게 생각하는지 신경 쓰지 않고 당신의 목적과 믿음에 주의를 더 기울이는 것입니다. 당신의 미션과 목적 그리고 당신이 누구이고, 무엇을 하고 싶은지에 더 신경 쓰세요. 이것은 경기장에서 시합을 하는 것과 같습니다. 실제로 시합에 참가하지 않는 사람들이 당신을 비판하는 사람이 됩니다. 하지만 당신 동료들은 당신을 비판하지 않습니다. 우리는 저마다 한 번의 기회가 있습니다. 이 기회는 우리 삶속에 완벽하게 존재하고 있으면서 우리 자신을 나답게 만들어주는 기회입니다."

"그래서 행동하고 무언가를 해야 합니다. 우리는 스스로 자신의 생각과 방식에 영향력을 행사합니다. 다른 그 어떤 것보다 궁극적으로 우리를 가로막는 것은 스스로에게 가하는 자기비판과 추측입니다. 그런 것들을 옆으로 밀어버리고 '나는 할 거야'라고 말하면 일단 성공할 수 있는 기틀을 만든 것이나 다름없습니다. 그런 다음 당신은 전략을 수립하고 당신의 제품을 구매할 소비자를 찾아야 합니다. 처음 시작할 때부터 당신이 하고 싶은 것을 하지 않으면 시간이 갈수록 그것을 좋아하기가 훨씬 더 어려울 거예요."

사업은 문제를 해결하는 것입니다. 사업에서 성공하는 것은 무언가를 만들고, 무언가를 제공하고, 다른 사람들에게 위안을 주는 경험을 창조하는 것과 같은 서비스를 제공하는 것에 달려 있습니다. 다른 사람들을 위한 공간을 만들고, 다른 사람들에게 관심을 가지고, 연민을 느끼기 위해서는 먼저 자기 자신에 대해 공감해야 하고, 자신의 위치와 감정을 솔직하게 받아들여야 합니다.

앞서 언급했듯이 취미와 사업의 차이점은 '공감에 대한 대화'입니다. 취미란 다른 사람의 필요나 감정에 대해 생각하지 않고 지하실에 앉아 자신이 원하는 것을 그릴 수 있는 것을 의미합니다. 반면, 사업은 당신이 만든 것을 다른 사람들이 좋아하고 기꺼이 당신에게 돈을 지불하는 것을 말합니다. 다시 말해, 사업을 하기 위해서는 우리가 다른 사람의 감정과 필요를 고려해야 한다는 뜻입니다. 사업은 공감에서 탄생합니다.

꿈을 위한 북마크

- 당신 제품의 베타 버전을 만들어보세요.
- 창의력은 단련할 수 있고 더 강하게 만들 수 있는 근육과도 같습니다.
- 모닝 페이지는 부정적인 생각을 정리하고 새로운 생각을 받아들이는 강력한 활동입니다.
- '아티스트 데이트'는 일상생활에서 우리의 영감을 배양합니다.
- 당신은 자신이 알고 있는 것보다 훨씬 더 최고의 삶에 근접해 있습니다.
- 두려움과 함께 공존하는 법을 배워야 합니다. 두려움은 진행 과정의 일부이지만 두려움과 친구가 됨으로써 무엇인가 시작하기 전에 두려움이 우리의 앞길을 가로막는 것을 방지할 수 있습니다.
- 가능성의 역할 모델이 되어보세요.
- 열정을 직업으로 바꿀 수 있는 방법은 많습니다. 굳이 전문가가 되지 않아도 된다는 점을 기억하세요.

자신에게 권한을 부여하세요

창의적인 브레인스토밍을 연습해봅시다. 우선 청중, 주제, 매체별로 아이디어를 분류합니다. 아이디어 맵을 만들어 잠재적인 사업 계획을 기술, 취미 및 여가 활동, 어린 시절의 꿈, 내가 극복한 도전, 친구와 가족의 조언이라는 5가지 범주로 또 다시 구분합니다. 그리고 그 아래에 이렇게 써보세요.

"나(당신 이름)는 나 자신에게 형편없는 계획을 만들도록 허락합니다. 계획이 형편없어도 충분히 괜찮습니다."

자기 자신에게 이와 같은 권한을 부여했음을 상기시키기 위해 직접 서명하고 핀으로 고정해서 잘 보이는 곳에 걸어놓으세요.

6

런웨이,
자신만의 길을
만드세요

"후회는 당신이 가장 두려워해야 하는 것이다.
당신을 밤에 잠 못 들게 하는 것이 있다면
그것이 당신이 꿈을 추구하지 않는 데서 비롯된
두려움이 되도록 하라." _크리스 길아보

어느새 책의 후반부에 접어들었습니다. 앞으로 살펴볼 내용들은 당신의 실행 계획을 가시화하는 데 도움을 줄 것이기 때문에 이러한 과정이 계속 진행 중이라는 사실을 기억하는 것이 중요합니다. 자신의 꿈을 어떤 식으로 성취하게 될 것인지에 대해 당신은 알 필요가 없습니다. 그 누구도 알지 못합니다. 그러니 묵묵히 다음 단계를 향해 나아가세요.

오늘날 우리는 기회의 땅에 살고 있습니다. 많은 사람들이 클릭 한 번으로 서로 관계를 맺을 수 있기 때문이죠. 최근 SNS와 인터넷의 급격한 발달로 중개인은 더 이상 필요치 않게 되었습니다. 사람들은 처음으로 중개인 없이 소비자와 직접 접촉하여 자신의 물건과 서비스를 팔고, 이야기를 공유하며 질문을 주고받을 수 있습니다.

더욱 놀라운 것은 사람들이 이미 그들의 열정에 따라 세분화되어 있기 때문에 사는 곳이 볼리비아든 보츠와나이든, 미국의 보스턴이든 상관없이 유기농업, 수제 빵, 암호 화폐에 관심을 가진 사람들을 쉽게 발견할 수 있다는 것입니다.

우리는 우리의 열정을 뒤따르는 기술과 남아도는 시간을 가지고 있습니다. 비록 작금의 상황에 대해 불평불만이 가득한 세상에 살고 있지만 오늘날처럼 질병이나 강제적인 의무가 적었던 적은 없었습니다. 우리는 목적에 대한 사색, 영감의 추구, 관계 구축의 욕구를 즐기면서 살 수 있습니다. 올바른 도구와 자신감을 바탕으로 우리는 모두 현대 르네상스 시대의 예술가가 될 수 있는 잠재력을 가지고 있습니다.

내 팟캐스트에서도 여러 번 말했듯이, 유명인이 되는 것이 더 이상 백만장자가 되거나 삶을 변화시키는 전제조건이 아닙니다. 팟캐스트에 출연한 초대 손님 중 몇 명은 평범한 사람들이지만 그들 모두 자신의 작품을 통해 아름답고 의미 있는 삶을 만들어냈습니다. 그들은 수천 명에게 비교적 쉽게 영향을 줄 수 있는 다양한 기회를 이용했죠.

패배와 실망에 대한 당신의 생각을 재정립하고, **현재 당신이 인류 역사상 그 어느 때보다도 자신이 원하는 삶을 살 수 있는 위치에 있다는 놀라운 진리를 깨달아야 합니다.** 우리는 모두 지금까지 살아오면서 겪었던 경험, 자신의 절망감을 정확하게 측정할 수 있는 수단, 그리고 인류가 이제까지 만든 것 중 가장 빠르고 발전된 도구를 가지고 있습니다. 내가 할 수 있는 것에 대한 나의 생각을 송두리째 변화시킨 명상이나 정신수양조차도 앱, 온라인 강의, 동네 요가 스튜디오를 통해 경험할 수 있습니다.

정신적인 것과 전략적인 것이 서로 잘 교류하여 지금 당장 당신이 원하는 삶을 설계할 수 있는 발판을 마련해주었습니다. 책 앞부분에서 다룬 마음가짐과 명상에 대해 논의한 모든 것이 사업을 구축하는 데 있어 많은 도움이 될 것입니다.

당신이 싫어하는 직장은 당신이 위험을 감수할 수 있는 재정적 토대를 제공해줍니다. 빵을 만들어보지 않고 빵집을 열거나 기타 연습을 하지 않고 수석 기타리스트가 될 수는 없습니다. 개인적인 발전의 다음 단계는 부지런히 헌신적으로 자료를 수집하고, 피드백을 받고, 재조정하고, 자원을 획득하여 직장에서 벗어나 신나는 성공이 곳곳에 존재하는 생태계에 자리를 잡는 것입니다.

당신은 잘 모르는 미지의 세계로 뛰어들지는 않을 것입니다. 아마도 금빛 날개를 달고 자신의 영광 속으로 부드럽게 날아들어갈 것입니다. 하지만 아직은 바람을 마주하지 마세요. 충분히 가능성 있는 사업을 통해 가장 강력하고 성공적인 모습에 도달하기 위해 나는 먼저 당신을 '1만 개의 시시한 단계'를 거치도록 만들 것입니다.

《오 조이!Oh Joy!》의 작가인 조이 조Joy Cho는 내 팟캐스트에 출연하여 성공한 사업가가 되기 위해 필요한 상세 단계에 대해 말했습니다. "어떤 종류의 사업이든 힘난하고, 프리랜서는 중간에 끼인 입장입니다. 당신은 자영업자지만 다양한 고객들을 만나기도 하고 수입은 일정한 곳이 아닌 여러 곳에서 창출됩니다. 그것이 얼마나 두려운 일인지 나는 잘 알고 있습니다"라고 그녀는 말했습니다.

다른 사람이 원하는 제품이나 서비스를 제공해주기까지 기술을 연마하고, 아이디어를 검증하고, 조정하고, 다시 시작하는 데는 오랜 시간이 걸립니다. 토미 곤잘레즈Tomi Gonzalez라는 내 팟캐스트 청취자는 팟캐스트에 사연을 올린 그날 사직서를 제출했습니다.

그녀는 4년 동안 직장과 자기가 하고 싶은 일을 열심히 병행했고, 종이 공예가들을 위한 디지털 종잇조각 패턴을 만드는 '커들리 큐트 디자인Cuddly Cute Designs'이라는 회사를 창업했습니다. 그녀는 앞으로 사업을 더 확장할 계획입니다.

"팟캐스트 〈직장에 연연하지 마세요〉는 내가 할 수 있는 것이 무엇인지 그리고 어떻게 하면 두려움을 생산성으로 바꿀 수 있는지에 대해 많은 깨달음을 주었습니다. 나는 항상 시간이 부족하다고 느낄 만큼 많은 것들을 시도했습니다"라고 그녀는 사연을 통해 밝혔습니다. 토미는 런웨이 무대를 마스터했습니다. 직장을 유지함으로써 판매시장을 점검하고, 아이디어를 검증하고, 소비자를 형성하고, 수입을 창출할 수 있었습니다.

사람들마다 런웨이는 전부 다릅니다. 6개월 또는 그 이상이 걸릴 수도 있지만 직장을 그만두고 아무것도 모르는 분야에 발을 들이는 것보다, 자신이 잘 알고 있는 분야의 사업을 시작하는 것은 축복입니다.

우리에게 좋은 소식은 '늦었다고 생각할 때가 가장 빠른 때'라는 것과 시작하기에 너무 늦은 때는 없다'는 것입니다. 나를 미소 짓게

한 내 팟캐스트 청취자의 사연을 하나 더 소개합니다.

'데이지 체인 북Daisy Chain Book Co.'이라는 회사의 크리에이터인 브랜디 모퍼고Brandi Morpurgo는 평생 동안 책을 좋아했습니다. 비극적인 가족사로 인해 그녀는 좌절했지만 그로 인해 자신이 '바보 같은 작은 아이디어'라고 부르는 일을 시도할 동기를 확보했습니다.

브랜디는 좀 더 친근한 환경에서 책을 소개하는 이동식 서점을 만들고 싶었습니다. 그녀는 차고에 수백 권의 책을 모으기 시작했고, 사업 계획을 구상했으며, 어쩌면 가장 중요한 일인 책 읽기를 꾸준히 해나갔습니다. 가능성에 대한 그녀의 관점을 변화시킨 팟캐스트를 듣기 시작한 것도 빼놓을 수 없는 일이었죠.

"내 야망을 내 자신의 가치에 맞춰야 했습니다. 사업과 관련된 팟캐스트를 검색하던 중 〈직장에 연연하지 마세요〉를 발견했죠. 팟캐스트에서 처음 들었던 말 중 하나는 '남의 꿈을 이뤄주지 말고 네 자신의 꿈을 이뤄라'였습니다"라고 브랜디는 말했죠.

이후에 그녀는 트럭을 한 대 구한 다음 트럭을 도서관으로 개조하기 위해 디자이너들을 수소문했습니다. 개조된 트럭을 어디에 주차해야 하는지 잘 알고 있는 사람들에게 연락하기도 했습니다. 브랜디의 계획은 이렇게 순식간에 완성되었죠.

"북 트럭은 바보 같은 작은 아이디어로 시작했지만, 세스 고딘의 말대로 '보랏빛 소'가 되었습니다. 사람들이 그 일을 바보 같다고 더 이상 생각하지 않을 때까지 바보 같은 작은 일을 계속하세요. 사람들이 나와 내가 하는 일을 우습게 여기지 않는 이유는 내가 다른 사람들의 생각은 전혀 개의치 않고 계속 한 발씩 내딛었기 때문입니다. 나는 북 트럭을 정말로 필요로 하고 북 트럭을 멋지다고 여기는 사람들에 대해 항상 생각합니다. 내가 초점을 두는 사람들은 바로 그들입니다"라고 브랜디는 말했습니다. 현재 브랜디의 이동식 서점은 캐나다 전역을 돌면서 그녀와 그녀의 독자들에게 그녀가 생각했던 것보다 훨씬 더 큰 기쁨을 주고 있습니다.

헤이즐Hazel은 어린 나이에 자신이 하고 싶은 일에 대한 비전을 가지고 있었던 스물두 살의 대학 졸업생입니다. "9시 출근과 5시 퇴근은 나에게 맞지 않다고 생각했지만 나이가 아직 어렸기 때문에 창업을 하는 것이 너무 무서웠습니다. 하지만 언젠가는 나만의 예술 음악 행사를 열겠다는 꿈을 가지고 이벤트 경영학과를 졸업했고, 일반적인 수순에 따라 대학 졸업 후 다른 사람을 위해 9시부터 5시까지 일하는 직장에 취직했습니다. 나는 몇 개의 팟캐스트를 듣고 나서 돈을 벌 수 있는 이벤트 기획사를 창업하여 언젠가는 나만의 이벤트를 개최해보기로 결심했습니다"라고 그녀는 말했습니다.

나이는 자신의 꿈을 달성하기 위해 노력하는 당신의 능력에 아무런 영향을 주지 않습니다. 변화를 추구하기에 너무 젊거나 너무 나이 들었다고 생각하는 경향이 우리에게 있지만 그것은 사실이 아닙니다. 물론 나이에 따라 우리가 받게 되는 선물의 종류가 서로 다르긴 하겠지만 나이가 많고 적고를 떠나 사업을 시작하게 되면 누구나 받을 수 있는 놀라운 선물이 있습니다. 특히 헤이즐처럼 하고 싶은 일을 명확하게 알고 있다면, 괜한 추측이나 예상이 우리의 발목을 잡아 정말로 원하는 일을 하지 못하는 상황을 만들지 말아야 합니다.

줄리에타Julieta라는 팟캐스트 청취자도 용기를 내어 좋아하는 일을 다시 시작했습니다. "영화감독이 되기 위해 LA에 온 아르헨티나 출신의 어떤 예술가의 이야기를 해보려고 합니다. 나는 영화 대본 작업을 관리하는 일을 시작했고 지금도 그 일을 하고 있어요. 일을 해서 번 돈으로 집세를 내지만, 사실 내가 좋아하는 것은 영화가 아니라 그림이라는 것을 뒤늦게 깨달았죠. 영화 학교에 다니기 전부터 내가 나 자신에 대해 정말 중요한 것을 속이고 있다는 것을 알고 있었어요. 40대가 된 지금 나는 다시 그림을 그리고 있어요. 엣시에 가게를 열었죠. 합리적인 가격으로 주문 제작 형태의 그림을 그리고 있어요"라고 그녀는 말했습니다.

너무 늦었다는 말은 필요 없습니다. 그 누구도 작품을 구매할 때 구매의 전제조건으로 화가나 도예가의 나이를 묻지 않습니다. 나이에 대한 관점을 바꿔야 합니다. 삶을 더 오래 살면 살수록 더 많은 경험이 쌓이고, 자기 자신과 세상에 대해 더 많이 알게 되고, 더 현명해집니다. 우아하게 받아들여질 때 나이는 선물입니다. 언제든지 당신이 있는 곳을 근본적으로 받아들임으로써 기회의 문을 열어야 합니다. 또한 있는 그대로의 당신을 축하함으로써 세상이 당신을 축하 하도록 만들어야 합니다. 삶을 계속해서 영위해가는 우리는 열린 마음을 가지고 새로운 가능성, 새로운 프로젝트 그리고 새로운 장소에 자신을 끊임없이 드러내야 합니다. 그러다 보면 가장 신나는 꿈이 10년 안에 우리를 기다리고 있을지도 모릅니다.

런웨이,
자신만의 길을 구축하는 법

런웨이를 구축하기 위한 5가지 단계는 실험, 교육, 평가, 구현, 실행입니다.

1. 실험: 완벽하지 않아도 시도해 보세요

우리는 모두 세계와 공유할 수 있는 놀라운 재능을 가지고 있습니다. 하지만 위대함을 달성하기 위해서는 완벽함을 추구하기 보다 먼저 시도해보아야 합니다. 누구에게나 자신의 시간과 관심을 쏟고 세상과 공유할 수 있는 멋진 무언가를 만들어낼 수 있는 분야가 적게는 한두 개, 많게는 열 개 이상 있습니다.

시도해볼 산업이나 분야를 선택하는 첫 번째 단계는 놀이입니다. 당신은 어떤 것에 재미를 느끼나요? 그게 화보든 북클럽이든 컴퓨터 프로그램이든 일단 평범한 버전을 먼저 만들어보세요. 당신이 인생의 목적을 설정했을 때만 해도 상상하지 못한 새로운 기회에 자신을 적응시키세요. 우리는 왜, 어떻게, 누구를 위해 계속 걸어야 하는지 깨닫기 전에, 비틀거리는 아기 기린처럼 첫걸음을 내딛어야 합니다.

너무 많은 사람들이 자신이 무엇을 해야 하는지 확신하지 못하기 때문에 중도에 멈춥니다. 사람들은 자기가 해야 할 일이 그림을 그리는 건지, 도자기를 만드는 건지 아니면 파이를 굽는 건지 계속 질문합니다. 자신이 가야 할 곳이 어디인지 알려주는 놀라운 경험을 스스로 발로 차버리고 자신들의 여정이 시행착오와 고통, 실망으로 점철되어 있다고 생각하기도 하죠.

고속열차로는 에덴동산에 갈 수 없습니다. 비록 약속된 땅이 하나의 블로그 게시물에 불과하더라도 그 땅을 잠깐이라도 보려면 산을 오르고, 나무를 타고, 익사할지도 모르는 깊은 강을 헤엄쳐야 합니다. 하지만 당신이 무언가 시도해보고 그것이 엉망이 되었을 때, 당신은 내가 좋아하는 것과 나 자신이 잘 맞는다는 느낌이 어떤 것인지 확실하게 알 수 있습니다. 이 과정은 당신을 다음 단계 또는 다른 프로젝트로 인도합니다. 당신이 찾아보지 않는 이상 당신의 앞에 뭐가 있는지 알 수 없습니다. 당신이 스스로에게 물어보기 전에는 당신이 누군지 모릅니다.

팟캐스트의 한 청취자가 겸손으로 시작해 독립으로 끝난 그녀의 믿을 수 없는 여정을 공유했습니다. 엠마Emma라는 이 여성은 꽃꽂이에 흥미를 갖게 되었고, 그녀의 멘토인 지역 꽃꽂이 디자이너를 도와 프리랜서로 일하기 시작했습니다. 어느 날 디자이너는 내년에 그 지역을 떠날 것이라고 말했습니다. 그리고 자신이 알고 있는 모든 것을 엠마에게 전수해주고 싶어했습니다. 엠마는 수석 디자이너가 되었고 멘토가 떠난 후 멘토의 예전 고객들을 맡았습니다. 엠마는 자신의 관심사를 따라 새로운 일을 시작한 후에 원래 하던 건축 일을 그만뒀습니다. 그리고나서 자신의

직장에 연연하지 않기

꽃 디자인 브랜드를 운영하는 데 필요한 자신만의 네트워크와 생태계를 구축했습니다.

또 다른 청취자인 켈리 세이츠Kelly Seitz는 적합한 매체를 찾을 때까지 다양한 매체에 자신의 여정과 용기에 대해 썼습니다.

"내가 바느질로 뭔가를 하고 싶다는 것을 깨달은 다음 불과 1년도 되지 않아 명확성을 향한 여정이 시작되었습니다. 하고 싶은 것이 뭔지는 정확히 몰랐지만, 머릿속에서 맴돌던 팟캐스트 〈직장에 연연하지 마세요〉에서 들은 여러 인터뷰와 '일단 시도해보라'는 말에 따라 행동을 개시했죠. 최종 목표나 비전을 세우기 전에 우선 바느질을 소개하는 블로그와 인스타그램을 만들었어요. 처음에는 아동복, 지갑, 수공예 인형, 업사이클링 의류 등을 만들겠다는 생각에서 출발했죠. 다른 아이디어들도 많았지만 여러 가지 이유로 나에게 적합하지 않다고 생각했기 때문에 하나씩 지워나갔습니다. 마침내 내가 그린 여러 점의 수채화에서 나만의 독특한 직물 디자인을 만드는 것이 가능하다는 것을 깨달았죠. 나는 그 프로젝트에 너무 빠져서 이제까지 왜 이 생각을 하지 못했을까 하는 의문이 들기도 했어요. 나에게 시작하라고 말해준 나의 내면의 목소리가 되어주셔서 감사합니다. 행동만이 모든 것을 실현시킬 수 있는 유일한 방법입니다."

친구나 주변 사람들에게 물어보는 것은 어떤 것이 자신에게 적합한지 확인할 수 있는 빠른 방법입니다. 당신은 새로운 세계에 몰입하면서 자신의 여정이 가상이 아닌 실제라는 자신감과 생각을 지속적으로 구축할 수 있습니다.

네이버 베이크하우스의 창업자 그렉 민델은 고등학교 때 이탈리아의 식료품 가게에서 설거지를 하고, 토마토 통조림을 운반하고, 고기 써는 일을 했습니다. 당시엔 성공과는 거리가 먼 길을 걷고 있는 것처럼 보였습니다. 하지만 그 몇 년 동안 그렉은 제빵에 대한 자신의 열정을 느꼈고, 그로 인해 세계 최고의 간식을 만들고 싶다는 사명감이 생겼습니다. 이처럼 실험 단계는 화려하거나 매력적이지 않습니다. 실험은 그저 소매를 걷어 올리고 뭔가를 하면서 즐거운 시간을 보내는 것입니다.

지미 추Jimmy Choo의 공동 창업자인 태머라 멜런Tamara Mellon은 패션과 관련된 일을 하기 위해 열여섯 살에 학교를 중퇴했습니다. 그녀는 가능한 많은 사람들을 만났고, 돈을 받지 않고 일했으며, 홍보에서 영업에 이르기까지 다양한 역할을 맡았습니다. 이 책을 읽는 사람들 중에 열여섯 살에 시작하는 사람은 거의 없겠지만 멜런이 내린 결론은 베타 단계에서 우리 모두에게 적용됩니다.

"당신이 좋아하는 분야를 선택하세요. 일단 뭐라도 하면 처음에 무엇을 하는지는 중요하지 않습니다. 무언가를 하게 되면 아이디어를 얻기 때문에, 하지 않는 것보다 하는 것이 훨씬 좋습니다. 완벽한 직업을 찾기 위해서는 가만히 앉아 있지 말고 움직여야 합니다."

직장에 연연하지 않기

2. 교육: 신이 주신 또 다른 선물

지식은 힘이고, 자기 교육Self-education은 디지털 시대에 신이 우리에게 준 또 다른 선물입니다. 모든 교육 과정을 다양한 형식으로 언제든지 지금 바로 접속할 수 있습니다. 수강료가 무료인 유튜브 채널뿐만 아니라 무궁무진한 여러 합리적인 선택까지 그 범위가 무척 다양합니다.

나는 에이미 포터필드의 온라인 강의 지침을 토대로 내가 제공하는 온라인 강의를 개설했습니다. 물리적인 형태의 교실 안에서 지금까지 내가 한 번도 경험해보지 못한 수준의 서비스와 관심을 바탕으로 그녀는 성공적인 과정을 구성하기 위한 양식과 단계별 지침을 나에게 알려주었습니다. 또한 대면 워크숍은 당신의 작업이나 작품을 생존경쟁의 장에 던져 넣음으로써 비슷한 경로를 걷고 있는 다른 탐험가들을 만날 수 있는 놀라운 자산이 될 놀라운 방법이라는 사실도 알게 되었습니다.

작곡을 처음 시작했을 때 '유명 음악작가 워크숍'에 지원했는데 그 당시 나는 많이 위축된 상태였습니다. 선발되는 14명 중 한 명이 내가 될 것이라고는 전혀 생각하지 않았습니다. 하지만 나는 지원했고 합격했습니다. 워크숍을 통해 업계에서 가장 뛰어난 음악 프로듀서와 작사가들과 함께 시간을 보냈고, 내 경력의 방향을 바꾼 사람들을 많이 만났습니다. 그때 당시 두려움 때문에 워크숍 신청을 하지 않으려고 했었다는 것이 지금 생각하면 도무지

믿기지 않습니다. 이렇듯 정식 강좌뿐만 아니라 당신이 끌리는 주제를 이미 다루고 있는 셀 수 없이 많은 페이스북 그룹과 팟캐스트, 책 등이 있습니다.

배움의 시간은 종종 멋지지 않습니다. 배우 맷 델 네그로^{Matt Del Negro}는 대학 졸업 후 연기 수업을 받기 위해 맨해튼으로 통근하면서 웨이터 일을 했습니다. 사진작가인 엘리자베스 캐런^{Elizabeth Caren}은 회사에 출근하면서 자신의 비상을 준비하기 위해 몇 달 동안 퇴근 후 야간 사진 수업을 들었습니다. 팟캐스트 청취자인 캐시^{Kathy}는 자신의 미래 사업을 준비하기 위해 어떻게 독학을 시작했는지 편지를 보내왔습니다. 캐시는 역설적으로 낮에는 남을 가르치는 교육자였지만, 배움을 통해 건강과 웰빙 분야에서 일하고 싶은 자신의 꿈을 향해 작은 발걸음을 내딛도록 만들어준 크나큰 목적을 찾아냈습니다.

그녀는 편지에 "15년 동안 섭식장애, 불안, 우울증을 앓았고 불안감을 줄이기 위해 운동을 시작했습니다. 직장 생활 역시 전혀 행복하지 않았기에 운동만이 나의 욕구를 배출하는 유일한 통로였습니다. 나는 개인 트레이너 자격증을 따기로 결심했고 지금은 가족과 친구들 돕는 것을 즐기고 있어요. 그 후에는 영양에 대해 더 많은 지식을 얻고자 피트니스 영양 자격증을 획득했습니다. 내가 다음 단계를 실행하고, 영양 학교에 등록하여 건강 코치가 되도록 격려해줘서 고마워요"라고 썼습니다.

각각의 단계는 다음 단계로 가는 토대가 되기 때문에 배우고 공부하는 것만으로는 충분하지 않습니다. 배우고 공부한 것을 활용하고 구현해보아야 합니다. 당신이 배운 것이 유일한 방법은 아니지만 가능성 있는 한 가지 방법에 대해 암시를 던져 줄 수 있습니다. 그러니 배우는 것을 멈추지 마세요.

3. 평가: 시장에 적합한지 검증하세요

프로젝트를 시작하고 많은 것을 배운 후에는 가능한 한 제품이나 서비스가 당신이 생각하는 시장에 적합한지 검증을 해야 합니다. 제품이나 아이디어를 페이스북 광고, 구글 설문조사, 인스타그램 투표, 이메일 등을 이용해 온라인으로 검증하는 것은 매우 간단하고 비용도 저렴합니다. 되도록 빨리 테스트해서 실제 사용자를 위한 제품을 계속 개발해나가는 것이 가장 좋습니다. 수시로 테스트하고, 정보를 수집하고, 시장에서 반응이 좋은 것을 찾는 데는 시간이 많이 걸리기 때문입니다.

당신이 올바른 길을 가고 있다는 가장 좋은 징조는 '신남과 흥분'입니다. 사람들은 자기가 좋아하는 제품이나 서비스를 친구 또는 가족과 무료로 공유하기 시작할 것입니다. 입소문 마케팅은 제품을 테스트할 때 아주 좋은 방법이지만 입소문이 나려면 시간이 오래 걸립니다. 당신은 칭찬받는 만큼 반복적으로 계속 그 일에 전념해야 합니다.

《일의 기술The Art of Work》과 《예술가는 절대로 굶어 죽지 않는다Real

Artists Don't Starve》를 포함한 다섯 권의 베스트셀러를 쓴 작가 제프 고 인스Jeff Goins는 2년 동안 블로그에 매일 글 쓰는 일에 도전했습니다. 그는 글을 쓰기 위해 아침 6시에 일어나 글의 초안을 작성한 다음 사람들이 그가 올린 글 중 어떤 것을 가장 많이 읽었는지 확인했습니다.

명확한 피드백을 받기 위해서는 생산에 전념해야 합니다. 그렉 민델은 이렇게 말했습니다. "나는 크루아상을 엄청 많이 만들기 때문에 그것에 대해 잘 알고 있습니다. 하지만 만약 당신이 고작 2,000개 정도의 크루아상을 만들면서 크루아상에 대해 잘 안다고 말할 수 있을까요? 완전히 숙달되기 위해서는 몇 년 동안 꾸준히 연습해야 합니다."

평가 단계에서 적극적인 노력과 지원은 중요합니다. 일단 사람들이 무엇을 좋아하는지 알아내면 그것을 지속적으로 해야 합니다. 제품을 판매할 공간을 임차하고, 유통업자들에 대해 조사하며, 유명 블로거를 검색하고, 찾아낸 유통업자들과 블로거들에게 어떻게 하면 당신 제품을 그들의 기준에 적합하도록 개선할 수 있는지 물어보세요. 즉 관계 구축을 시작하는 것이죠.

나는 온라인 강좌를 개설하기에 앞서 수년 동안 작사가들과 일대일로 작업했습니다. 많은 사람들을 상대로 강의하는 법을 잘 몰랐기 때문에 거실에서 12명의 학생들로 작게 시작했고, 세 시간 특강에 150달러를 청구했습니다. 강의를 개설하고 운영해 보면서 나는 어떤 것이 수강생들에게 반향을 불러일으키는지 확인할 수 있었습니다. 또 수업에 대한 피드백을 요청하거나 필요하면 수업 내용을 조정할 수도 있었습니다. 그러한 강좌를 계속해서 발전시켜나갔고, 현재는 7개의 과정을 개설해 음악 라이선싱 방법에 대해 가르치고 있습니다.

배우인 제나 피셔는 LA에서 여러 직업과 단역 배우 활동을 전전하며 5년을 보냈습니다. 화려함과는 거리가 멀었지만 그녀는 이력을 계속 만들었고, 외국어를 배웠으며, 배우로서 자신의 위치를 조금씩 넓혀갔습니다. 마침내 그녀는 대사가 있는 작은 배역을 따냈고 그렇게 3년이 지난 후 다음 단계를 실행해보고 싶어 친구들과 함께 모큐멘터리Mockumentary(허구를 사실처럼 보이도록 만든 다큐멘터리의 한 장르_옮긴이)를 만들었습니다. 그 후 우연이 거듭되면서 시트콤 〈오피스〉의 팸 배역 오디션을 보게 되었고, 그녀의 꿈은 결국 실현되었습니다. 제나는 배우들에게 단역 및 보조 출연, 영화 오디션, 졸업 작품 등 연기 연습을 할 수 있는 기회라면 어디라도 출연하도록 권합니다. 어느 정도 연기력을 다진 다음 에이전시와 계약하거나 배우 협회에 가입하는 것을 고려해야 한다는 것이죠.

어떤 사람들은 의도치 않게 자신의 목적을 발견합니다. 가구 디자이너 패트릭 케인은 우연한 기회에 디자인 업계에 뛰어들었습니다. 실연을 당한 후 그는 차고에서 나무 조각이 테이블 상판처럼 매끄러워질 때까지 사포질을 했습니다. 그것을 계기로 환경도 보호하고 디자인도 멋진 가구를 만드는 디자인 스튜디오를 열게 만든 몇 가지 특이한 결정을 내렸습니다.

고등학교 9학년 때 필수 과목으로 미술 수업을 들은 이후 패트릭은 미술하고는 담을 쌓았습니다. 그의 여동생은 뛰어난 예술가였지만, 여동생의 그늘 아래서 일하는 것에는 관심이 전혀 없었기 때문에 그는 의도적으로 예술가가 되는 것을 마다했습니다. 교육의 가식 없이 창조하는 자유를 그저 만끽했을 뿐이었죠.

독창적인 전투에 관한 책《예술 전쟁The War of Art》에서 저자인 스티븐 프레스필드Steven Pressfield는 독자들에게 경쟁자 또는 적이 없는 곳으로 가라고 말합니다. 플리마켓에서 자신의 물건을 팔거나 크레이그리스트에 자신의 제품을 올리는 유명 디자이너들은 없습니다. 그러나 패트릭은 프레스필드의 말을 대변하듯 전통을 따르지 않는 비전통적인 방식에 주목했습니다.

그는 부드럽게 사포질 된 헤어핀 스타일의 나무다리가 달린 자신의 첫 번째 테이블을 크레이그리스트에 올렸습니다. 이 테이블은 〈아파트 테라피Apartment Therapy〉(인테리어와 실내장식 관련 출판 회사_옮긴이)가 뽑은 크레이그리스트 월간 최고 상품으로 선정되었습니다. 만약 어떤 사람이 그에게 최종 목표를 물어봤다면 〈아파트 테라피〉 같은 곳에 나의 작품이 소개되는 것이라고 답했을 것이라고 패트릭은 말합니다. 때문에 이와 같은 상황은 역설적이라고 그는 팟캐스트에서 말했습니다.

"나는 콧대 높은 다른 예술가들이 하지 않을 일을 했죠."

크레이그리스트에서 첫 번째 물건을 판 다음 그는 로즈볼 플리

마켓에서 자신의 작품들을 팔기 시작했고, 그러면서 그는 무료로 시장테스트 받을 기회를 얻었습니다. 덕분에 사람들이 자신의 작품에 어떤 식으로 반응하는지 두 눈으로 직접 확인할 수 있었죠.

그의 작품은 그가 직접 발로 뛰면서 만든 인맥들 때문에 소호하우스^{Soho House}와 다른 디자인 호텔에도 납품되었습니다. 그는 지난 몇 년 동안 많은 것을 배우고 시도했지만 스토리텔링과 인맥 네트워크의 힘이 결정적으로 그의 경력을 남들과 차이 나게 만들었습니다. '경험이나 제품에 대한 이야기를 잘 포장하는 능력은 경험이나 제품에 대한 소비자들의 인지에 상당한 영향을 미친다'고 그는 설명했습니다.

그가 처음으로 가구를 팔기 시작했을 때 그는 자신의 가구가 새로운 디자인의 초기 시제품이라는 사실을 당당하게 밝혔습니다. 그는 가격에 이 사실을 반영했고, 고객들은 시제품을 구매한다는 것은 좋은 물건을 좋은 가격으로 남들보다 빨리 구매한다는 의미라고 생각했습니다. 때문에 완성품이 아닌 그의 가구와 같은 시제품 구입을 좋아했습니다. 그는 자신이 가구를 디자인하는 과정을 교육과정으로 만들었고 고객들은 그것을 통해 배우고 경험한 대가를 지불하고 있습니다. "나의 철학은 '오늘보다 나은 내일'입니다"라고 패트릭은 말합니다.

광고, 엣시, 블로그는 모두 피드백을 받기 위해 필요한 수단입니다. 창조, 평가 그리고 재창조는 지속적으로 반복해야 하는 순환의 과정입니다.

이어서 소개할 마이크 루이스는 1만 개의 시시한 단계를 취미로 바꾸고 연습과 실행을 통해 번창하는 사업으로 탈바꿈시켰습니다. 각각의 단계는 당신 자신을 스스로 의심할 기회이거나 하나뿐인 소중한 삶의 모험을 자기 것으로 만들 수 있는 기회입니다.

4. 구현: 되고 싶은 사람을 그려 보세요

매일 아침 일어나 당신이 되고 싶은 사람을 형상화해보세요. 비록 당신이 아침 9시에 사무실로 출근하더라도 당신이 되고자 노력하는 사진작가, 시나리오 작가, 명상 코치로 하루를 보낸다고 상상해보세요. 태도와 사고방식은 아주 오래갑니다. 그것이 어떤 느낌인지 마음에 그려 보고, 행동을 통해 그 느낌이 당신을 안내하도록 만드세요.

마이크는 1만 개의 시시한 단계를 계속해왔을 뿐만 아니라 금융전문가에서 프로 스쿼시 선수가 되는, 조금은 일반적이지 않은 변화를 계속 상상했습니다. 그는 매일 아침 일어나 몇 분 동안 프로 스쿼시 선수로서의 삶을 상상했습니다. 운동선수처럼 먹고, 훈련하고, 말하기도 했죠. 하루에 12시간씩 일했던 본래 직업은 오히려 그에게는 부업일 뿐이었습니다.

"나는 하루에 일정 시간 동안 책상 앞에 앉아 있는 프로 스쿼시 선수였어요. 내가 한 일이라고는 프로 스쿼시 선수가 된 나 자신을 계속 상상한 것뿐이었죠"라고 그는 말했습니다.

당신의 꿈이 제빵사, 음악가, 작가, 투자자 등 뭐든 상관없이 그의 조언은 변함이 없습니다. 당신이 하는 일에 당신이 최고라고 상상해보세요. 그것이 당신의 직업과 소명이라고 생각하세요. 이 새로운 모습을 실재한다고 믿고 그대로 구현하기 시작하면 다른 사람들도 그것을 믿는다는 사실에 당신은 놀랄 것입니다. 다른 사람들은 당신이 빵집을 개점하기 전부터 당신을 제빵사라고 부르고, 시합장에 입장하기 전부터 당신을 프로 선수라고 생각할 것입니다.

물론 마이크도 새로운 모습을 믿고 구현하는 것이 완전히 허황된 것이라고 생각한 적도 많았지만 그는 이것이 과정의 일부라는 것을 이해했습니다. 그는 사업가, 작가, 팟캐스트 〈점프할 때〉의 진행자와 같은 완전히 새로운 역할로 탈바꿈해야 할 때도 똑같은 방식을 취했습니다. 그는 도메인을 구입해 사람들에게 뉴스레터를 보내기 시작했고 매일매일 자신을 갈고 닦았습니다.

어느 날 저녁, 그는 파티에서 자신에게 직업이 뭔지 물어보는 낯선 사람 옆에 앉았습니다. 그는 망설임 없이 새로운 종류의 공동체를 만들고 있는 사업가라고 자신을 소개했습니다. 그때 그에게는 회사 로고와 초기 버전의 홈페이지만 있었습니다.

낯선 사람은 그에게 '아리아나 허핑턴Arianna Huffington(〈허핑턴 포스트〉 창업자)'이라고 적힌 명함을 건네주며 "우리는 당신과 파트너 관계를 맺고 싶습니다. 우리 회사에는 꽤 괜찮은 동영상이 몇 개 있습니다"라고 말했습니다.

3주 후 마이크는 아리아나와 AOL^{America Online}(미국의 온라인 미디어 회사), 〈허핑턴 포스트〉의 임원들과 회의를 했습니다. 그들은 마이크에게 수십 가지의 질문을 던졌는데 질문들은 모두 이미 그가 실험 단계에서 자기 자신에게 물어보며 여러 번 생각해보았던 것이었습니다. 거래는 결국 성사되었죠.

이러한 연습에서 중요한 것은 당신의 비전을 현실 세계에서 가시적으로 만들기 위한 시시하고도 간단한 단계를 계속 밟아나가는 것입니다. 사업을 유한책임회사(전 직원이 자본에 대한 출자 의무를 가지는 회사 형태_옮긴이)로 전환하세요. 현명한 방법일 뿐만 아니라 당신의 꿈에 대해 책임질 때 수반되는 주인 의식과 정당성을 느낄 수 있습니다.

명함과 웹사이트를 만드세요. 페이스북과 인스타그램, 트위터 등에 당신의 사업을 등록하세요. 아이디어를 광고하기 위한 입간판이나 전단지는 필요하지 않습니다. 필요한 것은 오직 당신의 생각을 인터넷에 연결하는 것뿐입니다.

5. 실행: 당신만의 부업을 만드세요

부업을 시작하세요. 당신은 몇 가지 아이디어를 실험하고, 기술을 배우고, 시장을 평가하고, 새로운 현실을 머릿속에 그려보았습니다. 이제 그것을 실행할 시간입니다.

크리스 길아보는 당신의 경제적 자유와 창작의 자유에 기여하는 당신만의 부업을 만들라고 주장합니다. 지속가능한 부업은 자신감과 안정감을 가진 채 우리가 직장을 그만둘 수 있는 비결입니다.

팟캐스트 〈부업 학교〉에서 크리스는 자신의 창조적인 열망을 충족시키는 동시에 돈을 벌 수 있는 부업을 만들어낸 대단한 사람들을 소개했습니다. 나무 조각, 제빵 교실, 술 담그기, 교사 교육과정 등과 같이 다양한 창조적인 모험으로 제2의 수익을 창출하는 사람들에 대한 믿을 수 없는 이야기들이었습니다.

크리스의 팟캐스트는 재정적으로 위험을 감수할 만한 위치에 있지 않거나 회사를 완전히 그만두고 뭔가를 하고 싶지 않은 사람들을 위해 시작되었습니다. 그의 초대 손님들은 여러 개의 소득 흐름을 구축함으로써 얻을 수 있는 많은 이점들을 보여줍니다.

부업에는 노력과 시간이 필요합니다. 이와 같이 당신에게 거짓말은 하지 않겠지만, 나는 당신이 좋아하는 일을 사업으로 만드는 데 쓸 시간이 많다는 것을 잘 알고 있습니다.

더 많은 돈과 재미를 원하세요? 네, 그러세요! 꾸준히 무언가를 만들고, 만든 것을 사람들이 찾을 수 있는 곳에 두세요.

인플루언서이자 팟캐스트 진행자인 제나 커처Jenna Kutcher는 다음과 같이 잘 요약했습니다. "당신의 작품과 꿈을 토대로 당신을 추종하는 사람들을 육성하세요. 당신의 꿈을 현실에서 말하기 시작하세요. 관심 있는 사람들은 당신의 추종자가 될 것입니다. 당신이 멍청하거나 바보 같다고 생각하는 사람들은 그냥 지나치세요.

그들은 당신이나 당신의 꿈에 별 도움이 되지 않습니다."

부업을 통해 무료 콘텐츠의 기반을 구축한 다음 사람들에게 비용을 청구하는 연습을 할 수 있습니다. 1달러를 벌어보세요. 첫 번째 판매를 해보세요. 그것이 어떤 기분인지 느껴보세요. 돈을 번다는 것은 사람들에게 정신적으로 큰 장애물이기 때문에 다음 장에서 우리는 그 문제를 다룰 것입니다. 실제로 좋아하는 일을 사업으로 하려면 당신의 서비스, 제품 또는 콘텐츠에 다른 사람들이 비용을 지불하는 상황에 익숙해져야 합니다.

부티크 브랜드 에이전시인 '브레이드 크리에이티브Braid Creative'의 창업자이자 에밀리 톰슨과 함께 팟캐스트 〈사장되기〉를 진행하고 있는 캐슬린 섀년Kathleen Shannon은 돈을 벌어야 한다는 생각에 깊은 부끄러움을 느꼈습니다. 그녀는 자신의 사업 과정을 다시 상상해보기로 결심했습니다.

그녀는 자신이 농부라고 상상했고 개별 요소마다 물을 주고 가꾸면서 사업의 씨앗을 뿌렸습니다. 그녀는 콘텐츠를 만들고, 자신의 지식을 공유하고, 자신이 유명해지고 싶은 분야를 조사했습니다. 그런 다음 그녀는 자신이 제공할 수 있는 모든 것을 무료로 나눠주면서 전문가로 자리매김하기 시작했습니다. 성장기가 있었고, 팔로워들이 고객으로 바뀌는 수확기가 있었습니다.

고객이 무엇을 구매할지 스스로에게 질문해보세요. 당신이 그들의 문제 중 해결할 수 있는 것은 무엇일까요? 사업은 당신이 만들고자 하는 것과 사람들이 사고자 하는 것의 교차점 위에 세워집니다. 또한 실행은 당신의 재무 상태를 건전하게 유지하는 것을 의미합니다. 당신이 마침내 직장을 그만두기로 결정했을 때를 대비하여 기반을 조금씩 구축해가는 계획을 수립하세요. 그 계획은 저축 통장에 돈을 바로 입금하는 것일 수도 있고, 매일 마시던 5달러짜리 커피를 더 이상 마시지 않는 것일 수도 있습니다.

CFP^{Certified Financial Planner}(공인재무설계사)인 힐러리 헨더샷^{Hilary Hendershot}은 자신이 운영하는 팟캐스트 〈프로핏 보스® 라디오^{Profit Boss® Radio}〉에서 자금 시스템을 구축하기 위한 놀랄 만한 팁을 간략하게 설명했습니다. 그녀는 오전 9시부터 오후 5시까지 일하는 직장을 기준으로 부업을 평가하지 말고 부업을 기준으로 직장을 평가해야 한다고 과감하게 말합니다. 주당 80시간씩 시간제로 일하는 것도 가능합니다. 안정성은 비슷하지만 좀 더 적게 일하는 일을 선택할 수도 있고, 정신적으로 덜 피곤한 새로운 일을 선택해 탱고를 출 준비가 된 상태로 집에 도착할 수도 있습니다.

미시^{Missy}는 그녀의 모든 에너지와 창의력을 홈데코 사업에 투자하기 위해 2년 전 직장을 그만둔 내 팟캐스트 청취자입니다. 매 계절과 휴일마다 주문 제작하는 예쁜 요정 인형을 비롯하여 손으로 직접 홈데코 관련 상품을 만들고 있죠. 그녀의 남편은 그녀를 적극적으로 도와주었지만 부부가 모두 홈데코 사업에 전념하는 것이 옳은 일인지에 대해서는 고민이 많았습니다.

"매주 팟캐스트를 듣고 있는데 너무 좋아요. 당신은 내가 두려움을 극복하고 남편과 같이 사업에 전념할 수 있도록 영감을 주었어요. 나는 2년 전에 직장을 그만두었고, 남편도 얼마 전에 회사를 그만두면서 우리는 둘 다 홈데코 사업에 매진하고 있어요. 남편은 오래 전부터 사업에 동참하고 싶어 했지만, 나는 이 사업이 우리의 유일한 수입원이 되는 것이 너무 두려웠어요. 그러다가 지난주에 끝내 결심하고 말았죠. 지금은 우리의 사업이 어떻게 전개될지 너무 기대돼요."

미시와 그녀의 남편은 안정적인 직업을 가지고 있다는 점에 감사해하면서도 부지런히 자신들의 런웨이를 구축했습니다. 그런 다음 부부가 모두 홈데코 사업에 전념할 수 있다는 것을 깨달았을 때 그동안 준비해온 노력의 결실을 즐겼습니다.

궁극적으로 이 5가지 단계는 당신이 잠재력을 발휘할 수 있는 부업을 자신감을 가지고 준비하게끔 만듭니다. 사업을 위한 토대가 마련됐지만 이것이 두려움 없이 도약한다는 의미는 아닙니다. 런웨이 구축의 핵심은 사람들이 원하는 제품이나 서비스, 오래 지속되는 사업을 가능케 하는 인프라, 이미 여기저기 살아 숨 쉬고 있는 대단한 일들에 대한 지식을 바탕으로 착륙의 충격을 완화시키는 것에 있습니다.

믿음과 확신은 전염됩니다

하루는 내 팟캐스트 청취자인 베키 스콧Becky Scott과 그녀가 어떻게 자신의 열정과 흥미진진한 새로운 아이디어를 추구하도록 스스로를 독려했는지에 대해 이야기 나누는 기쁨을 누렸습니다. 베키는 대학원을 졸업하기 한 달 전 팔에 반복적인 스트레스성 손상이 있다는 진단을 받았습니다. 의사는 한 달 동안 타이핑을 하지 말라고 권고했습니다. 대학원생이면서 작가 지망생이던 베키에게는 거의 불가능한 일이었습니다. 얼마 지나지 않아 베키는 디지털 미디어 회사에서 일하게 되었습니다. 팔 통증은 점점 더 심해졌고 그녀는 결국 음성을 문자로 바꿔주는 기술을 활용해야만 했습니다.

팔 통증이 계속 가시지 않자 그녀는 3개월 동안 의학적으로 장애 판정을 받았습니다. 직장에 복귀했지만 3개월 후에 해고되고 말았죠. "나는 작가로서 뿐만 아니라 내 자신이 언젠가는 성공한 작가가 될 것이라는 희망을 늘 품고 있던 사람으로서 정체성을 상실했다고 생각했습니다."

그러던 어느 날 베키는 2018년 1월 1일, 팟캐스트 〈직장에 연연하지 마세요〉를 발견하고 방송을 듣기 시작했습니다. 하루는 산책을 하던 중 영감이 번뜩 떠올랐죠. 그녀는 '영화를 만들어보자'고 생각했습니다. "나는 항상 영화를 만들고 싶었어요. 대학을 졸업했을 때부터 정말 쓰고 싶은 대본이 있었죠. 영감이 떠오르던 순간 앞으로 무슨 일이 일어날 것인지 알았기에 엄청난 공포감을 느꼈어요. 내가 대본을 쓸 것이라는 느낌이 왔죠. 너무 무서웠어요. 몸이 차가워지는 것이 느껴질 만큼 무서웠죠. 하지만 나는 결국 2주 반 만에 대본을 썼어요. 내 생각에 많은 예술가들과 글을 쓰는 사람들에게 때때로 창조적인 과정이라는 것이 '창조'보다는 '발굴'에 더 가까운 것 같아요. 그때는 마치 매일 아침 일어나 대본의 다음 부분을 발굴해내는 기분이었죠. 나는 노트북의 대본 집필 소프트웨어에 내장되어 있는 음성을 문자로 바꿔주는 기술을 활용했어요. 그리고 내가 쓴 대본을 가장 가까운 친구들과 대본 작성 그룹에 속해 있는 사람들에게 보냈죠. 대본을 쓰기 전에도 나는 항상 친구들에게 말하곤 했어요. '나는 영화를 만들고 싶어. 혹시 나와 함께할 생각이 있니?' 하고 말이죠."

"그때 당시 내 친구들의 대부분은 별로 창의적이지 않은 일을 하고 있었어요. 그들 스스로 느끼기에도 그렇게 열정적일 필요가 없는 일을 하고 있었죠. 열정이라는 측면에서 나는 내 주변의 사람들보다 정말 좋은 위치에 있었어요"라고 그녀는 말했습니다.

베키는 중요한 사항들을 많이 지적했습니다. 생산성은 자원에 관한 것이 아닙니다. 생산성은 마음과 정신을 활기찬 상태로 유지하는 것입니다. 자신의 비전이 명확해지고 열정이 흘러넘치는 지점에 도달하면 당신의 두뇌, 심장, 정신 등 모든 것이 활기차게 움직일 것입니다. 그 어떤 것도 당신을 막지 못합니다. 당신이 활기찬 에너지를 발산하면 다른 사람들이 그것을 받아들이고 그들의 열정은 당신의 열정과 합쳐져 활력 그 이상의 무언가가 됩니다. 그때가 진짜 무슨 일이 발생하는 때입니다. 심지어 발생할 일의 세부 사항을 잘 몰라도 열정이 합쳐지는 그곳에서 사건은 일어나게 마련이죠.

"실제로 발생한다고 믿어야 합니다. 나는 사람들에게 이것이 내가 할 일이라고 말하기 시작했습니다. 우리는 크고 창의적인 프로젝트를 수행할 때 더 큰 책임감을 느끼기 때문에 자신이 할 일을 사람들에게 말하는 것이 중요합니다"라고 베키는 말했습니다.

그리고 그녀는 전략을 세웠죠. IMDbPro(미국의 영화 데이터베이스 사이트인 IMDb의 유료 결제 사이트_옮긴이)를 통해 그녀가 생각하는 최상위의 배우들을 접촉하기 시작했습니다. 그녀는 배우들에게 직접 이메일을 보내거나 섭외 담당자를 통해 배우들과 접촉했는데 놀랍게도 빠른 답변을 받았습니다. 그러나 협상 중이던 여배우 한 명으로부터는 확답을 받지 못해 베키와 그녀의 동업자는 브룩클린에서 공연 중인 코미디 쇼에 출연하는 그녀를 직접 보러 가기로 결정했습니다.

여배우는 자신의 역할이 매우 맘에 든다며 출연료 없이 영화에 출연하겠다고 제안했습니다. 그녀는 베키의 대본을 보지 않았음에도 동시간 흐름에 대한 통찰력을 공유했습니다. "대본은 내게 전달되지 않았어요. 요약된 영화 줄거리에 흥미를 느낀 직원 중 한 명이 당신의 대본을 바로 내 에이전트한테 보냈더군요"라고 여배우는 말했습니다.

마치 베키에게 유리하도록 마법이 작용하고 있는 것 같았습니다. 이것이 바로 흐름을 타는 것이고, 당신을 끌어당기는 곳으로 몸을 기대는 것입니다. "나는 대본을 쓸 때부터 이 프로젝트의 성공을 강하게 확신했습니다. 그런 다음 이 프로젝트의 성공을 확신하는 사람들이 합류하는 것을 보면서 믿음과 확신에는 전염성이 있다고 생각했습니다"라고 베키는 말했습니다.

"솔직히 '아니요'는 실망스러웠지만 '예'는 무서웠습니다. '예'라는 대답을 수도 없이 들을 때마다 공포를 감내해야만 했습니다. 말하자면 이 길을 택하기로 결심한 것을 후회할 시간조차 없었습니다. 단 1초도 말이죠. 내 평생 가장 무서운 한 해였지만 그럴 만한 가치가 있었습니다."

베키는 자신이 하고 싶은 일이 무엇인지 알게 된 후로부터 1년 뒤 LA에서 영화 관계자들과 만나 주요 영화제에 자신의 영화를 출품할 계획을 세우면서 영화에 대한 열정을 더욱 불태웠습니다. 또한 그녀는 이미 다음 대본 작업을 하고 있었죠.

"자기개발서를 읽거나 팟캐스트를 들으면서 그것들이 주는 메시지를 머릿속에 각인시키는 것은 정말로 큰 차이를 만듭니다. 엘리자베스 길버트Elizabeth Gilbert는 자신의 책 《빅매직Big Magic》에서 '소속감의 오만함'에 대해 말했습니다. 그것은 당신 스스로 이곳에 존재할 권리와 당신의 재능을 공유할 권리가 있다고 믿는 것을 말하죠. 사람들은 보통 자신이 플랜A를 원하고 있다는 사실을 인정하기 위해서는 엄청난 수치와 치욕을 감내해야 한다고 생각합니다. 그래서 그냥 편한 플랜B를 실행합니다. 그렇다면 영화를 만든 나는 어떤 사람일까요? 나는 특별한 사람이 아니라 다른 사람들과 동등한 권리를 가진 사람입니다. 나는 내가 영화를 만들 권리가 있다고 믿었고 그래서 다른 사람들도 그렇게 믿었지요."

베키는 우리가 세상을 움직일 수 있는 매우 미묘하지만 강력한 변화에 대한 힌트를 줍니다. 스스로에게 물어보세요. 당신은 '예'라는 대답을 들을 만큼 잘 준비했나요? 당신은 '아니요'를 거절이 아니라 선물로 생각할 만큼 겸손한가요? 자신에게 꼭 맞는 일을 찾을 때 주변의 지지가 반드시 필요한 이유입니다.

제나 피셔가 팟캐스트에서 각본가이자 그녀의 남편인 리 커크Lee Kirk의 뜻밖의 여정을 공유했습니다. 커크는 연기 학교를 수석으로 졸업했고, 유망한 에이전트와 계약한 다음 LA로 이주했습니다. 하지만 LA에서의 생활은 그의 기대에 못 미쳤죠. 그와 그의 친구들은 자신들의 재능을 보여줄 단편 영화를 만들어 성공할 기회를 만들어 보기로 결정했지만, 그들 중 그 누구도 극본을 쓸 수 있는 작가는 아니었습니다. 커크는 항상 창의적인 글쓰기를 즐겼기 때문에 자기가 한번 해보겠다고 했고, 그렇게 완성된 그들의 영화는 영화제에서 고무적인 평가를 받았습니다. 영화제의 모든 사람이 커크의 스토리텔링에 박수를 보냈고, 그는 피드백을 겸허히 받아들였습니다. 그 후에도 세상은 그에게 계속 무언가를 요구했고, 그 역시 그것에 관심을 기울였죠. 그 결과 그는 오늘날 성공한 인디 영화 극작가이자 감독이 되었습니다.

제나는 멋진 통찰력으로 이야기를 끝맺었습니다. "가끔 사람들은 자신이 원래 하려고 했던 일을 포기해야 하기 때문에 다른 길로 가는 것을 두려워하죠. 하지만 때로 당신의 꿈이 당신을 어딘가로 인도하는 이유는 또 다른 꿈을 이루기 위해서라는 걸 깨달을 필요가 있어요."

앞서 소개한 베키는 그 누구보다 솔직했습니다. 당신 역시 누군가에게 사과하고 또다시 추측하고 짐작하는 것을 그만둘 수 있습니다. 그냥 나서서 만들고 창조하고 제안하면 됩니다. **당신의 재능을 공유해야 할 시간이라고 당신 어깨를 두드려줄 사람은 아무도 없습니다. 당신의 시간은 '바로 지금 여기'입니다. 당신의 꿈을 이루기 위해 필요한 일은 해야 할 일을 해도 좋다고 당신 자신에게 허락하는 것입니다.** 스스로를 믿을 때 이 세상은 당신의 꿈을 현실로 바꾸는 일에 적극 동참할 것입니다.

꿈을 위한 북마크

- 인류 역사상 그 어느 때보다도 꿈을 이룰 수 있는 많은 기회가 있고 다양한 도구를 활용할 수 있습니다. 우리는 지금 열정을 직업으로 바꿀 수 있는 아주 좋은 위치에 있습니다.
- 자신이 좋아하는 일을 하면서 돈을 벌기 위해 반드시 유명해지거나 전문가가 되거나 엄청난 수의 SNS 팔로워가 필요하지는 않습니다.
- 당신의 직업을 사업의 디딤돌로 활용하세요.
- 시작하기에 너무 늦은 때는 없습니다.
- 학교 이외의 곳에서도 배우고 공부하세요.
- 시각화는 런웨이를 구축할 때 아주 중요한 부분입니다.
- 런웨이 구축을 위한 5가지 단계는 실험, 교육, 평가, 구현, 실행입니다.

직장에 연연하지 않기

실천 로드맵을 만드세요

런웨이를 구축하기 위해 시작할 수 있는 5가지 단계를 적은 다음 각 단계마다 하나 이상의 해야 할 일이 포함된 로드맵을 만들어보세요. 다음은 체크리스트의 예시입니다.

- 당신의 목표와 관련된 업계에 종사하는 사람에게 이메일을 보내세요. 혹은 그 분야에서 자원봉사자로 일하면서 업무를 배울 수 있는 장소를 찾아보세요. 다른 사람의 인스타그램에서 베타 테스트를 실행하는 것도 좋습니다. 중요한 것은 직접 발로 뛰어야 한다는 것입니다.

- 당신의 제품을 베타 테스트하세요. 불완전한 시제품을 만들어 세상에 내놓은 뒤 사람들에게 샘플로 제공하거나 체험을 제안한 다음 피드백을 받으세요.

- 홈페이지, SNS, 명함을 통해 부업을 공식적인 활동으로 만드세요.

- 당신이 좋아하는 것에 대한 책이나 팟캐스트 또는 블로그를 탐색하고 필요하면 메모를 하는 등 적극적으로 배우세요.

- 돈을 절약하세요. 당신이 뭔가를 시작할 때 이상적으로는 6~12개월의 생활비가 저축되어 있어야 합니다.

- “나는 이것을 현실로 만들 것이라고 믿습니다”라고 자신에게 말해보세요. 하루에 5분씩 꿈의 목적지를 마음에 그려 보세요.

7

당신의
든든한 지원군을
만드세요

세상이 당신을
엄청나게 유명한 사람으로 만들어주려는데
당신은 어째서 소소한 것에 안주하려 하는가? _세스 고딘

이 책에서 오직 한 가지 전략만 알아
야 한다면 '부족 만들기building your tribe'의 중요성을 이해하는 것입니다.
부족tribe이란 '당신의 영향력을 통해 당신을 위한 고객이나 협력자가
될 수 있는 사람들의 모임'입니다. 부족은 서로 의지하면서 이야기
하는 사람과 청취자로, 제빵사와 구매자로, 문제를 찾는 사람과 문
제를 해결하는 사람으로 서로에게 기여합니다. 요가나 수제 도넛 만
들기를 통한 내적 평화든 아니면 당신이 관심 있는 다른 그 무엇이
든 당신에게는 당신의 사명과 연계되어 있고, 당신을 지지하며, 당
신에게서 배우고, 당신과 함께 일하는 것에 관심이 있는 부족이 필
요합니다. 당신의 부족을 구축하는 것이 곧 취미를 사업으로 바꾸는
일입니다. 부족을 만든 뒤 그들에게 기여하세요.

앞서 언급했듯이 세스 고딘은 팟캐스트에 출연하여 익숙하지 않

은 아이디어를 공유했습니다. '시장에 참여하고, 다른 사람들과 거래할 수 있는 능력을 갖추기 위해서는 적극적인 공감대가 필요하다'고 말했죠. 적극적인 공감이란 상대방의 입장에서 열정적이고 깊이 있게 그들이 원하는 것을 이해하고, 그것을 어떻게 가장 획기적이면서 쉽게 제공할 수 있는지 연구하는 것이라고 밝힌 바 있습니다. 적극적인 공감은 사업을 운영하고, 끈끈한 신뢰가 바탕이 되는 관계를 형성하고, 당신의 부족을 만들고, 다른 사람들과의 차이점을 지속적으로 만드는 일종의 비밀 소스입니다.

사업이 취미와 구별되는 점은 나 이외의 사람을 대상으로 한다는 것입니다. 반면 글쓰기, 그림 그리기, 춤추기의 기쁨은 오직 나만 느낄 수 있습니다. 즉 취미는 자신의 내부 세계를 외적인 표현으로 바꾸는 자기 만족적인 창조 활동입니다.

판매와 마케팅에도 차이가 있습니다. 우리는 사람들에게 바로 물건을 팔 수 없습니다. 사람들을 여정에 동참하게 한 다음 무언가를 구매하라고 요구하기 전에 가치를 제공해야 합니다.

당신이 뛰어난 재능과 그것을 공유할 수 있는 플랫폼을 가지고 있더라도 사업을 한다는 것은 기본적으로 자신보다 다른 사람을 우선시한다는 의미입니다. 또한 사업은 다른 사람들이 이용하기 쉬운 방법으로 제품이나 서비스를 만들고 제공하는 것입니다. 사업도 취미처럼 똑같이 아름답고 가치 있는 일이라고 생각하세요. 공감이 부족한 시대에 관심은 그 자체로 혁명적인 전략입니다. 적극적인 공감은 당신의 인생 역작이 될 무언가를 창조하는 열쇠가 될 것입니다.

누구에게 서비스를 제공할 것인가?

누구에게 서비스를 제공할 것인지 명확하게 정의하는 것은 건전하고 생산적인 공동체를 구축하기 위한 첫 번째 단계입니다. 서비스 제공 대상을 명확하게 정의하는 것은 가능성이 무한한 분야에서 일을 추진하고, 혁신적이며 미래 지향적인 아이디어를 추진하는 창의적인 구역을 설정하게 합니다.

사업 전략가이자 소셜미디어 전문가인 재스민 스타Jasmine Star는 당신이 하는 일에 대해 2,000명의 사람들이 관심을 가지게 만드는 것보다 200명의 사람들에게 봉사하고 기여하려고 노력하는 것이 더 낫다고 말합니다. 위대한 마케팅은 가장 일반적인 부분에 호소하는 것이 아닙니다. 당신이 진심으로 열과 성을 다해 봉사하고 기여할 수 있는 소규모의 사람들에게 열정적이고도 의도적으로 호소하는 것입니다. 그 소규모 집단은 자신들의 경험을 공유하고, 그러한 당신의 부족은 스스로 성장해나갈 것입니다.

당신은 친구들의 취향과 필요를 고려하지 않고 저녁 식사 메뉴를 정하거나 선물을 고르지 않습니다. 사업도 이와 마찬가지입니다. 우리는 자신의 부족을 완벽하게 파악하려고 애써야 합니다. 우리 사회는 진정한 관계 구축에 너무 굶주려 있기 때문에 사람들은 누군가가 자신을 이해하고 자신에게 봉사하기 위해 진심으로 노력하는 것을 쉽게 알아차릴 수 있습니다. 사람들은 투자할 준비가 되었거나 대가를 지불할 용의가 생겨야 비로소 해당 제품이나 서비스에 관심을 갖

직장에 연연하지 않기

고 그것을 신뢰하기 시작합니다.

당신이 제공해야 하는 것이 무엇인지 정확하게 조사한 것을 바탕으로 당신 부족의 잠재적인 구성원을 결정해야 합니다. 그래야만 다른 사람들과의 결정적인 차이를 만들 수 있습니다. LA에 있는 결혼식 사진작가나 친환경 요가 바지를 찾으면서 구글에 '사진작가'나 '옷'으로 검색을 하는 사람은 없을 것입니다. 연령, 사는 곳, 직업, 사회 생활, 꿈, 어려움 등을 포함한 당신에게 최적화된 고객 정보를 작성하는 것에서부터 시작하세요. 그 고객은 당신과 많은 부분이 닮았을 것입니다.

아유르베다Ayurvedic 요가 작가인 사하라 로즈Sahara Rose는 고객이란 '자신이 만들어낸 조언, 영감, 서비스 또는 제품을 활용할 수 있는 우리 자신의 또 다른 모습'이라고 설파했습니다. 고급 사탕 전문점인 '슈가피나Sugafina'의 공동 창업자 로지 오닐Rosie O'Neill은 어린 시절 자신이 좋아하던 사탕 가게의 어른 버전을 갈망했고, 다른 많은 어른들도 자신과 같은 마음이라는 것을 알게 됐습니다.

고객을 발굴하는 천재적인 방법이 있습니다. 당신의 이상적인 삶을 반영하는 핀터레스트Pinterest(이미지를 포스팅하고 그것을 다른 사용자와 공유하는 SNS 서비스_옮긴이) 게시판을 만들어보세요. 당신을 행복하게 만들거나 성취감을 안겨주는 사진과 이미지로 게시판을 가득 채우세요. 그런 다음 당신이 생각하는 목표에 걸맞은 고객의 특징 중 일부 또는 전부를 반영하는 사용자가 만든 게시판을 검색해 자신의 게시판과 겹치는 부분을 찾아 두 번째 게시판을 만들어보세요.

내가 만든 첫 번째 게시판은 초밥, 명상 명언, 고요한 풍경들로 가득 차 있었습니다. 그런 다음에는 내 팟캐스트를 듣는 청취자 12명의 게시판을 보고 나도 좋아하고 청취자들도 좋아하는 항목들로 두 번째 게시판을 만들었습니다. 두 번째 게시판은 당신과 당신의 고객이 만나는 접점입니다. 이것은 또한 당신과 고객의 공통점, 당신이 사용하는 언어를 보여줍니다.

당신의 부족과 그들이 원하는 것

당신의 부족을 온라인이나 오프라인에서 찾아보세요. 그들이 자주 방문하는 특정 페이스북 그룹, 레딧(미국 온라인 커뮤니티_옮긴이) 게시판, 커피숍이 있나요? 제빵 같이 광범위한 관심에서 시작한 다음 개인적인 감각을 반영하세요. 채식을 한다면 비건 디저트도 좋은 출발점입니다. 가능한 한 많은 채식주의자들에게 당신이 만든 컵케이크 중 하나를 먹어보게 하세요. 그다음 언제, 어디서, 왜 컵케이크를 먹는지와 같은 몇 가지 질문에 답해달라고 부탁해보세요. '채식주의자들이 특별히 좋아하는 종류의 컵케이크가 있을까요?' '채식주의자들은 컵케이크보다 그래놀라나 단백질 파워바를 더 좋아하나요?' '어떻게 하면 간식을 즐기는 사람과 우리가 사는 지구를 동시에 만족시키는 더 건강하고 몸에 좋은 음식을 만들 수 있을까요?' 등과 같은 질문이 될 수 있겠죠.

컵케이크에서부터 스키 관련 액세서리까지 당신의 사업이 무엇이든 간에 먼저 당신의 사업과 관련이 있는 사람들을 찾아 그들에게 몇 가지 질문을 던져보세요. 사업의 첫날은 고객들에게 그들이 기대하는 것과 가치를 제공하기 시작하는 날입니다.

나는 더 많은 정보를 제공해달라는 작곡가들의 요청에 따라 온라인 강좌를 개설해 가르치기 시작했습니다. 모든 이메일에 답장을 할 수도 없었고 모든 사람과 만나 커피를 마실 수도 없었기에 나의 모든 전문 지식을 한 곳에 모아 둘 수 있는 시스템을 찾아야 했습니다. 그것은 바로 내가 생각하는 어떤 특정한 작곡가를 위한 강좌를 만드는 것이었죠. 나는 친구에게 도움을 요청했고, 내 강좌에 대한 그녀의 질문을 피드백이라고 생각해 모든 질문에 답했습니다.

그녀는 정말 놀라운 질문을 많이 했습니다! "이 광고대행사가 저 브랜드와 협력하는지 어떻게 알 수 있나요?" "그들이 필요한 곡을 어떻게 알았어요?" "가사를 잘 쓰는 비법과 물건이 잘 팔리는 공식이 있나요?"

나는 그녀와 비슷한, 열심히 일하고 열정적이며 지적인 작곡가 지망생을 염두에 두고 강의를 만들었습니다. 실제로 내가 해준 조언을 바탕으로 친구가 성공하기 시작했고, 그녀의 성공은 내 생각이 맞았다는 것을 한 번 더 확인시켜주었습니다. 나는 모든 사람을 위한 음악 사업 강좌를 만들지 않았습니다. 영화, TV, 광고에 나오는 노래의 저작권에 대한 강의만 개설했습니다. 나는 페이스북에 접속했고 이미 음악 저작권에 관한 여러 가지 강좌에 '좋아요'를 누른 새로운 잠재 고객들을 찾았습니다. 그러고 나서 그들의 흥미를 유발하고, 그들 스스로 자신의 문제를 해결해서 삶을 좀 더 윤택하게 만들 수 있도록 돕는 무료 교육 자료를 만들어 그것을 공유하기 시작했죠.

그다음에는 몇 가지 반드시 알아야 할 사항과 필수 전략을 가르쳐 주는 무료 웹 기반 세미나를 열었습니다. 페이스북을 통해 마케팅했고 영화, TV, 광고 음악 저작권에 관한 강좌에 참석한 적이 있는 자칭 싱어송라이터 그룹에 도달하기 위해 수백 달러를 썼습니다. 이때 구체성과 특수성이 매우 중요합니다. 1,000명 이상의 사람들이 내 첫 번째 워크숍에 참석했습니다. 나는 긴장했지만 내가 아는 것을 공유하기 시작했고 엄청난 피드백을 받았습니다. 순간 강좌의 내용을 미리 친구에게 보여주고 피드백을 받아본 것이 정말 다행이고 감사했습니다. 또한 앞으로 이 강좌가 잘 나가는 것은 물론 많은 사람에게 '아하!' 하고 깨달음을 줄 것이라고 확신했습니다.

이 모든 것은 대화로 시작하며 사업을 시작할 때 활용할 수 있는 자원은 매우 많습니다. 페이스북, 인스타그램, 트위터, 서베이 몽키, 구글 폼 등을 이용해 투표 또는 설문조사를 실시해보세요. 그러고 나서 자료 수집을 시작하세요.

변호사이자 '컨트랙트 숍Contract Shop' 창립자, 팟캐스트 〈창의의 제국Creative Empire〉의 진행자인 크리스티나 스칼레라Christina Scalera는 사업가이자 팟캐스트 〈똑똑한 자동 소득Smart Passive Income〉 진행자인 팻 플린Pat Flynn이 알려준 것을 소개했습니다. 바로 고객이 필요로 하는 것에 대한 더 많은 통찰력을 얻는 방법에 대한 것이었죠. 그것은 아주 간단했습니다. 아마존에 가서 내가 시작하고 싶은 분야에 관한 책과 제품의 리뷰 중 별 세 개짜리 리뷰를 살펴보는 것이죠. 이들 중에는 분명히 정보를 원하며 책을 읽고 시간을 들여 리뷰를 작성했지만 아직 뭔가 부족해하는 사람들이 있습니다. 그 공백을 어떻게 메워줄 수 있을지 생각해보는 것입니다. 그 사람들이 원하는 3~5개 정도의 주제에 대한 가설을 세워보세요. 블로그 포스트를 써보세요. 페이스북 라이브를 진행해보세요. 그들이 원하는 것을 예측해보세요.

당신이 잠재 고객이 원하는 것과 그것을 제공하기 위한 당신의 독자적인 위치가 서로 교차하는 지점을 발견한다면, 이제는 그들이 원하는 것을 제공해야 할 시간입니다.

기지를 건설하세요

당신이 키우고 싶은 당신만의 부족을 확인했다면 그 사람들이 당신을 찾을 수 있는 곳에 자리를 잡고 몇 그루의 나무를 심거나 천막을 설치하는 것이 중요합니다. 달리 말하면 이메일 리스트를 만들어야 합니다. 런웨이를 구축하면서 논의한 바와 같이 당신이 궁극적으로 서비스를 제공할 사람에 대한 정보를 수집하는 것은 사업이 성장하는 초기에 매우 중요한 작업입니다. 또한 당신은 당신이 어디에 있는지, 당신이 무엇을 하고 있는지에 대하여 사람들에게 정기적으로 알려주어야 합니다. 이메일 구독 서비스를 이용하면 이 두 가지 일을 모두 수행할 수 있죠.

인스타그램 팔로우나 페이스북 그룹을 만드는 것도 훌륭하지만, 이메일 리스트는 소셜미디어에 의지하지 않는 당신만의 자산입니다. 이것은 사무실을 임대한 것이 아니라 토지를 소유하고 있는 것과 같습니다. 이메일은 당신에게 "나도 함께할게요. 나도 참여하고 싶으니 무슨 일이 일어나고 있는지 알려주세요"라고 말하고 있는 매우 중요한 집단에게 직접 전달됩니다.

이번 장 끝부분에서 살펴볼 광고 문구 작성과 온라인 사업에 있어 천재적인 능력을 보유한 로라 벨그레이Laura Belgray(글쓰기 컨설팅 기업 '토킹 슈림프Talking Shrimp'의 창업자)는 말합니다.

"당신의 이야기를 듣고 싶은 사람들의 목록을 작성한 다음, 그들에게 당신의 소식을 알려주는 것은 정말 중요합니다. 이메일 리스트를 만들고 싶지 않다면 그 집단의 사람들은 당신의 부족으로 고려하지 마세요. 이메일은 당신의 사업이나 홍보에 있어 가장 중요한 채널입니다. 나는 일주일에 한 번 내가 운영하는 소모임 구성원들에게 이메일을 보냅니다. 나는 내가 글을 쓰는 것과 고객들이 가치 있는 것을 획득하고 있다고 느끼게 만드는 지점에서 일하는 것에 대한 균형점을 찾았습니다. 가치는 여러 가지 형태로 나타날 수 있습니다. 만약 내가 당신을 감정적으로 만들고, 과도한 반응을 이끌어내고, 행동하도록 자극한다면 그것은 가치 있는 일입니다. 나는 명백하게 가치가 있는 일인지 항상 확인합니다."

이메일 리스트를 작성할 때 첫 번째로 해야 할 일은 보내고, 보내고, 또 보내는 것입니다. 당신은 당신의 부족에 가치를 제공하는 PDF 자료, 요약정리, 교재, 전자책 및 그 외의 어떤 것이라도 무료로 제공할 수 있습니다. 정보를 공개하는 것에 주저하지 마세요.

다만 사람들이 궁극적으로 서비스나 제품에 대한 대가를 당신에게 지불했을 때, 그것은 당신이 준 정보에 대한 대가로 돈을 지불한 것이 아니라는 사실을 기억하는 것이 중요합니다. 그들은 실행에 대한 대가를 지불한 것입니다. 사람들은 자신이 해보고 경험할 수 있도록 도와주는 당신에게 돈을 내고 있습니다. 무료로 정보를 공개하면 안 될 이유가 전혀 없는 것이죠. 우리가 필요로 하는 정보는 어딘가에서 이미 무료로 제공되고 있습니다.

이메일 리스트를 활성화하는 가장 좋은 방법은 도전 과제를 던져주는 것입니다. 사람들에게 6일 혹은 3주, 아니면 정해진 기간을 주고 보상의 대가로 어떤 특정 행동을 하도록 요청해보세요. 작가이자 블로거, 팟캐스트 진행자, 동기부여 연설가인 레이첼 홀리스Rachel Hollis는 도전의 여왕이며, 그녀의 커뮤니티 역시 그녀가 제안하는 도전을 매우 잘 받아들입니다. 그녀는 사람들에게 개인 페이스북 그룹, 인스타그램 라이브, PDF 자료에 접속하는 대가로 이메일 주소를 수집하는 대표 페이지에 회원가입을 해줄 것을 요청합니다.

도전 과제는 커뮤니티 구성원들이 자신의 삶에서 진정한 변화를 만들도록 독려하고 참여율을 엄청나게 높이기 때문에, 구성원들 입장에서도 과제를 수행하는 것은 매우 흥미진진합니다. 도전 과제는 당신 부족의 진정한 힘을 확인할 수 있는 잘 계획된 기회이기도 합니다.

상처받을 용기

당신 자신이 된다는 것은 당신만이 가진 초능력이고, 소셜미디어만큼 당신을 분명하게 드러내주는 곳도 없습니다.

상처받기 쉽다는 것은 장점입니다. 그것은 힘입니다. 역사상 일어났던 모든 좋은 일은 누군가가 상처받는 것을 감내했기 때문에 발생했습니다. 약해지고 진실해지려면 용기가 필요합니다. 하지만 당신은 이미 용감합니다. 당신은 이미 많은 일을 겪었습니다. 고통, 실의, 실망의 순간을 이겨냈습니다. 그거 아세요? 당신은 여전히 살아가고 있습니다. 또한 당신은 여전히 문제가 없고, 당신은 여전히 충분합니다.

당신이 진정으로 스스로에게 끊임없이 용감해지고 정직해짐으로써 주변 사람들에게도 그들 자신이 얼마나 용감한지 알려줄 수 있습니다. 당신이 자신과 계속 싸우면서 앞으로 나아가고, 있는 그대로의 자신을 받아들일수록 당신은 다른 사람들이 그들의 본래 모습을 더 잘 받아들이도록 만들기 때문입니다.

당신의 삶에 있어 진실한 요소들을 서로 엮어보세요. 유튜브에서 요리를 만들면서 당신의 방송을 보는 사람들에게 이 요리가 남편을 위해 만든 첫 번째 요리였다고 말해도 좋고, 요리를 미리 만들어보려다가 집을 홀랑 다 태워버릴 뻔했다고 말해도 괜찮습니다.

당신의 이야기가 무엇이든 간에 인간의 도전과 약함은 당신과 당신의 부족을 연결시켜줄 보편적인 감정입니다. 당신의 진짜 모습을 보여주면서 사람들을 당신의 진실한 삶 속으로 이끈다면 분명 주목받을 것이라는 사실을 믿으세요. 자신을 드러내는 약함은 매우 드물기 때문에 사람들이 당신 주위로 모여들 것입니다. 우리는 본인 스스로는 절대로 언급하지 않을 많은 감정과 상황들 속에 살아가고 있습니다. 당신이 자신의 도전을 공유할 때, 사람들은 그들의 삶에서 일어나는 일에 대해 부끄러움을 덜 느끼게 됩니다. 당신은 갑자기 진실을 말한 영웅이 되기도 하죠.

나 역시 소셜미디어에서 나 자신을 완전히 드러내고 진실한 모습을 보이고 있다고 믿는 사람입니다. 때문에 자신이 겪은 당혹스러운 일이나 일상적인 일을 공유하는 것이 얼마나 힘든지 잘 알고 있습니다. 하지만 그 힘든 것보다 누가 내 일에 신경이나 쓸지 그게 더 궁금하기도 하죠. 로라 벨그레이는 당신이 공유를 시작할 때 사용하기 좋은 표현들을 다음과 같이 소개했습니다.

"이 사실을 인정하기 부끄럽습니다만···."

"당신에게 잠깐 고백할 게 있어요···."

"고백 시간입니다···."

당신이 고백을 한 이후에 발생할 일은 아주 심각하거나 아니면 아주 가벼울 수 있습니다. 하지만 당신에게 기대를 걸고 있는 사람들과 신뢰를 쌓게 될 것입니다.

로라는 자신의 메시지를 전달하기 위해 콘텐츠를 사용하는 개인 브랜드를 구축하고 있는 사람부터 거대 기업에 이르기까지 다양한 사람들과 일했습니다. 사람들이 자신의 브랜드를 구축할 때 좀 더 솔직해질 필요가 있다고 말하는 그녀의 이야기에 나는 소름이 돋을 만큼 공감했습니다. 당신과 당신의 브랜드를 다른 경쟁자들과 구분 짓게 하는 것은 '브랜드를 소유하고 있는 사람과 그 브랜드에 녹아 있는 메시지가 얼마나 인간적인가'에 달려 있다는 것입니다.

"콘텐츠 전략을 수립할 때 모든 사람이 갈등을 좋아한다는 사실을 기억하세요. 우리가 당황하거나 힘들어하는 모든 것이 갈등입니다. 갈등은 이야기를 만들죠. 우리가 넷플릭스에서 다음 회를 보고 싶은 이유도 갈등 때문이죠. 갈등이 바로 당신을 끌어들이고, 당신을 갈등과 엮이게 만듭니다"라고 로라는 말합니다.

"나는 사람들에게 어딘가 약점이 있는 사람이 되라고 독려합니다. 당신의 모든 결점을 외부로 드러내세요. 그 누구도 당신의 완벽함을 보기 원하지 않습니다. 가장 잘 나온 사진을 올리면 많은 사람들이 '좋아요'를 누르겠지만, 그것이 실제로 사람들을 끌어당기는 것은 아닙니다. 사람들을 끌어당기는 것은 결점과 그것을 극복하는 이야기입니다."

로라는 팟캐스트에서 "세상은 개인 브랜드로 가득 차 있습니다. 사람들은 1인 사업자가 되거나 사업의 얼굴이 되고 있습니다. 진실해지는 것은 팔로워와 잠재 고객을 형성하는 놀랍도록 효과적인 방법입니다. 당신이 진실하다면 당신의 제품이 경쟁자보다 좋지 않더라도 고객들은 당신의 제품을 구매합니다. 우리는 흔히 우리가 알고, 좋아하고, 신뢰하는 사람에게 제품을 구매하기 때문이죠. 사람들에게 당신을 알리고, 당신을 좋아하고 믿게 만드는 방법은 가식적인 모습이 아닌 당신 본연의 모습을 솔직하게 보여주는 것입니다."

이 얼마나 멋진 일인가요? 당신이 스콘이나 온라인 강좌를 판매할 수 있는 커뮤니티를 시작함으로써 그곳에서 당신은 커뮤니티 구성원이 스스로 도전하고 진정한 자신의 모습을 추구하도록 도와줍니다. 또한 훌륭한 사람들과 연결되는 기회를 확보하게 됩니다. 당신의 플랫폼을 이용해서 이 모든 것을 할 수 있고, 궁극적으로 세상을 위해 놀라운 일을 하게 될 것입니다.

소셜미디어에서 대화를 시작하세요. 개인적인 것을 공유하는 것은 정말 두려울 수 있습니다. 아주 간단한 것조차 쉽지 않습니다. 용기가 필요하죠. 하지만 당신이 진실할수록 더 좋은 반응을 얻을 것입니다.

필요하다면 영감을 주는 게시물부터 시작하되 천천히 그리고 반드시 정직하게 진행하세요. 당신의 생각과 도전을 불평불만이 아니라 다른 사람들을 해결책과 공감을 찾는 일에 초대하는 초대장으로 활용하세요. 청중을 모으는 가장 좋은 방법은 본인이 실제로 재미있게 즐기는 것입니다. 왜냐하면 궁극적으로 부족의 각 구성원들은 가식이 아닌 진실을 공유하기 때문입니다. 양보다 질이 중요한 이유가 바로 여기에 있습니다. 당신도 오프라 윈프리도 아닙니다. 일반 사람들이 소셜미디어에서 8,000~8만 명 정도의 대단하고, 서로 친밀하며, 생산적인 청중을 보유하고 있습니다. 목표는 가능한 한 빨리 시작하여 다른 사람들이 당신의 관심 영역에서 당신의 존재를 인식하도록 만드는 것입니다.

2018년 7월, 나는 초록색 드레스를 입고 크리스 길아보가 주최한 세계인재회의World Domination Summit(매년 미국 포틀랜드에서 주목할 만한 인재들이 모여 개최하는 회의_옮긴이)의 큰 무대에서 기조연설을 하는 사진을 인스타그램에 게재했습니다. 내 머리 위에는 '가장 멋진 선물은 당신입니다'라고 쓰인 팻말이 있었죠. 그 사진을 보면 내 일이 성과를 거두고 있다는 증거처럼 느껴졌습니다.

무대에 오르기 전에 연설할 자격을 얻어서 매우 영광이고 많은 영감을 주는 사람들과 만나게 되어 기쁘다는 진실한 내용이 담긴 연설문을 적어놓았습니다. 하지만 무대에 오르자마자 머릿속이 하얘지면서 전부 다 잊어버렸습니다. 긴장감에 너무 스트레스를 받아 병이 날 지경이었죠. 연설을 시작할 때는 너무 무서워 몸이 덜덜 떨렸습니다. 이후에 나는 공포를 극복하고 솔직함을 선택하기 위해 이 이야기를 다른 사람들과 공유했습니다.

나는 내가 알고 있는 그 어떤 전략이나 방법보다 더 강력하게 진정한 내 모습을 보여주는 일에 전념하고 있습니다. 페이스북이나 인스타그램에 매일 접속해 내 인생에서 실제로 일어난 일을 진실하게 공유하고 있죠. 내 이야기에 귀를 기울이는 사람들이 어디에 있는지 그리고 내가 어떻게 하면 그들과 솔직한 관계를 구축할 수 있을지 스스로에게 늘 묻곤 합니다.

솔직하게 자신을 드러내는 것은 소셜미디어에서 차별화를 추구하는 데 있어 매우 가치 있는 일입니다. 페이스북 라이브와 인스타그램 라이브도 알고리즘 덕분에 더 많이 조회되고요. 나는 페이스북과 인스타그램 같은 플랫폼들도 진정성에 투자하길 원한다고 믿고 싶습니다.

우리는 사람들이 자신을 드러낼 때 그들에게 더 많은 관심을 가집니다. 그들 속에서 우리는 자기 자신을 인식하고, 그들과 진실성 또는 정직함을 공유하며, 협력하고 잘 어울리기를 열망합니다.

《변절자가 새로운 규칙을 정한다Renegades Write the Rules》의 저자이자 팟캐스트 〈왜 지금 안하세요Why Not Now?〉를 진행하고 있는 에이미 조 마틴Amy Jo Martin은 소셜미디어를 통해 가장 진실한 자신의 모습을 공유하면서 가치를 창출해야 한다는 것에 동의합니다. 그녀는 내 팟캐스트에 출연해 "인간은 브랜드 로고가 아니라 인간과 서로 연결됩니다"라고 말하며 사람들이 제품만큼이나 사업을 운영하는 사람에게 관심을 갖고 있다는 점을 사업가들에게 상기시켰습니다.

디지털미디어 전문가인 제나 커처는 세상을 떠났지만 소셜미디어를 통해 아직도 방문할 수 있는 자신의 안타까운 친구 이야기를 전했습니다. "소셜미디어는 인기 경쟁의 장이 아니라 우리의 유산이 될 수 있습니다"라고 그녀가 말했을 때 나는 고개를 끄덕이며 동의했습니다. 유산은 당신이 번 돈이나 당신이 만든 브랜드가 아닙니다. 유산은 당신이 자기 자신과 자신의 두려움에 직면하면서 기꺼이 실수를 저지르고 배우려는 자세를 가지고 하루하루 세상을 살아가는 것을 말합니다. 우리는 완전하지 않음에도 불구하고 내면에 엄청나게 많은 활력과 명석함을 가지고 있습니다.

모든 사람이 인터넷과 전부 연결되어 있는 것은 아닙니다. 하지만 사적인 것을 매우 중요하게 생각하는 사람조차도 자신의 일상과 습관을 인터넷을 통해 세세하게 공유할 수 있습니다. 에이미는 자신의 가치를 공유할 수 있는 소셜미디어를 수도꼭지와 비교합니다. 당신은 얼마든지 원하는 방식으로 친밀하고 편안하게 글을 올릴 수 있습니다.

그것이 사업 전략이든 사랑스러운 강아지 사진이든 상관없이 '가치를 공유하는 것'이 핵심입니다. 힘을 주는 사진처럼 간단한 것을 공유하더라도 모든 공유에는 반드시 이유가 있어야 합니다.

소셜미디어를 어떻게 활용해야 할까?

소셜미디어에 게시물을 게재할 때는 사려 깊고 신중해야 합니다. 재스민 스타는 홍보에만 의지하지 않고 사업과 관련된 콘텐츠를 관리하는 훌륭한 접근 방식을 가지고 있습니다. 그녀는 어떤 종류의 콘텐츠를 공유할 것인지 논의하기 전에, 당신 브랜드와 관련이 있으면서 당신이 홍보하고 싶은 제품과 관련된 9~12개의 카테고리를 먼저 선택하라고 조언합니다.

나는 팟캐스트의 새로운 에피소드, 영감을 주는 인용구, 아이들과 남편, 쇼핑 그리고 내가 그 주에 시도해볼 도전들을 카테고리로 설정했습니다. 그 어떤 카테고리도 당신의 개인적인 관심사와 직업적인 관심사가 교차하는 지점과 완전히 동일할 수는 없습니다. 당신이 홍보하고 싶은 것이 당신의 제품 사진일 수도 있고 당신의 방식에 대한 세부정보일 수도 있습니다.

당신의 실제 삶에서 우러나온 이야기를 공유하는 것은 당신의 제품을 원하지 않지만 당신의 여정에 동참하고, 당신의 부족에 기여하는 것에 관심 있는 사람들과 함께할 기회를 만듭니다. 그것은 당신의 사업을 돋보이게 할 뿐만 아니라 당신의 부족을 교육하고 격려하는 가치에 대한 이야기를 만들어냅니다.

나는 실천 가능한 정보, 체크리스트와 요점 요약에 대한 링크 그리고 내가 누구인지를 부각시키는 라이프스타일에 관한 이야기와의 균형을 목표로 하고 있습니다.

멜리사 카밀레리Melissa Camilleri는 고등학교 영어 선생님을 하다가 창업을 했습니다. 친절한 말과 사려 깊은 선물을 통해 격려하고 영감을 주며 교육하는 것을 추구하는 라이프스타일 브랜드 '컴플리먼트 Compliment'의 창업자이자 전문경영인으로 변신했죠. 그녀는 워크숍과 강좌를 운영하고, 더 큰 꿈을 꾸며 자신의 독특한 재능과 재주를 발견하는 것은 물론 자신의 메시지를 전 세계에 널리 퍼뜨리고 싶은 기업가들을 위한 홈페이지를 운영하고 있습니다.

그녀는 내 팟캐스트에 출연해 모든 기업가가 생각해봐야 할 몇 가지 훌륭한 질문을 던졌습니다. 가령, '커뮤니티를 어떻게 만들고 있나요?' '이런 종류의 메시지를 보내는 것이 왜 중요한지에 대해 대화를 나누고 있나요?' '페이스북 그룹 같은 것을 보유하고 있나요?' '인스타그램에서 이것을 하시나요?' '당신의 이메일 리스트에 등록되어 있으면서 당신의 업데이트를 지속적으로 받는 사람들을 제외하고 당신의 부족처럼 생각되는 커뮤니티가 있나요?'와 같은 질문들이었죠.

그녀는 사람들이 격려받을 수 있는 곳에 끌린다는 사실을 발견했습니다. 자신이 참여했던 창의적인 프로젝트에서 스스로에게 동기를 부여하기 위해 사용했던 고무적인 인용문을 인스타그램에 게시하기 시작했죠. 사람들이 그녀의 게시물을 공유하거나 친구 태그를 걸기 시작한 것은 그녀의 메시지가 사실적이고 진심이었으며, 인스타그램의 여러 가지 소음들 사이에서도 눈에 띄었기 때문입니다. 그녀가 올린 게시물을 중심으로 커뮤니티가 형성되었습니다. 그녀에게는 몇 명이나 모였는지와 같은 겉으로 보여지는 규모보다는 자신과 대화하거나 구성원들끼리 의견을 나누는 진정한 공동체가 더 중요했습니다.

팟캐스트에서 그녀는 말했습니다. "당신은 500억 명의 팔로워가 필요하지 않습니다. 당신에게는 당신 물건에 관심을 가지고 제품의 성공을 위해 그 물건을 구매해줄 소수의 팔로워가 필요합니다. 내가 팔로워들을 진심으로 칭찬하는 이유는 그것이 그들과 진정한 관계를 구축하는 훌륭한 방법이라는 것을 깨달았기 때문입니다. 누군가의 일에 대해 진심으로 칭찬하는 것은 그 사람을 무장해제시키는 지름길입니다. 그런 다음 당신은 질문을 하고 대화를 시작하면 됩니다. 소셜미디어를 관계 구축을 위한 칵테일파티라고 가정한다면 당신은 파티에서 누군가에게 다가가 당신의 사진을 보여준 다음 그냥 가버리지는 않을 것입니다. 당신의 사진에 대한 이야기나 상대방의 사진을 보는 등 서로 대화를 나누겠죠. 온라인에서 '칭찬'과 '질문'은 당신이 관계 맺고 싶은 누군가와 삶에 대해 진술한 대화를 나눌 수 있는 내가 찾아낸 가장 간단하고 쉬운 방법입니다."

일관된 너그러움은 중요합니다

당신의 작품에 대한 질과 일관성에 대해 과도할 정도로 관대해지는 것부터 시작하세요.

"항상 베푸세요. 항상 관대하세요." 사업 및 자기개발 팟캐스트 부문에서 상위에 있는 〈조던 하빙거 쇼The Jordan Harbinger Show〉의 진행자 조던 하빙거Jordan Harbinger는 설파합니다. 영업은 설득이 아니라 자신을 드러내고 신뢰를 쌓고 적극적으로 타인의 고충을 해결해주는 것이라고요.

당신이 할 수 있는 한 많은 가치를 무료로 나눠주세요. 우리 팟캐스트 팀은 지속적으로 팟캐스트 초대 손님들의 중요한 조언과 문제 해결 방법을 요약해 자료로 만들고 있습니다. 사람들은 실행 가능한 콘텐츠 사용을 위해 기꺼이 이메일 주소를 교환합니다. 콘텐츠를 무료로 제공한다는 것은 미래에 더 많은 가치를 창출할 이메일 리스트를 만든다는 의미입니다.

사업을 막 시작한 사업가들은 너무 많은 콘텐츠를 무료로 제공하게 되면 자신들이 목표로 하는 고객들이 추가 프로그램의 구입을 꺼리게 되지는 않을까 종종 두려워합니다. 나의 경험과 다른 많은 전문가들의 경험에 따르면, 팔로워들은 무료지만 매우 귀중한 자료에 접속한 후에 비로소 비용을 지불하려고 합니다. 비용을 지불하는 고객으로 전환된 팔로워들은 종종 당신의 가장 위대한 외교관이자 홍보 대사가 되기도 하죠.

일관성은 여러 면에 있어 중요합니다. 당신이 더 자주 눈에 띄고 일에 탄력이 붙을수록 당신의 신뢰감과 목소리는 더 강해집니다. 나는 항상 소셜미디어 플랫폼에 자기 자신을 적극적으로 드러내고 적어도 일주일에 한 번은 글을 올려야 한다고 조언해왔습니다. '좋아요'나 '댓글' 수와는 관계없이 지속적으로 해야 하고 이런 활동이 양방향 관계임을 이해해야 합니다. 당신이 가치를 지속적으로 제공할수록 더 많은 사람들이 기꺼이 당신에게 투자하려고 할 것입니다.

일관성은 기대와 재미뿐만 아니라 습관과 예측을 형성합니다. 우리는 매주 월요일 아침 새로운 팟캐스트를 올려 규칙성을 유지하면서 청취자들과 신뢰를 구축하죠. 일관성은 당신이 기술을 연마하는 데 있어서도 도움이 됩니다. 빵 굽는 일, 조각하는 일, 글 쓰는 일을 매일 계속해서 하게 되면 그 과정에서 발생하는 당신의 성과는 더 좋아질 수밖에 없습니다. 소셜미디어도 마찬가지입니다.

일관성을 유지하는 것이 성가신 일이 될 필요는 없습니다. 콘텐츠 달력을 작성하고 훗스위트Hootsuite, 버퍼Buffer 및 미트에드거MeetEdgar와 같은 도구를 사용하여 콘텐츠를 미리 올려놓거나 일주일 동안 자동으로 게재할 수도 있습니다.

당신이 시간을 투자해 쓸 만한 콘텐츠를 무료로 제공하면 유료 프로그램이 업로드될 때 사람들이 관심을 가지게 됩니다. 나는 에이전시 사업을 시작하자마자 작곡가를 위한 페이스북 그룹을 만들어 그곳에 질문을 하고, 페이스북 라이브 일정을 잡고, 활용 가능한 유용한 조언들을 올리기 시작했습니다. 또한 무료 도전 과제와 웨비나(웹과 세미나의 합성어_옮긴이)를 진행했고 이런 활동을 통해 내가 진정한 가치를 제공하고 있다고 확신했습니다. 웨비나에서 다룬 내용보다 좀 더 심도 있는 내용이 포함된 유료 강좌에 대한 정보를 제공하면서 웨비나는 더 이상 진행하지 않았습니다.

인테리어 디자이너이자 청취자인 크리스티 베일Kristy Vail은 관계를 형성하기 위한 놀라운 나눔 방식을 공유했습니다.

"나는 고객의 행복을 증진시키는 공간을 디자인합니다. 사람들이 주목받고 인정받는 느낌이 들도록 노력하고 내가 하는 모든 일에 목적을 가지고 최선을 다합니다. 최근에 나는 리뷰를 쓰거나, 팟캐스트 등급을 매기거나, 그 주에 나에게 영향을 준 사람에게 손편지를 보내는 등 행동을 개시했습니다. 말만 하는 것이 아니라요. 내가 업보 때문에 이런 일을 하는 것은 아니지만, 나눔의 힘이 좋은 말, 새로운 고객 혹은 예상 밖의 친절로 나에게 되돌아온다는 사실이 항상 놀라웠습니다."

고객이 좋아하는 것을 만드는 법

참여의 힘을 진심으로 믿는 나는 팔로워들에게 받는 인스타그램이나 페이스북 메시지를 일일이 읽어봅니다. 또한 팟캐스트 청취자들에게 항상 그들의 삶에 무슨 일이 일어나고 있고, 어떤 어려움을 겪고 있으며, 어떤 일에 즐거워하고 있는지 말해달라는 말로 팟캐스트를 시작합니다.

현실을 잘 반영하고 있는 이러한 대화들을 나는 매우 좋아하고 즐깁니다. 이런 대화들은 이야기의 주제를 녹음실 밖에서 실제 일어나는 일로 인식하게 만들고 우리가 하고 있는 일에 대해 명확한 정의를 내립니다. 나는 청취자들이 그날 직면하는 일이 무엇이든 그들이 그것을 이겨낼 수 있도록 몇 마디 격려의 말을 해주거나 심지어는 해결 방법을 같이 모색하는 데 전념합니다. 솔직히 말해서 그 대화들은 내가 방송을 하는 이유이기 때문에 듣는 사람들만큼 나 역시도 자극을 받습니다.

팟캐스트 〈9시 출근 5시 퇴근 꺼져 Screw the Nine to Five〉를 진행하는 질 스탠튼 Jill Stanton은 참여율이 높은 페이스북 그룹을 만들기 위해 그녀가 사용하는 기술에 대한 질문을 받고 '참여는 여왕'이라고 선언했습니다.

그녀에 따르면 처음에는 대화로 시작해야 합니다. 사람들이 어떻게 지내는지, 그 주에 무슨 일을 하는지 아니면 주말에 무슨 스포츠 활동을 하는지 물어보세요. 하루에 20~30분 정도만 시간을 내어 스스로 너무 힘들지 않는 선에서 시작해보세요. 당신이 가장 카리스마 넘칠 필요는 없습니다. 당신은 그저 그들의 답변에 관심을 기울이면 됩니다.

질은 자신의 페이스북 그룹에 새로 가입한 회원을 환영하기 위해 사용하는 문서 양식을 따로 가지고 있습니다. 그녀는 매주 신입 회원들에게 그들의 목표와 도전에 대해 묻는 환영의 글을 올립니다. "안녕하세요. 우리 커뮤니티 그룹에 오신 걸 환영합니다! 나는 팟캐스트 〈9시 출근 5시 퇴근 꺼져〉의 진행을 맡고 있는 질입니다. 이곳에서는 자유롭게 서로의 생각을 이야기할 수 있습니다. 자신을 소개하고 우리 커뮤니티에서 무엇을 배우고 싶은지 말씀해주십시오." 질은 신입 회원에게 도움이 될 만한 구성원을 태그하거나 유용할 것 같은 최신 자료 링크도 함께 보내줍니다. 즉시 인맥을 만들어주거나 가치를 제공하는 것이죠.

우리는 팟캐스트를 녹음하거나 책을 쓰거나 인스타그램 페이지를 관리하는 목적이 '커뮤니티를 만드는 것'임을 이해해야 합니다. 비슷한 생각을 가진 뛰어난 사람들을 모아 대화하고, 관계를 구축하고, 생각을 공유하게 만드는 리더의 역할을 하는 것이죠. 그런 공간을 만드는 것은 손이 많이 가는 일입니다. 커뮤니티에 더 많이 투자할수록 특정 제품이나 서비스에 덜 의존하게 됩니다.

당신의 부족은 당신에 대한 신뢰를 계속 쌓으면서 당신이 선택하거나 구축한 플랫폼에서 정기적으로 학습하고, 영감을 받고, 관계를 재정립합니다. 듣고 배우는 수동적인 활동에서부터 구성원 자신들이 각광받고 인정받는 느낌을 얻을 수 있는 능동적인 활동에 이르기까지 소속감은 자발적인 참여를 이끌어냅니다.

당신은 당신의 부족 구성원들이 대화하고 기회를 서로 공유하면서 다 같이 목표를 달성할 수 있도록 격려해야 합니다. 커뮤니티의 일원이 되면 아무리 작은 것이라도 의심 속에서 희망을 꽃피울 수 있습니다. 또한 커뮤니티는 당신의 제안을 재평가하고 조정할 때 가장 큰 자원이 됩니다. 제품이나 개인 교습 같은 경품을 통해 피드백을 요청하거나 피드백을 장려해보세요.

이때 우리는 겸손함을 유지하는 것이 중요합니다. 당신이 성공한다면 그것은 당신이 자신의 작품을 알아본 사람들을 위해 가치를 더했기 때문입니다. 그들이 요구하는 것에 기꺼이 귀를 기울이고 품위 있게 베푸세요. 궁극적으로 사업은 나자신과 관련된 것이 아닙니다. 사업은 다른 사람들을 일으켜 세우고 고양시키는 일입니다. 나는 이것이 사업의 대단한 점이라고 생각합니다.

도자기 사업이 번창하고 있었지만 브라이언 지니에프스키Brian Giniewski는 재정적인 풍요로움을 위해 환경에 적응하는 능력이 필요했습니다. 그는 자신이 '중요하다'고 생각하는 작품을 만들기 시작했습니다. 그의 작품은 전시회나 학술회에서는 환영받았지만 돈벌이는 영 시원찮았습니다. 그러던 와중에 그는 돈을 받고 딱 한 번 사랑스러운 컵 시리즈를 만들었습니다. 그의 작품을 본 사람들은 모두 깜짝 놀랐고, 평소에 그의 작품에 관심도 없던 딜러와 화랑들이 그의 작품을 사려고 줄을 섰습니다.

그러나 그 일은 그가 하려고 계획한 일이 아니었기 때문에 추가 주문을 거절했고 넉넉지 않은 생활을 계속 이어나갔습니다. 그러던 그는 어느 순간, 사람들이 원하는 것이 자신의 비전과 맞지 않다고 그것을 만들지 않는 것은 부끄러운 일이라는 것을 깨달았습니다. '사람들이 아름답다고 생각하는 것을 만들어 그들의 삶에 즐거움을 주는 일을 내가 왜 마다해야 하지?' 매출이 급증하고 그의 작품이 전국의 부티크와 유명 브랜드 판매점에 전시되기 시작하자 그는 스스로에게 물었습니다. 사업이 계속 성장하며 경제적으로도 풍요로워지자 그는 주말 동안 자신이 만들고 싶은 작품을 만들 수 있었습니다. 그는 사업에 있어 사람들이 좋아하면서도 자신의 예술적 진실성을 훼손하지 않는 제품을 만드는 데 목적을 두고 있습니다.

내 팟캐스트의 모든 초대 손님들은 그들의 고객이 좋아하는 것을 만드는 방법을 찾아냈습니다. 당신의 고객이 누구인지 명확하게 규정하고, 그들의 요구에 부응하면서 그것을 바탕으로 성장해야 합니다.

작은 승리를 축하하고 함께 공유하세요

나는 매주 두 번째 팟캐스트 시간을 커뮤니티에서의 승리와 기쁨을 공유하고 구성원들의 질문에 답하며 보냅니다. 비록 페이스북 그룹에서 매일 이 활동을 하고 있긴 하지만 내가 생각하는 가장 중요한 무대에서 작은 승리를 축하하는 것 또한 중요하다고 믿습니다.

이렇게 하면 특정 구성원의 용기를 북돋우고 그에게 필요한 도움을 줄 수 있을 뿐만 아니라, 다른 구성원들에게도 영감을 줄 수 있습니다. 엄청나게 성공한 사람들을 부각시키는 것보다 매일매일 성공으로 가는 길을 닦는 작은 승리들을 보여주는 것은 매우 중요합니다.

앞으로 살펴볼 사례들은 명확성의 중요성을 보여줍니다. 명확할수록 비전은 더 선명해지고 비전에 더 가까이 다가갑니다. 사례의 주인공들은 당신이 현재 있는 곳보다 아마 겨우 여섯 걸음 정도 앞서 있는 사람들입니다. 우리 모두 자신이 상상할 수 있는 것보다 훨씬 더 많은 것을 할 수 있습니다.

팟캐스트에서 나와 청취자들은 마침내 엣시에 매장을 열었는데 출근하기 전에 제품을 두 개밖에 못 올린다는 어느 청취자의 사연을 듣고 함께 웃었습니다. 그러나 엣시에 가게를 연 그들은 그 작은 활동으로부터 엄청난 힘을 얻고 있습니다. 행동 하나하나가 성장의 동력을 만듭니다. 우리는 작은 성공들을 하나씩 축적해나가야 합니다. 성공이라는 것이 누구에게는 커뮤니티 구성원들을 위해 인스타그램에 그림을 올리는 것이나 지역 미술 전시회에 작품이 걸리는 것일지도 모릅니다. 모든 성공이 백만 달러짜리 거래는 아니지만 모든 성공이 중요하며, 그 성공을 통해 당신이 원하는 곳에 더 가까이 갈 수 있습니다.

또 한 명의 청취자인 존John은 도넛 가게를 차리는 꿈을 실현하기 위해 직장을 그만뒀습니다. 두 달 만에 그의 가게는 개점 후 하루도 빠짐없이 90분 안에 모든 도넛을 다 팔아치울 만큼 큰 성공을 거두었습니다.

이런 이야기들은 당신이 포기하지 않고 제품을 테스트하고, 런웨이를 만들고, 잘 될 것이라고 계속 믿는다면 마법 같은 일들이 당신에게 일어날 수 있음을 상기시켜줍니다. 당신과 비슷한 집단을 찾으세요. 그들과 함께 공동체를 만드세요. 우리는 당신이 필요합니다.

고객의 마음에 와닿는 말을 찾으려면

앞서 소개한 로라 벨그레이는 세계 최고의 광고 전문가 중 한 명입니다. 브랜드 구축과 언어 사용에 있어 진정한 프로인 로라는 글쓰기에 대한 그녀의 사랑을 '세상을 더 재미있고 즐거운 곳으로 만들면서 다른 사람들에게 서비스를 제공하는 사업'으로 변모시켰습니다. 로라의 회사인 '토킹 슈림프'는 NBC, 브라보Bravo, 판당고Fandango, 케빈 하트Kevin Hart, 심지어 스폰지밥 스퀘어팬츠SpongeBob SquarePants를 포함한 유명 브랜드, 출판, 방송, 유명 인사들을 고객으로 거느리고 있습니다.

로라의 충고는 브랜드들이 솔직하고, 멋지고, 흥미롭고, 매력적인 목소리로 그들의 제품이나 서비스를 공유할 수 있는 방법에 대해 도움을 주기 때문에 매우 중요합니다. 부드럽고 효과적인 광고 문구를 만들기 위해서는 생각보다 많은 것들이 필요합니다.

로라는 팟캐스트 〈대화는 새로운 전문가Conversation is the new professional〉

에서 지식을 전달하고 'COPY'라는 약자를 통해 광고 문구를 극적으로 변화시키는 데 필요한 기본적인 사항을 공유했습니다.

"COPY에서 'C'는 '대화conversational'입니다. 여기서 대부분의 사람들이 가장 많이 걸려 넘어집니다. 우리는 전문가가 되기 위해 격식을 차려야 한다고 배우지만 마케팅이나 광고에서는 절대 그렇지 않습니다. 대화는 현대 시대의 새로운 전문가입니다. 나는 사람들에게 '광고 문구 쓰기'가 아닌 '광고 문구 이야기하기'로 생각하라고 조언합니다. 첫 번째 요령은 축약인데, 예를 들어 '하지 않는다' 대신 '안 한다' 또는 '하게 될 것이다' 대신 '할 것이다'라고 써야 합니다."

"두 번째로 'O'는 '최적화optimize'를 의미합니다. 웹페이지에서 당신의 광고가 게재될 위치를 최적화하여 사람들의 관심을 최적화하세요. 웹페이지에서 가장 좋은 곳은 스크롤 상단 구역입니다. 당신이 누구이고 무엇을 하는지 다른 사람들에게 알려주는 멋진 태그를 그 공간에 배치하세요. 문장과 단락의 시작과 끝도 시선을 끌기 위한 주요 수단입니다. 그 부분을 강조와 함께 힘차게 시작하거나 끝맺으세요."

"세 번째로 'P'는 '그림 그리기paint a picture'입니다. 내 생각에는 여기가 가장 중요한 부분입니다. 그림 그리기는 내가 쓰는 모든 글의 초석입니다. 상투적인 것을 피하고 무언가 보여주기 위해 구체적인 세부사항을 활용해야 합니다. 예를 들어, 누군가 자신의 인생에서 가장 비참한 시기에 발생한 일에 대해 이야기한다고 가정해보세요. 그녀는 정말 어두운 곳에서 자신이 얼마나 비참했는지 쓸 거예요. 이

때 어두운 곳에 있는 것을 어떻게 표현해야 할까요? 말 그대로 이불 속 어두운 공간에 있어야 할까요? 한 달 동안 더러운 바지를 갈아입지도 않은 채 책상에 앉아 페이스북에서 전 남자친구를 스토킹하고 있는 건 어떤가요? 전자보다는 후자가 훨씬 흥미로울 거예요.”

 “마지막으로 ‘Y’는 ‘예yes’나 ‘우왓yikes’ 또는 다른 형태의 감정을 얻기 위한 것입니다. 특히 무언가를 팔고 있다면 이것은 ‘공감’에 관한 것입니다. 당신의 고객이 원하거나 필요로 하는 것에 대해 계속 생각해야 한다는 의미이며, 다른 사람들에게 어떻게 반응할 것인가에 대한 것입니다. 예를 들어, 제품을 판매하는 사람들은 업계의 내부 언어를 사용합니다. 나는 아이가 있는 부모들에게 제품을 판매하는 고객과 함께 일한 적이 있는데 그녀의 태그라인은 ‘휴식 시간을 알차게 보내는 법을 배우세요’였습니다. 아이를 가진 부모 중 그 누구도 자신의 휴식 시간을 어떻게 바꿀지 고민하며 밤을 새우지 않습니다. 그들은 아마 자기 아이들의 행동과 공공장소에서 어떻게 하면 아이들에게 소리치지 않을 수 있을지에 대해 생각하고 있을 것입니다. 그래서 우리는 그 문구를 ‘괴물이 되지 않고 어디든 데려갈 수 있는 아이 만들기’로 바꾸었습니다. 당신 역시 공감 능력을 통해 잠재 고객들의 마음에 와 닿는 말을 찾고 싶을 것입니다.”

 나는 로라의 이야기와 가르침을 매우 좋아합니다. 그녀는 엄청나게 성공적인 사업을 일으키려는 그녀의 본능을 쫓았지만 여전히 더 베풀고 관대해지기 위한 방법을 찾고 있으며, 뉴스레터를 통해 기업가들이 매일매일 더 매력적이고 정직한 내용의 콘텐츠를 만들도록 도와줄 방법을 찾고 있습니다.

솔직함이 만들어낸 놀라운 기적

한번은 팟캐스트 〈결혼과 마티니Marriage & Martinis〉를 진행하는 대니엘 실버스테인Danielle Silverstein에게 그녀의 팟캐스트 청취자가 급속도로 늘어난 이유를 물었습니다.

작년에 그녀와 그녀의 남편은 정말 힘들었습니다. 그들의 결혼 생활은 위태로웠고 대니엘은 자신의 결혼 생활이 더 지속될 수 있을지 확신하지 못했습니다. 결혼 생활을 포기할 생각으로 탈출구를 찾고 있었죠. 단순한 부업이 아니라, 자신의 모든 것을 쏟아부을 수 있으며 할수록 기분 좋아지고 흥분되는 창조적인 모험을 찾기 시작했습니다.

그녀는 팟캐스트라는 것을 처음 들었을 때 '내 결혼 생활의 문제점들을 해결하는 데 도움이 될 만한 '결혼 또는 연애'와 관련된 팟캐스트가 있는지 한번 살펴볼까' 생각했습니다. 그러나 금세 실망하고 말았죠. 그 어떤 팟캐스트도 현실 혹은 진짜처럼 느껴지지 않았기 때문입니다. 정말이지 그 누구도 솔직하지 않았습니다. 오히려 팟캐스트를 들을수록 그녀의 기분은 더 나빠졌습니다.

그런 그녀가 내 팟캐스트를 청취하기 시작했고 속으로 생각했습니다. '만약 내가 팟캐스트를 시작한다면 어떨까? 다른 사람들에게 도움이 될 뿐만 아니라 나와 남편에게도 도움이 될 수 있지 않을까?' 그래서 그녀와 그녀의 남편 애덤Adam은 팟캐스트 〈결혼과 마티니〉를 시작했습니다. 팟캐스트에서 그들은 성생활의 무미건조함에서부터 남편의 알코올 중독과 도박 문제에 이르기까지 부부로서 직면했던 다툼들에 대해 모든 것을 이야기했습니다. 심지어 팟캐스트 방송 중에 서로 싸우기까지 했습니다. 결혼 생활의 전부를 있는 그대로 여과 없이 보여준 것이죠.

그 후에 발생한 일을 당신은 절대 믿지 않을 것입니다. 우선 1년도 안 되어 팟캐스트 덕분에 그들의 결혼 생활은 조금씩 개선되어 갔습니다. 이에 더하여 그들이 너무나 정직하고 가감 없이 자신들의 진실을 기꺼이 말하려고 했기 때문에 팟캐스트는 폭발적으로 성장했습니다. 그들은 엄청난 수의 부족을 만들게 되었죠. 그들의 인스타그램 팔로워 수는 어느새 10만 명이 넘었죠. 9개월 동안 그들의 팟캐스트는 35만 회 이상 다운로드 되었고, 100개국 이상의 청취자들이 듣고 있습니다. 지금도 그들의 후원자는 점점 늘고 있죠. 가장 중요한 것은 사람들이 팟캐스트를 들으면서 "저기요, 내 결혼 생활도 완벽하지 않아요. 괜찮아요"라고 말하도록 했다는 것이었습니다.

"우리 부부의 모든 치부를 다 드러냈기 때문에 굴욕감을 느꼈어요. 사람들이 팟캐스트를 들으면서 '남편이 이런 짓을 했는데 어떻게 그런 남편과 아직도 함께 살 수 있지?'라고 생각한다는 것도 잘 알고 있죠. 나 역시 너무 걱정되고 부끄러웠습니다. 사람들이 나를 보고 '어머나, 그분 맞으시죠? 정말 괜찮으세요? 어떻게 그런 것들을 공개적으로 이야기할 수 있죠?'라고 말할까봐 두려웠죠." 대니엘은 말했습니다. 하지만 그녀는 용기를 내어 모든 것을 솔직하게 털어놓았습니다. 그러자 엄청난 비판 대신 "나는 당신에게 할 말이 있어요" "나는 이 일을 다른 사람에게 말한 적이 없는데요" "이런 이야기를 다뤄줘서 감사합니다" "여자친구와 얼마 전 데이트를 했는데 우리 둘 다 같은 팟캐스트를 듣고 있었고 그것에 대해 이야기를 나눴습니다. 감사합니다"와 같은 격려의 메시지가 그녀의 이메일에 넘쳐났습니다.

깊고 진정한 관계를 만들기

내 팟캐스트에 싱어송라이터이자 작가, 예술가인 어맨다 파머Amanda Palmer가 출연했습니다. 그녀는 엄청나게 성공한 앨범을 여러 장 냈지만 그녀가 진짜 유명한 이유는 자신의 팬들과 깊고 진정한 관계를 맺고 있다는 점 때문입니다. 그녀는 시간을 들여 팬들의 의견을 듣고 그것을 심사숙고하며, 그들의 개인적인 삶과 자신의 음악이 그들에게 미치는 영향에 대해 늘 관심을 갖습니다.

그녀는 팬들의 안부를 묻고 그들의 고통을 함께 공유하는 것을 두려워하지 않습니다. 그것은 공감을 위한 놀라운 실천이죠. 또한 그것은 초심으로 돌아가 '어떻게 하면 그들에게 더 많은 도움을 줄 수 있는 또 다른 음악, 예술 작품을 만들 수 있을까?'라고 스스로에게 계속 질문하도록 만듭니다. 그녀는 팬들과 매우 친밀한 관계이기 때문에 그들에게 도움을 요청하는 것을 두려워하지 않습니다. 그것을 증명하듯 그녀는 킥스타터에서 120만 달러를 모았고 크라우드 펀딩의 여왕으로 추앙받고 있죠.

그녀는 내게 팬들의 고민을 듣기 위해 자신이 추가로 한 일에 대해 말해주었습니다. 자신의 밴드인 드레스덴 돌스Dresden Dolls와 함께 공연을 다닐 때 공연이 끝난 후에도 팬들이 있는 곳이라면 어디든 무대를 만들어 팬들과 소통했다는 이야기였습니다.

"큰 무대에서 공연이 끝난 후 우리는 술집이나 클럽 앞 또는 가판대에 무대를 차렸습니다. 우리는 이것을 '팬 사인회'라고 불렀는데 공연을 한 날이면 어김없이 이렇게 했습니다."

"이때 중요한 것은 사인이 아니죠. 물론 사인을 해줌으로써 사람들을 행복하게 만들어주지만 더 중요한 것은 그들과의 교류입니다. 5명이든 500명이든 사인회는 계속 진행되었고, 사람들은 우리에게 우리의 노래가 그들에게 왜 중요한지 그리고 그것이 그들에게 어떤 영향을 끼쳤는지와 같은 그들만의 이야기를 들려주었습니다. 잡지 〈롤링스톤〉에서 리뷰를 읽는 것보다, 이것이 우리에게는 훨씬 더 좋은 피드백이죠."

그녀는 이렇게 덧붙였습니다. "그것은 정말 대단한 일이었어요. 우리는 중요한 사람들로부터 우리의 음악과 메시지의 영향력에 대해 실시간으로 많은 피드백을 받았습니다. 우리 공연에 온 수천 명의 사람들이 잡지 〈롤링스톤〉과 〈스핀〉의 록 비평가들보다 더 가치 있었습니다. '나에게는 이게 중요했어요. 이것 때문에 맘이 뭉클했죠. 나는 특히 이 부분이 좋았어요'와 같은 음악과 그들의 감정적인 연관성을 부인할 수는 없죠. 나는 그들이 남겨준 피드백을 새로운 곡을 쓰기 위해 피아노 앞에 앉을 때마다 펼쳐봤어요."

꿈을 위한 북마크

- 당신의 부족을 구축하는 것이 곧 취미를 사업으로 바꾸는 것입니다. 부족을 찾아 그들에게 서비스를 제공하세요.
- 적극적인 공감은 중요한 사업 전략입니다.
- 당신이 하고 있는 일에 대해 2,000명의 사람들이 관심을 갖도록 만드는 것보다 200명의 사람들에게 서비스를 제공하려고 노력하는 것이 더 좋습니다.
- 인터넷을 통해 전 세계에 부족을 구축하는 것이 가능합니다.
- 부족에 대한 지원을 아끼지 마세요.
- 소셜미디어에서 진정하고 솔직한 모습으로 진실한 관계를 구축하세요.
- 당신의 참여는 여왕의 행차와도 같습니다. 부족에게 당신이 진심으로 그들을 아낀다는 것을 보여주세요.
- 사람들에게 구매를 요청하기 전에 당신이 그들에게 가치 있는 것을 제공해줄 수 있다는 것을 증명해야 합니다.

직장에 연연하지 않기

당신의 부족을 만들고 키우세요

브레인스토밍하세요. 당신의 부족을 만들기 위한 8가지 방법을 공유합니다. 8가지 방법을 읽어보며 당신의 부족을 찾고 그들과 관계를 맺기 위해 당신이 해야 할 일을 단계별로 기록해보세요.

1. 부족의 핵심 구성원을 머릿속에 그려보세요. 주거지, 나이, 직업, 함께 사는 사람, 가장 이루고 싶은 꿈과 가장 큰 두려움 등과 같은 것을 떠올려보세요.

2. 당신의 부족이 당신에게 원하는 것이 무엇인지 명확히 파악하세요. 당신은 어떤 서비스를 제공하나요?

3. 이미 존재하는 부족을 찾으세요. 어디서 찾으면 좋을까요? 페이스북 그룹, 레딧, 인스타그램 해시태그, 카페, 극장 등등 그곳에 가서 놀고 대화하며 사라진 퍼즐 조각을 찾아보세요.

4. 이메일 리스트를 만들어보세요. 소중한 개인정보 및 연락처를 받기 위해 무료 옵션, 요약자료, 웨비나 또는 과제를 만드세요. 당신의 제품이나 서비스에 계속 가치를 부여해 그것을 구매할 시기가 되었을 때 그들이 생각 없이 바로 구매하도록 만드세요.

5. 소셜미디어를 마음껏 즐기고 활용하세요. 사실적인 것을 있는 그대

로 용감하게 공유하도록 노력하세요.

6. 당신 인생에서 가장 중요한 9~12개 정도의 카테고리를 정하세요. 그 카테고리를 중심으로 콘텐츠를 구축해보세요.

7. 꾸준히 글을 올릴 수 있도록 일정을 정하세요. 팔로워에게 콘텐츠를 소비하는 습관을 만들어주세요.

8. 하루에 20~30분씩 당신의 커뮤니티 사람들과 소통하세요. 그들의 질문에 답하고, 대화를 시작하고, 그들의 가장 큰 고충을 당신이 어떻게 해결할 수 있는지 물어보세요.

영향력을
확장
시키세요

"어린 나이에 기업가가 되는 것은
현대 역사를 통틀어 가장 성공한 사람들의 특징 중
하나라는 것을 기억하라." _잭 캔필드

나눔과 네트워킹은 사업을 구축하는
데 있어 필수적인 요소입니다. 사업은 당신의 서비스와 상품을 사람
들이 이용할 수 있도록 하는 것입니다. 생계를 유지하려면 기꺼이
쉬지 않고 나눔을 시도해야 합니다. 나눔 활동은 제품이 준비되기
전에 시작하는 것이 가장 좋습니다. 홈페이지가 말끔히 단장되거나
판매가 잘 될 때까지 기다리지 마세요.

나는 팟캐스트를 몇 번 방송하지는 않았지만 스타벅스 창업자인
하워드 슐츠에게 내가 진행하는 팟캐스트에 초대 손님으로 나와 달
라고 부탁하면 안 되는 이유가 궁금합니다. 청취자들을 위해 꾸준히
콘텐츠를 제작하고 제공하는 것은 내 책임입니다. 협업할 가치가 있
는 서비스를 만드는 것도 내 책임이고요. 내 분야에서 가장 뛰어난
사람에게 연락하여 당신이 왜 시간을 내서 내 청취자들과 만나야 하

는지 설명하는 것도 내 책임입니다. 그리고 그것은 당신의 책임이기도 합니다.

제품이나 서비스를 구축하는 과정에 있어 최종 구매자와 목표 구매자라는 두 집단을 염두에 두는 것은 매우 중요합니다. 최종 구매자는 일상생활에서 당신의 제품과 서비스를 누릴 사람입니다. 유기농 이유식을 실제로 먹을 아기, 명상 앱을 들을 여성, 사랑스러운 머그잔에 커피를 즐겨 마시는 직원, 생산성 소프트웨어를 사용하고 평가할 임원이 바로 최종 구매자입니다. 제품 또는 서비스를 실제로 사용하고, 먹고, 듣고, 읽고, 참여하게 될 사람은 개인인 것이죠.

목표 구매자는 최종 구매자가 당신의 제품이나 서비스를 이용할 수 있도록 그것을 구매할 사람입니다. 수제 도넛을 파는 사람의 목표 구매자는 커피 전문점 사장이고, 직원들을 위해 탕비실에 구비할 과자를 사는 사람은 기업가이며, 광고에 넣을 노래를 사는 사람은 음악감독입니다. 목표 구매자는 최종 구매자에게 당신의 제품 또는 서비스를 판매하거나 제공하는 문지기와 같습니다.

당신이 아동 도서 작가이자 삽화가라면 당신의 책을 읽는 아이가 최종 구매자이지만 아동 도서 블로거, 서점 주인, 도매상 마케팅 관리자는 목표 구매자입니다. 커플을 위한 유기농 요리법을 가르친다면 연인이나 부부가 최종 구매자이지만 요가 교실 운영자, 체육관 매니저, 달리기 용품점 사장 등이 목표 구매자가 될 수 있습니다. 목표 구매자들은 건강한 커플들이 자주 방문하는 장소를 이미 운영하고 있고 건강한 커플은 당신의 유기농 요리 수업을 들을 의향이 높습니다. 엣시에서 청첩장 만드는 사업을 한다면 신랑, 신부는 최종 구매자이지만 웨딩 플래너, 연회음식 업체 이사, 호텔 연회장 판매 매니저 등이 목표 구매자입니다. 만약 〈왕좌의 게임Game of Thrones〉에 대해 연구하고 글을 쓴다면 왕좌의 게임 시청자들이 최종 구매자이고 블로거들과 왕좌의 게임 온라인 상점의 점주가 목표 구매자입니다.

당신의 목표 구매자가 누구인지는 아주 구체적으로 정의할 수 있습니다. 그러나 때때로 당신이 처음 접하는 분야는 그 내부에서 발생하고 있는 일을 개념화하는 것이 어려울 수도 있습니다. 당신은 대중에게 전달되는 것을 결정하는 의사결정자를 찾아야 합니다.

포트폴리오나 팔로워 수를 보면서 스스로 자신을 깎아내리는 것이 얼마나 쉬운 일인지 나는 잘 알고 있습니다. 용기를 잃지 않고 계속 힘을 내는 것은 활동을 지속적으로 할 수 있게 도와줍니다.

"용기를 내는 것은 힘든 일입니다. 당신이 생각해낼 수 있는 수많은 변명이 있습니다. 하지만 목표를 성취하고 싶은 욕구만큼 당신에게 용기를 주는 것은 없을 거예요. 목표를 달성하려는 노력은 하나도 하지 않으면서 그 목표를 매년 해야 할 일 목록에 넣고 싶으세요? 아니면 최소한 그것을 달성하려는 흉내라도 내보고 싶으신가요? 당신이 진심으로 목표를 달성하길 원한다면 용기가 생길 것입니다"라고 조이 조는 말합니다.

나눔에 대한 인식을 바꾸세요

사람들은 나눔은 불편하고 불쾌하다는 잘못된 인식을 가지고 있습니다. 당신 스스로 나눔이 불편한 것이라고 생각한다면 불편한 순간들을 극복하기 어렵습니다. 예를 들어, 당신이 심혈을 기울여 투자한 프로젝트를 그것과 전혀 관계없는 사람들과 공유하는 것이 엄청난 위험으로 느껴질 수 있고, 당신이 존경하고 추앙하는 사람들에게 다가가는 것을 무서운 일로 여기거나, 가치를 더해줄 수 있는 사람들에게 연락해 도움을 요청하는 것이 부담스러울 수도 있습니다.

우리는 이런 불편함을 참아내고 불편함에 대한 인식을 전적으로 전환해야 합니다. 도움을 요청하는 것보다 가치를 제공하는 것이 훨씬 더 강력합니다. 두 사람이 서로 기여하는 것이야 말로 생산적인 관계가 실제로 작동하는 방식입니다. 당신이 존경하는 사람에게 보답을 바라지 않고 베풀 수 있는 기회로 나눔을 재정립하세요. 당신은 영업사원이 아니라 친구이자 공동제작자입니다.

우리 모두 사업은 부정적이고 판매는 설득에 관한 것이라는 사고 방식을 극복하면 좋겠습니다. 아무런 보상 없이 사람들의 소중한 자원을 고갈시키는 것은 우리의 임무도 우리가 해야 할 일도 아닙니다. 우리는 우리보다 앞서 걸어간 사람들에게 적극적인 공감, 연민, 봉사를 표현하고 있습니다. 또한 무엇보다도 가치를 제공하고 신뢰를 구축하고 있습니다. 구매를 권유하는 것은 우리가 일하는 방식이 아닙니다.

대부분의 사람들은 구매를 권유당하는 것은 불편해하지만 자신이 좋아하는 서비스나 제품에 투자하는 것은 좋아합니다. 우리는 서비스나 제품을 매력적으로 만들어 상호작용에 있어 대변혁을 일으킬 수 있습니다. 말도 안 되는 소리들은 가볍게 무시하세요.

내가 작곡한 음악의 저작권에 대해 고민하기 시작했을 때 나는 음악감독과 방송 PD들의 목록을 폭넓게 작성했습니다. 그다음 어떻게 하면 그들과 연결될 수 있고 내 작품이 돋보일 수 있는지 스스로에게 질문해보았습니다. 나는 이 사람들이 하루에 수백 통의 이메일을 받고 있고, 나를 콕 집어 도와주려는 생각이 전혀 없다는 사실을 깨달았습니다. 그들은 바쁘게 돌아가는 직장이 있었고, 퇴근 후에는 돌봐야 할 부모님이 있으며, 때론 친구와의 축하 만찬이 있었습니다.

나는 그들에게 상당히 개인적이면서 직접적인 이메일을 보내기 시작했습니다. "안녕하세요. 앨범 계약을 하나 마무리했는데 당신 이야기를 진짜 많이 들었고 당신이 하는 일이 맘에 들어요. 당신이 운전 중에 어떤 음악을 듣는지 나에게 알려줄 수 있을까요?" 여전히 답장은 없었고 나는 내 질문이 그들에게 아무런 가치가 없는 것임을 깨달았습니다.

그 후 나는 기타를 연주하는 소녀의 사진, 더하기 표시, 한잔의 카페라떼 사진으로 구성된 '모카와 음악Mochas & Music'이라는 제목의 간단한 PDF 자료를 만들었습니다. 그 자료에는 다음과 같은 3단계의 설명이 있었습니다. "1단계: 당신이 가장 좋아하는 스타벅스 커피를 알려주세요. 2단계: 무슨 요일, 몇 시에 커피를 마시고 싶은지 알려주세요. 3단계: 당신을 행복하고 기분 좋게 만들어드리고 약간의 음악도 함께 들려드릴게요." 그게 다였죠.

이런 메일을 60명에게 보냈는데 일부는 "고맙지만 사양할게요"라고 했고 일부는 답이 없었습니다. 하지만 60명 중 26명은 "좋은데요, 커피 가져다주세요"라고 응답했습니다. 믿을 수 없었죠.

그들을 정말로 만날 수 있을 거라고는 생각하지 못했습니다. 그렇게 나는 그들이 주문한 커피와 CD 한 장을 가지고 그들의 사무실을 방문했습니다. 그들이 자신을 소개하며 자리를 안내한 뒤 나에게 말을 걸어주었을 때는 정말 놀랐습니다. 덕분에 나는 그들의 삶, 일 그리고 관심사에 대해 물어보며 그들과 대화를 시작할 수 있었죠.

사람들은 말을 하고 싶어 했고 나는 그들이 왜 음악 사업에 뛰어들었는지, 그들이 어떤 음악을 좋아하는지 진심으로 궁금했습니다. 우리는 삶, 가족, 휴가 그리고 이혼에 대해 이야기했습니다. 거의 모든 대화들이 일이 아니라 놀이처럼 느껴졌습니다. 그해에 나는 26개의 방송에 26개의 곡을 취입할 수 있었습니다.

스타트업을 위한 성과 코치이자 《나는 퇴근 후 사장이 된다What If It DOES Work Out?》의 저자인 수지 무어Susie Moore는 봉사를 통해 가치를 제공하는 접근 방식을 가지고 있습니다. 자신감과 성장에 대한 자신의 전문성을 공유하기 위해 수지는 마리 클레어Marie Claire, 오프라닷컴Oprah.com, 비즈니스 인사이더Business Insider 등을 포함한 500개 이상의 매체에 자신의 생각을 기고했습니다.

"나는 단지 '어떻게 하면 이 일을 쉽게 할 수 있을까' 생각했어요. 미디어 전문가에게는 콘텐츠가 필요합니다. 콘텐츠는 편집자와 프로듀서가 일을 계속하기 위해 꼭 필요한 것이기 때문에 내가 그 사람들에게 호의를 베풀고 있다고 생각하죠. 또한 나는 내가 진실이라고 생각하는 것을 만들고 내 이야기와 경험을 공유합니다. 단지 콘텐츠를 제공했을 뿐인데 예상하지 못한 일들이 정말 많이 발생하죠. 콘텐츠는 나눔을 계속하게 만드는 매력적인 선물입니다."

우리는 자신이 받을 수 있는 것이 무엇이고 자신이 어떻게 보일지보다는 다른 사람들을 위해 어떻게 봉사하고 가치를 창조할 수 있는지 스스로에게 질문해보아야 합니다.

진정성을 가지고 어떻게 하면 모든 대화에 더 마음을 쓸 수 있을지 스스로에게 물어보는 것을 통해 봉사 활동을 시작하세요. 네트워킹은 알고리즘이 아닌 인간적인 연결이고, 우리는 궁극적으로 자신이 신경 쓰거나 자신과 잘 맞다고 느끼는 사람을 돕고 싶어 합니다.

인상적인 사람이 되고 싶다면

바네사 반 에드워즈Vanessa Van Edwards는 스스로를 불편함에서 회복 중인 사람이라고 하지만, 사실 그녀는 그 이상으로 대단한 사람입니다. 그녀는 인간 행동 탐구가이자 인간 행동의 특성을 연구하기 위해 여러 가지 독창적인 실험을 진행하는 인간 행동 연구실인 '인간의 과학Science of People' 설립자입니다. 또한 베스트셀러이자 직장, 가정 또는 여러 사회적 상황에서 발생하는 상호작용 시스템을 연구하고 탐구하는 책인 《캣치: 마음을 훔치는 기술Captivate》'의 저자이기도 합니다.

그녀는 방에 들어가는 방법에 대해 우리 모두가 가지고 있는 생각을 이야기합니다. 카리스마 있게 보이거나 좋은 첫인상을 심어주고자 할 때, 우리가 일반적으로 생각하는 카리스마의 한 종류는 멋지고 외향적인 사람입니다. 우리는 열정적인 모습으로 방에 걸어 들어가는 누군가를 생각합니다. 그들은 명랑하고 멋진 이야기를 하며 농담도 잘합니다. 물론 이것도 좋습니다. 하지만 카리스마에는 여러 종류가 있습니다.

사회적 상황에 대해 우리가 고려하는 가장 중요한 질문은 자신이 생각하는 카리스마의 특징을 정의하는 것입니다. 자신이 생각하는 카리스마가 명랑하면서 외향적인 사람일 수도 있고, 강력한 관찰자이거나 조용한 중간자일 수도 있습니다. "나는 사람들에게 현재 자신이 다른 사람들에게 주고 있는 첫인상을 생각해보고 그것을 묘사할 단어를 하나 골라달라고 부탁합니다. 사람들이 당신을 처음 만났을 때 당신을 어떻게 생각하나요? 나는 사람들이 거짓된 첫인상을 만드는 것을 원치 않기 때문에 나에게 있어 이건 정말 중요한 질문입니다. 먼저 당신이 자신의 진정한 존재감과 카리스마가 무엇인지 파악한 다음 그것을 연마하는 것이 좋다고 생각해요."

바네사 역시 처음에는 사람들에게 어떻게 강한 인상을 줄지 고민하면서 행사나 파티에 참석하곤 했습니다. 이것이 다른 사람들의 존경을 받는 길이라고 생각하면서 미리 외워둔 농담을 말하거나 유명인들과의 친분을 과시하기도 했죠. 그 당시 그녀는 필사적이었지만 그녀의 생각대로 일이 풀리지 않고 오히려 역효과만 났습니다. 그런 과정을 거친 후에 진정한 돌파구를 찾은 것이죠.

　"인상적인 사람이 된다는 것이 내가 다른 사람들에게 깊은 인상을 심어주는 것은 아니라는 것을 깨달았어요. 인상적인 사람이 되는 것은 사실은 다른 사람들이 당신에게 깊은 인상을 줄 기회를 주는 것이죠. 나는 많은 청중 앞에서 누군가를 소개하는 상황을 상상합니다. 그를 소개하기 전에 청중에게 할 수 있는 그에 대한 멋진 이야기나 칭찬이 뭐가 있을까 생각하죠. 당신이라면 어떤 사람을 소개하기 전에 소개받는 사람에게 해주고 싶은 이야기 등을 알기 위해 그에게 어떤 질문을 하고 싶은가요? 그런 질문들이 실제로 그 사람을 정말 돋보이게 만듭니다. 누군가를 특별한 존재로 만들어주는 것은 축하의 의미이기도 합니다."

　누구나 인정받고 주목받는 것을 원하기 때문에 다른 사람들에게 기회를 줌으로써 당신도 인상적인 사람이 됩니다. 그것은 정신건강에도 좋습니다. 내가 다른 누군가에 대해 주의를 더 기울이게 되면 다른 사람들이 나를 어떻게 생각하는지 훨씬 더 적게 신경 쓰게 되고, 그런 부담감에서 벗어나 다른 사람의 업적과 성과를 축하해줄 수 있습니다. 이것은 불안과 싸우는 가장 좋은 방법이기도 합니다.

네트워크를 구축하는 7단계

1. 목마르기 전에 우물 파기

"생산적인 네트워킹의 가장 중요한 개념은 그 대가로 무언가를 요구하기 훨씬 전에 관계를 구축하는 것입니다." 조던 하빙거는 팟캐스트에서 이렇게 말했습니다.

먼저 기존의 인맥과 네트워크를 더욱 공고히 하는 것에서부터 시작해야 하죠. 기존의 인맥에서 시작하면 낯선 사람에게 전화로 물건을 파는 것처럼 스트레스를 받지 않아도 되기 때문에 당신은 거리낌 없이 인맥을 다질 수 있습니다. 당신은 단지 무언가를 요구하기 위해 누군가와 연락하는 어색한 느낌을 피하고자 미리 우물을 파기 시작하는 것입니다. 오랜 친구가 당신의 부탁을 거절하면 경보음이 즉시 울립니다. 목이 마른데 우물이 없는 것은 매우 위험한 상황이죠.

조던은 목이 마르기 전에 우물을 파는 것을 당장 시작할 수 있는 실천 방안을 만들었습니다. 당신이 오늘 당장 직장을 잃는다고 상상해보세요. 당신이 조언을 구할 10명 혹은 20명의 사람은 누구입니까? 그들에게 진심으로 다가가 인맥 구축을 시작하세요.

그것은 이메일이나 문자메시지를 보내는 것처럼 간단할 수 있습니다. "안녕, 클라크. 요즘 어떻게 지내? 안 본지 너무 오래 되었네. 나는 지금 내 인생에서 중요한 사람들과 연락을 주고받기 위해 노력하고 있어." 급하게 답변을 주지 않아도 된다는 것을 알려주기 위해 마지막에 "서둘러 답변주지 않아도 돼"라고 씁니다. 정반대의 의미이지만 실제로는 이것 때문에 답변을 받을 확률이 더 높아지죠.

2. 목표 구매자 파악하기

당신의 연락처에 있는 모든 사람이 당신이 서비스를 제공하고자 하는 이상적인 파트너 또는 출판업자와 직접 연결되는 인맥을 보유하고 있는 것은 아닙니다. 당신은 결국 자신이 잘 알지 못하는 사람들에게 다가가야 할 것입니다. 먼저 당신이 생각하는 이상적인 파트너가 누구인지 결정한 다음 어떻게 그들에게 연락을 취할 것인지 생각해보세요.

나는 노래를 만들고 시장을 관찰하면서 음악 저작권 분야에서 경력을 쌓기 시작했습니다. 내 음악을 판매할 수 있는 방법을 찾아냈다는 사실에 전율을 느꼈지만 결국 중요한 질문에 이르렀습니다. '내 음악을 실제로 광고와 TV에서 사용하는 사람은 누구일까?'

나는 구글을 통해 누가 광고대행사에서 일하는지, 광고 음악을 선정하는 책임자가 누구인지 검색했습니다. 보통 음악감독과 방송 PD가 보통 그 일을 한다는 것을 알아냈고 IMDb를 뒤져서 내가 찾을 수 있는 한 많은 관계자들의 이름을 확보했습니다. 그리고 트위터, 링크드인, 몇 통의 익명 전화를 통해 그들의 이메일이나 전화번호를 알아냈습니다.

요즘에도 팟캐스트 방송을 하면서 이와 동일한 도전을 수행하곤 합니다. 종종 연락처를 공개적으로 공유하지 않는 사람과 인터뷰를 하고 싶은 경우 그들의 홍보 담당자나 대리인, 출판사를 찾기 시작하는 것이죠. 이와 같은 정보는 대부분 클릭 몇 번으로 검색할 수 있습니다. 최종 구매자와 이미 관계를 맺고 있는 파트너 중 당신과 잘 맞는 사람은 누구입니까?

당신의 부업이 시애틀에서 가장 맛있는 비건 컵케이크를 구워 파는 것이라고 가정해봅시다. 당신은 비건 케이크를 친구, 자선모금 행사, 농산물 시장에서 판매할 수 있습니다. 그곳에서 당신의 컵케이크를 사는 사람들은 빵집이나 유기농 상품 가게 역시 방문할 것입니다. 당신의 특별한 제품을 판매하기 위해 완벽하게 설계된 플랫폼을 이미 구축해놓은 사람들과 접촉하세요.

이와 같은 활동은 마케팅에서도 차이를 만듭니다. 바비 브라운이 내 팟캐스트에 출연한 후 나는 그녀가 에머슨 대학교를 졸업했다는 사실을 알게 되었습니다. 나는 에머슨 대학교 동창회에 전화를 걸어 내 팟캐스트에 대해 설명한 후 팟캐스트 청취자들이 에머슨 대학교의 한 졸업생이 성공적으로 달성한 것들에 대해 정말로 재미있게 배웠다고 알려주었습니다. 그들은 내 팟캐스트와 바비 브라운의 인터뷰 내용을 알려준 것에 대해 깊이 감사해했고, 전국 에머슨 대학교 동창생들에게 배포되는 뉴스레터에 그 내용을 공유했습니다.

당신의 제품을 구매할 모든 사람에게 연락할 필요는 없습니다. 당신은 당신의 제품을 구매할 사람들이 이미 이용하고 있는 장소 및 플랫폼과 파트너십을 구축하여 가치를 제공할 수 있습니다.

나눔에는 헌신이 따릅니다. 좋은 성과를 거두지 못했을 때 갖가지 질문과 절망감을 쏟아내는 사람들을 보면 너무 답답합니다. 진정한 변화를 위해서는 10개의 문을 열 필요가 있다는 사실을 인지하며 200개의 문을 두드려야 합니다.

코미디언 웨인 페더맨Wayne Federman은 일을 시작했을 때 SAGScreen Actor Guild(영화배우조합) 소속이 아니었기 때문에 에이전트 회사와 계약을 체결하는 데 있어 어려움을 겪었습니다. 그는 개인 에이전트를 구하기가 더 쉽다는 얘기를 듣고 자신의 상황에 부합하는 에이전트와 계약하는 것을 목표로 삼았습니다. 공연을 하면서 매달 두세 번씩 그가 생각하는 이상적인 에이전트들에게 엽서를 보내기 시작했죠. 그는 어디서 공연을 하던지 '이봐, 난 몬태나 주 버트에 있어!'와 같은 재미있는 메시지를 보냈습니다. 멋진 글귀나 재미있는 이야기를 직접 써서 보내곤 했죠. 엽서를 쓰는 것은 그의 재능을 보여줄 수 있는 최상의 방법이었습니다. 마침내 '더 그Doug'라는 이름의 에이전트가 그를 위해 업무를 맡기로 했고, 더 그는 지금도 웨인의 에이전트입니다.

웨인이 에이전트를 구하는 데 얼마나 오랜 시간이 걸렸을까요? 자그마치 1년 반입니다. 나는 평생 예의 바른 집념을 신뢰해왔습니다. 사람들이 내 팟캐스트 출연에 동의하기 전에 나는 그들에게 팟캐스트에 출연해달라고 여러 차례 연락했습니다. 엄청나게 연락했지만 아직도 마음의 문을 열지 않는 사람도 많죠. 그럼에도 예의 바른 집념은 잘만 활용하면 모든 일을 잘 풀리게 만드는 방법입니다.

그러나 집념과 괴롭힘 사이에는 미묘한 차이가 있습니다. 블랙리스트에 오르면서까지 문을 쾅쾅 두드리고 싶지는 않습니다. 방법이 효과가 없다고 생각되면 방법을 다시 재평가하면 됩니다. 거절을 절대로 개인적인 것으로 받아들이면 안 됩니다. '아니요'라는 답변을 들을 때마다 매번 자기 자신을 탓하기에는 고려해야 할 요소가 너무 많기 때문이죠.

3. 고객의 요구 사항 파악하기

가치를 활용해 주도권을 잡아야 합니다. 자연 경관 사진이든 컴퓨터 소프트웨어든 상관없이 목표 구매자의 요구에 부합하는 것을 제공해야 하는 것이죠.

나는 음악 저작권 산업에 발을 들여놓기 전에 큰 그림을 먼저 그렸습니다. 목표 구매자인 문지기는 광고나 TV에 내 노래를 삽입할 것인지 결정하는 음악감독이 될 것이라고 생각했습니다. 나는 '어떻게 하면 음악감독들의 요구에 공감하고 그들이 원하는 것을 제공할 수 있을까?' 스스로에게 질문했습니다. 그들의 과거와 현재 작품을 연구하고 그들이 선택한 주제, 가사, 이야기에 일정한 패턴이 있는지 찾아보았죠. 또한 어떤 것이 그들에게 잘 먹힐지 어느 정도 파악한 다음, 그들이 사용할 만한 것을 만들겠다는 명확한 의도를 가지고 녹음실로 향했습니다. 음악감독은 대부분 노래가 자신들의 취향에 맞게 작곡되었는지에 주목했습니다. 나는 그들의 의도에 맞추기 위해 주의를 기울였고 그 결과 돈을 벌었습니다. 관찰과 조사는 판매하는 과정에 있어 필수적인 부분입니다.

"당신 스타일이 당신의 제품을 구매하는 사람들의 요구에 부합한다는 것을 알게 되는 마법의 균형이 있습니다"라고 조이 조는 말합니다. "브랜드를 조사하고, 그들이 무엇을 하는지 과거에는 무엇을 했는지, 당신의 제품이 잘 팔릴 곳이 어디인지 확인해야 합니다. 나 자신에게 적합한 곳이 어디인지를 아는 것이 최우선 목표입니다."

조이는 고객별로 최적화할 수 있는 표준 소개서 만들기를 권장합니다. 표준 소개서에는 브랜드 소개, 연혁, 소셜미디어 계정 및 통계자료 등이 포함되어 있습니다. 당신이 하는 일, 당신 자신에 대한 정보, 당신이 이제까지 성취한 일들에 대한 정보를 구매자에게 제공하세요. 그리고 다음 단계에서는 그 내용을 당신과 지금 이야기 중인 고객에 맞도록 구체적으로 최적화시킵니다.

"당신은 첫 번째 이메일에서 당신의 아이디어와 모든 작업을 알려주고 싶지는 않을 것입니다. 첫 번째 이메일은 당신이 할 수 있는 일이나 이제까지 해왔던 일을 간략하게 보여주는 정도의 역할입니다. 다른 회사와 유사한 방식으로 일한 경험이 있으면 그것을 보여주면 됩니다. 다른 회사와 일한 경험이 없어도 괜찮지만 다른 예를 통해 그들의 이해를 돕는 것이 좋습니다. 고객 입장에서는 당신이 그 일을 할 수 있는지가 궁금하기 때문이죠"라고 조이는 말합니다.

때로는 '예'라는 긍정의 대답을, 어떤 때는 '아니요'라는 거절의 답을 받지만 모든 거절은 교훈이지 실패가 아닙니다. 피드백을 요청한 후 그것을 실행에 옮기십시오. 수지 무어가 말했듯이 "실패와 성공은 같은 길이며 심지어 정확하게 같은 길입니다. 성공은 그 길의 저 끝에 있을 뿐입니다."

더그 버튼Doug Bouton은 피드백을 활용하여 많은 사람들에게 사랑받는 부티크 아이스크림 브랜드 '할로 탑Halo Top'을 창업한 창의적인 기업가입니다. 소비자들은 더 건강한 디저트를 표방한 더그와 그의 사업 파트너인 저스틴 울버튼Justin Woolverton의 첫 번째 제품을 좋아했습니다.

더그와 저스틴은 소비자의 반향을 불러일으킬 또 다른 아이스크림을 개발하기 전까지는 자신들의 첫 번째 제품에 집중했고 그런 다음 더 큰 소매상들로 판매 범위를 확대하는 것을 고려했습니다. 그들의 사업 향방을 좌지우지할 수 있었던 한 구매자는 그들에게 아이스크림이 현재 잘 팔리고는 있지만 새로운 맛의 아이스크림이 출시되면 더 좋을 것 같다고 말했습니다. 더그와 저스틴은 새로운 맛의 아이스크림에 대해 생각해본 적은 별로 없었지만 자신 있게 10개의 새로운 맛 아이스크림을 개발 중이라고 답했죠. 그들은 그 구매자가 원하는 것이 무엇이든 만들 준비가 되어 있었습니다. 그 구매자는 불과 4개월 만에 모든 지점에 10가지 새로운 맛의 아이스크림을 공급해야 하는 숙제를 그들에게 남겼습니다. 더그와 저스틴은 열정적으로 새로운 맛을 개발하고 시험하여 10개의 신제품을 기한 내에 출시하는 데 성공했죠. 오늘날 할로 탑은 맛의 다양성과 독창성으로 큰 사랑을 받고 있습니다.

4. 대화로 시작하기

나는 폭스Fox, NBC 그리고 많은 광고대행사 임원들에게 음악과 함께 수십 통의 이메일을 보냈습니다. 가령 내 이메일은 이런 식이었습니다.

"안녕하세요, 올리비아. 내 이름은 캐시입니다. 나는 세 아이의 엄마이고, 아이들의 머리를 땋아주고 있지 않거나 〈겨울왕국〉을 보고 있지 않을 때는 음악을 작곡합니다. 당신 트위터를 봤는데 빨간 감초 사탕 이야기가 너무 좋아서 이렇게 연락하게 되었습니다. 당신은 내가 가장 좋아하는 방송 프로그램 중 하나에서도 일하고 있어요. 당신 덕분에 내가 좋아하는 빨간 감초 사탕도 찾았고 당신의 프로그램에 출연하기 전에는 아예 몰랐던 3명의 예술가도 발견했습니다. 여기 내가 만든 음악의 링크를 첨부합니다. 그 음악이 당신 맘에 들었으면 합니다. 음악을 들어보고 나에게 연락을 주신다면 나는 아마 신이 나서 펄쩍펄쩍 뛸 거예요. 시간을 내주셔서 정말 감사합니다."

이메일 내용 중 내 음악에 대한 이야기는 10퍼센트 정도에 불과하고 나머지 90퍼센트는 이메일을 받는 사람의 개인적인 주제에 대한 내용입니다. 수신자 입장에서 보도자료를 받는 것보다 이런 이메일을 받는 것이 훨씬 낫지 않을까요?

당신은 고객의 요구를 충족시키기 위해 조사한 뒤 정교하게 제품을 만들어야 합니다. 그래야만 당신의 고객들은 "이것이 바로 내가 찾고 있던 것입니다"라고 쉽게 말할 수 있죠. 당신이 품위 있고 매력적으로 행동하는 것도 중요하지만 제품 또한 그 자체로 말을 한다는 사실을 기억하세요. 그래서 멋진 제품을 만들어야 합니다. 나는 올리비아에게 어떤 곡을 보낼지에 대해 사전에 다각도로 고민했습니다. 다시 말해 나는 그녀의 고민을 해결해줄 음악을 보냈습니다. 이 매력적인 이메일은 첨부된 음악을 클릭할 동기를 부여했고 가치 있는 무언가를 찾는다는 기대감을 주었습니다.

이런 과정이 효과가 있다는 것을 내가 어떻게 알았을까요? 내 이메일을 받은 사람 10명 중 9명은 적어도 "오, 나 빨간 감초 사탕 정말 좋아해요"와 같은 답을 했습니다. 관계를 구축할 때 필수적이라고 할 수 있는 대화가 이메일을 통해 시작된 것이죠. 지속적인 우정을 위해서는 기본으로 돌아가야 합니다. 처음에 당신의 인간적인 부분으로 주도권을 잡고 그 다음에는 가치를 창출할 수 있는 제품이나 서비스를 제공해야 합니다. 내 의도가 진심이라는 것을 알고 있었기에 이 모든 과정을 시행할 때 두려움이 조금은 덜했습니다.

팟캐스트 청취자인 노엘리^{Noeli}가 그녀에게 일어난 삶의 변화와 그녀가 헌신하게 된 일을 우리에게 알려왔습니다. 페이스북 메시지 때문에 그녀의 인생은 완전히 바뀌었죠.

"내가 물리치료를 배우는 학교를 그만두고 서커스 공연자가 되기 위해 서커스 학교에서 연습생으로 집중 훈련을 하고 있을 때 팟캐스트 〈직장에 연연하지 마세요〉를 듣기 시작했습니다. 매일 팟캐스트를 들었고 그것은 나의 사고방식을 바꾸고 내가 가능하다고 믿는 것을 확장하는 데 도움을 주었어요. 어렸을 때부터 서커스를 시작한 것도 아니었고 서커스에 타고난 재능도 없어서 많은 사람들이 내가 프로 서커스단에 입단할 수 있을지 의심했죠. 팟캐스트를 들으면서 서커스와 관련해 공유할 만한 가치 있는 이야기를 내가 가지고 있고, 한계를 극복하고 그것을 나누는 것이 두렵지 않다는 것을 깨달았습니다."

"나는 몬트리올에서 가장 큰 서커스 회사들과 접촉하기 시작했어요. 한 섭외 이사가 나의 용기와 끈기에 깊은 인상을 받아 면접 기회를 준 것이죠. 이 회사에서는 전혀 전례가 없던 개인 오디션을 섭외 이사와 면접관들 앞에서 내가 보게 되었다는 것이 너무나도 자랑스러웠습니다."

"그렇게 나는 나의 우상이자 프로 서커스 회사의 창업자 중 한 명이며 서커스단에서 공연자 겸 감독으로 활동하고 있는 이를 만났습니다. 그녀는 극소수의 여성 단원 가운데 한 명이었습니다. 페이스북 메신저를 통해 그녀와 연락했는데(그녀와 난 페이스북 친구가 아닙니다) 그녀는 내가 보낸 메시지가 자신이 지금까지 받은 메시지 중 가장 감동적이었다고 말하더군요. 그녀는 새로운 공연을 준비하느라 바빴지만 나와 만나고 싶어 했습니다. 그녀와 만난 지 30분 만에 나는 그녀의 어시스턴트로 일하게 되었고, 그녀가 이끄는 서커스 가족의 일원이 되기 위해 그녀의 회사 서커스 공연자들과 함께 훈련할 예정입니다."

"나는 이 여정을 따라 몬트리올로 이사했고 더 이상 행복할 수 없을 만큼 행복합니다. 서커스계의 전설을 멘토로 삼아 전문가로서의 경력을 시작하게 된 것이 무척이나 경이롭습니다."

노엘리가 '나는 아직 준비되지 않았고 시작하기에 너무 늦었다'와 같은 거짓말을 스스로에게 반복했다면 지금과 같은 일은 절대 일어나지 않았을 것입니다.

5. 질문하기

일단 대화를 시작하면 당신이 누구를 위해 서비스를 제공하고 있는지, 그리고 정확히 어떤 불편한 점을 해결할 수 있는지 명확히 정의하는 데 도움을 주는 몇 가지 질문을 할 수 있습니다. 실생활에서 먼저 연습을 해본 다음 당신이 실제로 서비스를 제공할 사람들을 만나 대화를 나눠보는 것이 좋습니다.

목표 구매자에게 물어볼 수 있는 질문의 몇 가지 예시들을 소개합니다.

- [제품 또는 서비스]와 관련하여 원하는 것은 무엇입니까?
- [최종 구매자]의 구매 습관은 어떤 추세를 보이고 있습니까?
- [제품 또는 서비스]의 특징은 무엇입니까?

최종 구매자에게 물어볼 수 있는 질문의 몇 가지 예시들은 다음과 같습니다.

- [제품 또는 서비스]를 마지막으로 구매한 것이 언제입니까?
- 구매 만족도는 어떠세요?
- 어떤 점이 맘에 드셨나요?
- 개선해야 할 점이 있을까요?(이것은 아주 좋은 질문입니다)

이 단계는 시간이 걸릴 수 있지만 나는 성공적인 사업을 시작하는 데 있어 인내심이 크게 저평가되어 있다고 생각합니다. 너무 많은 사람들이 좋은 생각만 하면 된다고 생각하지만, 개선해야 할 점을 알려주는 정보나 자료가 있으면 좋은 생각은 위대한 생각으로 바뀝니다.

　또한 당신의 친구와 가족들에게 물어보는 것을 두려워해서는 안 됩니다. 자료를 수집하면 패턴이 보이고 그 시장에서 당신만이 유일하게 채워 넣을 수 있는 빈틈이 있다는 것을 알게 될 것입니다. 가장 먼저 해야 할 일은 당신의 창의력을 바탕으로 만든 당신의 제품으로 세상에 어떤 방식으로 기여할 수 있는지 확인하는 것입니다.

　그다음 모든 단계는 당신의 제품이나 서비스를 다른 사람이 실제로 구매하는지 확인하는 것입니다. 지금 바로 시간을 내어 당신이 만들고 있는 것을 다시 한 번 점검하고 비판적인 시선으로 꼼꼼히 살펴보십시오. 시장이 실제로 대가를 지불하는 것이 당신이 처음에 생각했던 비전과 맞지 않을 수도 있기 때문에 이와 관련된 몇 가지 어려운 결정이 필요할 수도 있습니다. 그러나 이 과정에 대해 거부감이 없고 이것을 잘 활용할 수 있다면, 당신은 실제로 시장이 필요로 하는 훨씬 더 확실한 제품이나 서비스를 제공할 수 있습니다.

　다른 사업주들의 75퍼센트가 소홀히 하고 있는 일을 당신이 하고 있다는 것을 기억하는 것도 중요합니다. 당신은 고객이 진정 원하는 것이 무엇인지 이해하고 당신이 제공하는 서비스를 통해 그 요구에 응답하는 시간을 갖고 있습니다. 그렇게 하는 것은 쉬운 일이 아니기 때문에 대부분의 사람들은 그것을 생략하고 건너뜁니다. 또한 대부분의 사람들은 자신들이 진정으로 하고 싶은 일을 하면서 돈을 벌고 있지 않지만 당신은 그렇게 하고 있습니다. 처음 시작할 때 이러한 노력은 장기적인 관점에서 시간과 에너지가 낭비되는 것을 막아주는 것은 물론 10배의 성과로 되돌아올 것입니다.

피드백을 검토하면서 스스로에게 다음과 같이 질문해보세요.

- 패턴이 있는가?
- 반드시 해야 하거나 보유해야 하는 것은 무엇인가?
- 최종 구매자 또는 목표 구매자와 관련이 없는 것은 무엇인가?

이것은 당신의 목적과 시장의 현실이 서로 잘 어울리도록 만드는 것입니다. 이 작업은 끊임없이 계속해야 합니다. 나는 제품과 서비스를 개선하기 위해 워크숍을 개최하고 사람들을 만나고 질문할 것이기 때문에 내가 제공하는 제품과 서비스를 원하는 고객이 반드시 있을 것이라고 확신합니다. 하지만 여기에는 노력이 수반되어야 합니다.

내 팟캐스트에 출연한 유명한 사람들 중에서도 출연 요청을 하면 12~20명 정도는 답을 하지 않거나 '아니요'라고 말합니다. 나는 앞서 언급한 준비 작업을 바탕으로 사람들이 관심을 가지는 제품을 만들었다고 확신하기 때문에 모든 것을 당연하게 받아들입니다. 나눔은 서비스나 정보를 사람들에게 전달하기 위한 노력입니다. 또한 나눔은 사람들이 기존에 이미 활동하던 곳에서 그들을 만나고, 그들이 원하는 것을 알아내고, 왜 당신이 그들을 위해 이것을 제공하는지에 대한 설득력 있는 사례를 만드는 것입니다. 사업은 당신이 돈을 벌 수 있는 무언가를 창조하는 것이고, 그 돈의 양은 나눔을 위한 당신의 노력에 비례할 것입니다.

현재 발전 중이면서 아직 미완성인 제품이나 서비스라도 그 자체로 가치가 있고 당신은 당연히 미완성작을 계속 개선해나갈 수 있습니다. 사실 그것이 바로 당신이 해야 하는 일입니다.

팟캐스트 청취자인 젠Jen은 앞서 말한 것을 어떻게 스스로 깨우쳤는지 우리에게 알려주었습니다. "나는 마침내 사업 아이디어를 검증하기 위해 목표 구매자에 속하는 사람들과 실제로 대화를 나눌 용기를 얻었습니다. 목표 구매자가 자신에게 당면한 과제를 어떻게 설명하는지 그리고 그들이 생각하는 이상적인 해결 방안은 무엇인지 알게 되었죠. 나는 그것을 토대로 그들의 요구를 충족시키는 제품을 만들 수 있었습니다. 그리고 가장 중요한 것은 시작할 때 모든 것을 다 알 필요가 전혀 없다는 것과 사람들이 아직 다듬어지지 않고 미완성인 제품에도 반응을 보이고, 진행 단계인 제품도 사람들에게 반향을 일으킬 수 있다는 것을 배웠다는 점입니다."

6. 피드백 관리하기

'예'는 당신이 올바른 방향으로 가고 있다는 증거입니다. '아니요'

는 당신의 제품이나 서비스를 개선할 수 있는 기회입니다. 나는 당신에게 '아니요'를 축하해야 한다고 거짓말을 하지는 않을 것입니다. 그러나 나는 내가 이야기를 나눠봤던 성공한 모든 사람이 한 행동을 당신에게 하라고 강력하게 권할 것입니다.

당신이 연락한 사람에게서 '아니요' 또는 '고맙지만 괜찮습니다'라는 말을 들으면 이렇게 대답하세요. "답변주셔서 감사합니다. 조언을 좀 부탁드려도 될까요? 받아보신 제안에서 어떤 점이 마음에 드셨는지 그리고 어떤 점을 개선해야 하는지 가르쳐주실 수 있을까요?"

물론 이렇게 하는 것은 굉장히 불편합니다. 마치 주방장이 사과파이가 다 떨어졌다고 말한 지 몇 초 지나지도 않았는데 다시 주방장에게 가서 사과파이에 대해 물어보는 것 같은 느낌이지요. 그러나 이러한 예의 바른 집념과 끈기는 정말 좋은 것을 얻기 위해 우리에게 필요한 새로운 근육입니다.

이러한 피드백을 받으면 거울 속의 당신 모습 또는 노트북에서 반사된 모습을 보며 자신에게 다음과 같은 질문을 할 수 있습니다.

– 이 피드백이 도움을 줄 의도로 제공되었는가?
– 이 피드백이 원래 내가 만든 제품이나 서비스와 잘 절충되는가?
– 이 피드백이 내가 받은 다른 피드백과 모순되는가?

건설적인 피드백들을 전부 종이에 적는 것이 중요합니다. 그래야 당신은 어떤 피드백을 선택할 것인지, 어떤 피드백이 일관성 있게 계속 반복되는지 그리고 어떤 피드백을 지금 바로 폐기할 것인지 명확하게 의도적으로 결정할 수 있습니다.

일관된 피드백은 첫 번째 조정이나 개선을 추진하는 원동력이기 때문에 계속 반복되는 피드백을 찾으세요. 반복되는 피드백은 뭔가 잘 작동하지 않고 있고 그것을 개선함으로써 당신의 제품 또는 서비스가 훨씬 더 좋아질 것이라는 명백한 신호입니다.

예를 들어, 주말 과정을 계획했지만 목표 구매자로부터 아이들이 학교에 가 있는 주중이 훨씬 더 편하다는 일관된 피드백을 계속 받는 경우 일정 변경을 고려해야 합니다. 또는 요리사와 인터뷰하는 내용으로 요리 팟캐스트를 시작했지만 당신 팟캐스트를 듣는 청취자와 후원자들이 당신 자체가 최고라고 계속해서 언급한다면, 요리사와의 인터뷰 없이 당신 혼자 진행하는 몇 개의 에피소드를 추가하는 것이 좋습니다. 물론 인터뷰와 혼자 진행하는 것을 번갈아 할 수도 있죠. 어떻게 하면 사람들에게 원하는 것을 줄 수 있을지 찬찬히 생각해보세요.

이 피드백 과정은 절대 끝나지 않습니다. 당신에게 스트레스를 주기 위해서가 아니라 제품이나 서비스를 개선하려고 할 때 피드백은 효과가 있는 것과 없는 것을 알려주는 가장 좋은 도구가 될 것입니다. 당신은 이를 통해 사업을 지속적으로 개선해나갈 수 있습니다.

효과적인 홍보 이메일 양식의 예

베스트셀러 《제3의 문》의 저자 알렉스 바나얀은 출판 사업가, 작가, 팟캐스트 진행자인 팀 페리스Tim Ferriss에게 배운 가장 효과적인 홍보 이메일 기법의 정수가 구현되어 있는 유용한 홍보 이메일 양식을 소개했습니다.

팀은 자신이 CEO나 VIP들에게 연락했을 때 거의 다 답변을 받았던 홍보 이메일 양식을 아낌없이 공유했습니다. 알렉스는 그 양식을 시험해봤는데 실제로 효과가 있었습니다. 아마존에서 팀이 쓴 책에 대한 리뷰에도 대문자로 "홍보 이메일 양식이 효과가 있어요!"라는 글이 종종 달립니다.

팀의 이메일 양식은 아주 간단한 공식이지만 정확하게 그대로 따라 해야 합니다.

- [수신자 이름] 님께.
- 첫 번째 단락: "안녕하세요, 당신이 무척 바쁘고 엄청난 양의 이메일을 받는다는 것을 잘 알고 있습니다. 하지만 이 이메일은 읽는 데 딱 60초 밖에 걸리지 않습니다."
- 두 번째 단락: 당신에 대한 소개와 이메일 수신자와 관련이 있는 당신의 경력에 대한 문장을 한 두 개(최대 두 문장) 정도 씁니다.

- 세 번째 단락: 이메일 수신자에 대한 매우 구체적인 질문을 한두 문장 씁니다. 이때 질문은 수신자가 아주 쉽게 답변할 수 있는 것이어야 합니다. 예를 들어 "작가지망생에게 추천하는 최고의 책은 무엇입니까?"와 같은 질문입니다.
- 마지막 단락: "너무 바빠서 답장을 못하더라도 전적으로 이해합니다. 한두 줄 정도의 답변이라도 해주신다면 정말로 좋겠습니다. 안녕히 계세요."
- [발신자 이름] 드림.

이 방법이 잘 통하는 이유는 다음과 같습니다. 첫 번째 단락은 당신이 수신자의 바쁜 일정을 방해하지 않으려고 노력한다는 점을 보여줍니다. 실제로 이메일을 읽는 데 60초가 안 걸리지만 60초의 제한 시간을 주는 것은 흥미를 유발하죠. "너무 바빠서 답장을 못하더라도 전적으로 이해합니다"라는 마지막 문장은 "미리 감사드립니다. 당신의 답변을 기다리겠습니다"와 같이 가정해서 이야기하는 것보다 수신자 입장에서 훨씬 부담이 적습니다. 이런 문장은 당신을 즉시 호감 가는 사람으로 만듭니다. 실제로 대부분의 사람들은 한두 문장의 답메일을 쓸 정도의 시간은 있고, 당신은 그 시간을 당신을 위해 써달라고 정중하게 요청하고 있습니다.

홍보 이메일을 쓰는 것은 당신이 처음 회사나 대학에 지원했을 때 느꼈던 오래전 불안감을 유발할 수 있습니다. 이메일을 받은 사람이 시간을 내도 될 만큼 당신이 가치가 있다는 것을 증명하기 위해 그들과 가장 연관이 있고 그들 눈에 가장 잘 띄는 당신의 일부분을 간결하게 강조해야 합니다. 반대로 관계없는 것만 보여주고 하고 싶은 말만 일방적으로 써 있는 이메일을 받는 것은 기업가들 입장에서 일종의 고문처럼 느껴질 수 있습니다.

갈팡질팡하는 당신의 마음은 이미 나는 사기꾼이라고 외치고 있고, 이러한 상황을 글로 쓰면 훨씬 더 정확하게 이 모든 것이 거짓처럼 느껴집니다. 그러나 6장에서 논의한 바와 같이 별로 주목받지 못하는 사람도 자신의 브랜드를 구축할 수 있습니다. 당신은 이미 블로그가 있거나 아니면 팟캐스트 방송을 몇 번 했을 수도 있고, 그 누구의 허락을 받을 필요 없이 링크트인이나 미디엄 같은 사이트에서 시리즈를 만들 수도 있습니다. 그런 다음 당신은 제품을 만들기 위해 충분한 시간과 노력을 투자한 증거들을 제시할 수 있습니다. 당신이 생각하는 것보다 당신은 훨씬 더 앞서 있습니다.

7. 기대 이상의 연결

설령 그것이 당신에게 도움이 되지 않더라도 당신이 어떤 가치를 더할 수 있는지 고민하는 것은 나눔을 하는 동안 돌아가는 판도를 바꿀 수 있습니다.

"만약 당신의 모든 친구와 곧 친구가 될 사람들이 더 성공하도록 당신이 도와줌으로써 그들을 당신 편으로 만든다면 당신이 도와준 그 많은 사람의 중심에 당신이 서게 될 수도 있습니다. 그중 일부는 우연으로라도 당신에게 영향을 끼칠 것이고 생각지도 못한 정말로 멋진 기회를 제공할 것입니다"라고 조던 하빙거는 말했습니다.

당신이 공연장, 카페, 출판사에 연락해 당신이 가지고 있는 특별한 기술이나 제품을 활용할 수 있는지 물어봤을 때 '아니요'라는 대답을 받았다고 가정해봅시다. 부정적인 대답을 들었다고 해서 그 자리를 당장 떠나지는 마세요. 거절의 답을 한 사람과 그의 도전과 목표에 대해 대화를 시작하고 또한 지금 원하는 것이 무엇인지 물어보세요. 그런 다음 그들이 필요로 하는 것에 대한 해결책을 모색하기 위해 당신이 할 수 있는 것은 다 해보세요.

이런 활동은 사회적 자본을 창출하고 당신을 추종하는 집단 간의 친선과 우호를 증진시킵니다. 비록 나눔을 몇 번 했는지 세지 않고 하는 것이 중요하지만, 당신이 베풀었던 것은 항상 기억되고 종종 당신에게로 되돌아옵니다. 보답을 기대하지 않는 친절은 비용이 들지 않지만 미래에 예상치 못한 것을 받을 수도 있습니다.

'모카와 음악'이라는 PDF 자료로 성공을 거둔 지 1년이 될 무렵 나는 어떻게 하면 새로운 인맥을 만들 수 있을지, 그리고 음악 시장의 주요 인물들과 어떻게 하면 만날 수 있을지 생각하기 시작했습니다. 나는 사람들이 의미 있는 존재로 인정받는 것을 좋아한다는 사실을 알아차렸습니다. 내가 만나고 싶었던 사람들은 통찰력이 있고 똑똑했으며, 그런 그들의 의견을 듣는 것이 나는 늘 행운이라고 느꼈습니다.

나는 극장을 빌려서 내가 만나고 싶은 사람들이 작곡가 지망생들과 기꺼이 대화할 의향이 있는지 물어보기로 했습니다. 여러 극장에 전화를 걸기 시작했고 평일 아침에 극장을 빌리면 가격이 놀라울 정도로 저렴하다는 것을 알게 되었습니다. 나는 200달러를 주고 극장을 빌렸고 '모카와 음악' 이메일에 응답하지 않은 모든 경영자에게 다시 이메일을 보냈습니다.

나는 이러이러한 자리에 참석해서 내 음악을 들을 의향이 있느냐고 묻는 대신 이렇게 썼습니다.

"안녕하세요? 내가 기획한 라이브 행사에 오셔서 연설을 해주실 수 있으세요? 당신이 가지고 있는 많은 지혜를 나누고 싶습니다. 당신이 꼭 참석해주셨으면 좋겠습니다."

나는 엄청나게 많은 사람들이 긍정의 대답을 해온 사실을 믿을 수 없었습니다. 그들은 자신이 보유한 자기 분야에 대한 엄청난 양의 경험과 지식을 인정받았다고 느꼈습니다. 너무 많은 경영자들이 '하고 싶다'고 답하는 바람에 나는 10일 동안 극장을 빌려서 각 세션별로 3명의 강연자를 초청했습니다.

각 세션이 진행될 때마다 100명이 넘는 작곡가들이 참가했고 강연자들은 자신이 중요한 인물이고 인정받고 있다고 느꼈습니다. 나는 테드 베이커 선글라스나 멋진 헤드폰 같은 선물로 강연자들에게 감사의 마음을 전했습니다. 행사는 서로에게 정말로 윈윈이었습니다.

나는 사람들이 좋아하고 유용하다고 생각하는 이벤트를 기획했고, 적은 액수지만 돈을 벌 수 있었습니다. 사업은 빠르게 확장하여 규모가 4배로 늘었습니다. 강연자들은 "정말로 멋진 경험이었습니다"라고 말하면서 나에 대해 더 많은 것을 궁금해했죠. 그들이 곡을 필요로 할 때 내가 쓴 곡이 있다고 알렸고, 거의 모든 강연자가 자신에게 샘플을 보내보라고 격려했습니다.

나는 이 핵심 인물들이 무엇을 원하는지, 그들이 의미 있고 가치 있는 존재라는 것을 스스로 느낄 수 있게 만들어주는 것이 무엇인지 찾기 시작했습니다. 그 덕분에 나는 그들과 오늘날까지도 잘 유지되는, 서로에게 도움이 되는 관계를 구축할 수 있었습니다.

꿈을 위한 북마크

제품을 만들 때 고려해야 할 두 가지 집단으로는 최종 구매자와 목표 구매자가 있습니다. 최종 구매자는 일상생활에서 당신의 제품이나 서비스를 사용하고 향유합니다. 목표 구매자는 최종 구매자가 제품 또는 서비스를 사용할 수 있도록 그것을 구매합니다.

- 보상을 바라지 않고 당신이 존경하는 사람들에게 베풀 수 있는 기회로 나눔을 재구성해야 합니다.
- 우리는 매력적인 상호작용을 통해 관계를 혁신할 수 있습니다.
- 무언가를 요청하기 전에 당신이 보유한 인맥의 상호 연결고리를 강화해야 합니다.
- 목표 구매자와 그들이 요구하는 것을 식별하기 위한 조사를 실시해야 합니다.
- 열린 마음으로 피드백을 팔 벌려 환영해야 합니다.
- 인상적인 사람이 된다는 것은 당신이 다른 사람들에게 '깊은 인상을 줄 수 있는 기회'를 제공하는 것을 의미합니다.

직장에 연연하지 않기

꿈 실천 노트

목표 구매자를 찾으세요

다시 브레인스토밍을 해야 할 시간입니다. 노트북을 꺼내어 지금 바로 나눔 전략을 수립하세요. "안녕하세요. 잠깐 1분만 시간을 내 주세요. 요즘 어떻게 지내세요? 안 본 지 오래되었네요. 나는 내 인생에서 중요한 사람들을 따라잡기 위해 열심히 노력하고 있어요. 급하게 답변 안 주셔도 돼요"라고 이메일을 보낼 수 있는 10~20명의 사람들을 찾아보세요.

그런 다음 목표 구매자를 찾아 30~50명의 잠재 고객 목록을 작성합니다. '더 많은 잠재 고객을 만들기 위해 꼭 필요한 핵심 인물은 누구인가요?' '그들의 연락처를 어디서 찾을 수 있나요?' '그들이 원하는 것은 무엇이며, 당신은 그것을 어떻게 제공할 수 있나요?' 이러한 질문들을 스스로에게 던져보세요.

'예'라는 대답을 한 번 듣기 위해서는 엄청나게 많은 '아니요'를 겪어야 합니다. 당신이 '아니요'라는 답변을 받았을 때 거절의 답을 준 사람들에게 그들이 필요한 것이 무엇인지 묻고 그 문제를 해결해줄 수 있는 다른 사람을 그들에게 추천해주세요. 그렇게 지금 바로 인맥 구축을 시작하세요!

9

재충전하는
법을
배우세요

"당신 안에 숨겨져 있는 보물을
꺼낼 용기가 있나요?"_엘리자베스 길버트

우리는 시간을 내서 잠시 멈추어야
합니다. 인생은 누가 가장 바쁘고 누가 가장 스트레스를 많이 받는
지 겨루는 경쟁의 장이 아닙니다. 아름다운 것을 창조하고 가슴 뛰
는 삶을 사는 것이 목표라면 자신을 회복하고 가꾸는 법을 배울 필
요가 있습니다.

컵에 물이 가득 찰수록 우리는 더 많이 나누어야 합니다. 스스로
에 대해 성찰하는 습관을 당신의 삶에 각인시키면 좀 더 깊이 자신
을 돌아볼 수 있습니다. 그것은 해야 할 일의 목록을 만들거나 전략
을 수립하는 것보다 더 효과적입니다. 그것은 사업을 이해하거나 심
지어 자신이 좋아하는 일을 하는 것만큼이나 중요합니다. 매일 자신
을 돌아보는 연습은 큰 차이를 만들어냅니다. 단 몇 분의 고요함만
으로 나침반은 안쪽으로 방향을 돌려 폭풍을 벗어나 자기 내면에서

속삭이는 진실의 목소리가 들리는 공간을 찾을 수 있습니다. 이 모든 것은 잠시 멈추는 것을 실천함으로써 달성할 수 있습니다. 랍비 데이비드 에런이 나에게 가르쳐준 것처럼 우리는 존재하는 인간이지 일하는 인간이 아닙니다.

우리의 근원이자 영적 현실인 신과 우리 내부의 가장 신성한 자아가 서로 소통을 유지하고 신성함의 흐름에 연결되는 것이 중요합니다. 과거와 현재, 미래의 걱정과 스트레스 너머에 존재하는 조용한 공간에 안착함으로써 우리는 모든 것이 가능한 무한한 풍요의 원천에 다가갈 수 있습니다.

나 역시 스스로를 돌아보고 성찰하는 일을 계속하려고 노력합니다. 눈에 눈물이 고인 상태로 친구들에게 "주말에 뭘 해야 할지 모르겠어. 너무 불안해. 월요일부터 금요일까지 해야 할 일은 너무 잘 알겠는데 말이야"라고 인정했던 기억이 납니다. 주말을 즐길 수 없다니 이 얼마나 슬픈 현실인가요?

〈기러기Wild Geese〉라는 메리 올리버의 아름다운 시가 있습니다. 그 시에서 그녀는 "사막에서 1,600킬로미터의 거리를 무릎을 꿇은 채 걸을 필요는 없습니다"라고 말했습니다. 우리는 매일 이 사실을 상기해야 합니다. 당신은 아무 조건 없이 사랑받는 존재입니다. 사랑을 갈구할 필요가 없습니다. 우리는 일에 치여서 종종 이 사실을 망각합니다.

이런 이유로 나는 베스트셀러 작가이자 어머니, 기업가인 케이트 노스럽Kate Northrup을 좋아하는데, 그녀의 책 《적게 일하라Do Less》는 우리가 덜 일하고 자신의 삶에 더 많은 시간을 할애하는 법을 배우는 데 많은 도움이 됩니다. 그녀는 자신의 책에서 "우리는 마치 수확이 영원히 지속될 것처럼 일합니다. 하지만 이 세상에서 뭐라도 길러본 사람이라면 누구나 이것이 불가능하다는 것을 알고 있습니다"라고 말했고 나는 이 말에 큰 충격을 받았습니다.

나는 종종 일주일 내내 하루 종일 일만 하는 기업가 정신의 희생양이 됩니다. 매일, 매달 그리고 매년 사업의 성과가 달성되기를 기대하거나 계속 다음번에 성취할 큰 성과를 끊임없이 찾고 있습니다. 그러나 인생은 위대한 프로젝트, 성공, 중요한 이정표의 연속이 아닙니다. 기독교에서는 신이 세상을 창조할 때 7일 중 하루를 쉬었다고 가르칩니다. 《성경》의 이야기를 통해 우리는 휴식 시간이 없으면 작업이 완료되지 않는다는 사실을 알 수 있습니다.

우리는 스스로에게 쉼 없이 일해야 한다고 압박을 가함으로써 실패를 자초했습니다. 자연은 그런 식으로 돌아가지 않습니다. 모든 과정에는 계절이 있고 지구 또한 쉬는 시간이 있습니다. 비가 내리고, 낙엽이 지고, 겨울이 옵니다. 그리고 씨앗은 이전보다 훨씬 더 영양이 풍부해지고 강해진 상태로 천천히 다시 발아하기 시작합니다. 지치고 피곤한 상태가 아니라 힘이 넘치고 활력 있는 상태라면 우리의 삶이 어떻게 바뀌고 우리의 일이 얼마나 아름답고 풍요로워질지 상상해보세요.

우리는 진리를 발견하고 더 심도 있게 일하기 위해 속도를 줄일 필요가 있습니다. 창조적인 과정에는 비움이 필요합니다. 하지만 언제 잠시 멈추고 언제 다시 컵에 물을 채워야 할까요? 언제 휴식하고 언제 다시 그것을 보충해야 할까요? **마치 모든 사람이 매 순간 뭔가를 달성하고 쟁취하고 있는 것처럼 우리는 끊임없이 자신을 다른 사람과 비교합니다. 그 결과 우리는 성공이 어떤 모습이고 어떤 느낌이어야 하는지에 대한 기대를 쉬지 않고 자신에게 주입하고, 매일 또는 매 순간 목표를 달성하지 못할 때마다 자신이 실패했다고 생각합니다.**

평생 동안 쉬지 않고 치열하게 살아왔지만 나는 휴대폰 없이 산책하기, 재미를 위해 책 읽기, 사치부리지 않고 아이들과 놀아주기, 아무 계획 없이 순간순간을 즐기기 등을 통해 비움과 쉼의 공간을 마침내 만들었고 그렇게 해도 아무 문제가 없다는 것을 알게 되었습니다. 드디어 숨통이 트인 것이죠.

지금 이 순간을 인정하고 받아들일 때 우리는 행복을 느끼고 하늘에 둥둥 떠 있는 기분을 경험할 수 있습니다. 마음의 문을 열어 바로 지금 가능한 모든 아름다움을 만끽해야 합니다. 우리는 종종 무엇이 진실인지 명확하게 알 수 있습니다. 나는 잠시 멈추고 쉬었을 때 만들고 표현하고 싶은 것에 대한 아이디어가 더 무궁무진해지는 것을 경험했습니다. 속도를 잠시 늦추거나 멈추면 영감이 계속 떠오릅니다. 그곳에서부터 우리는 새로운 목적의식을 가지고 행동할 수 있습니다.

《아티스트 웨이》의 저자 줄리아 캐머런은 이와 같은 내용을 이해할 수 있도록 도와줍니다. 앞서 그녀가 소개한 '모닝 페이지'를 쓰게 되면 통찰력과 직관력이 생기기 시작하죠. 이것은 마치 당신이 뽑기 기계에서 다이얼을 돌리면 뭔가를 얻는 것과 비슷합니다. 이것을 라디오 장비라고 생각하면 당신이 보내는 것은 모닝 페이지이고 당신이 얻는 것은 '아티스트 데이트'입니다(122~123쪽 참고). 캐머런은 나중에 창의력을 위한 처방으로 여기에 '운동'을 추가했습니다.

"요즘 강의가 있을 때마다 산책을 합니다. 보통 일주일에 두 번, 한번 걸을 때마다 20분씩 걷습니다. 걷기는 사람을 행복하게 만듭니다. 낯선 세상, 낯선 장소에 있는 것 같은 느낌이 들면 당신은 이렇게 생각하기 시작할 것입니다. '와, 정말 아름답구나!'"

수전 카이저 그린란드Susan Kaiser Greenland는 베스트셀러인 《마음챙김 놀이The Mindful Child and Mindful Games》의 저자이자 마음챙김과 명상 전문가입니다. 그녀는 모든 사람이 속도를 줄여야 한다고 주장합니다.

"전속력으로 앞만 보고 돌진하는 것은 싸움을 하거나 도망가는 것처럼 신경계를 흥분시키고 비판적인 사고를 불가능하게 만듭니다. 상황을 벗어나기 위한 내부의 경종이 원시 시대에서는 도움이 되었지만, 현대 생활의 일상적인 스트레스에 있어서는 너무나도 극적인 반응입니다. 생각과 반응 사이에 공간을 확보하면 인지된 위협이 타당한 것인지 재평가할 수 있습니다. 당신은 가장 긍정적이고 강력한 것에만 집중할 수 있는, 신과 같은 능력을 가진 자기 생각의 감시자가 될 수 있죠"라고 그녀는 말했습니다.

나는 UCLA 마음챙김 인지 연구센터에서 명상 수업을 신청하고 처음으로 내 자신과 내 생각을 분리하는 방법을 배웠습니다. 처음에는 육체적으로 고통스러웠지만 그 불편함은 아직 발견하지 못한 내 모습을 찾기 위한 경종이었습니다.

자기 파괴적인 생각에 휩쓸릴 필요 없이 평화와 고요함이 항상 존재하는 심연 속으로 간단히 빠져들 수 있다는 것을 알게 된 것이 얼마나 다행스러운 일인지 모릅니다.

완전성과 질서에 대한 내적 지식에 기반하는 능력은 내가 세상과 소통하는 방식은 물론, 가장 중요하게는 나와 내 자신이 상호작용하는 방식을 변화시켰습니다.

수전은 내게 "감정은 방문객과 같습니다. 문을 열어 안으로 맞이하기 전까지 문을 점점 더 크게 두드릴 것입니다. 잠시 동안 함께 앉아 있으면 그들은 떠날 것입니다. 마치 손님이 가는 것처럼 말이죠. 손님은 한 시간, 하루 또는 3일 정도 머물 수도 있지만 결국 손님과 손님이 머문 느낌은 지나갈 것입니다"라고 말했습니다.

당신에게는 본래의 자신으로 돌아가고 싶어 하는 당신이 있습니다. 당신은 정말 특별하고, 당신 안에는 풍요로운 세계가 있습니다. 자기 자신을 더 잘 알게 되면 당신은 정말 기분이 좋을 것입니다.

고통은 피할 수 없습니다. 우리는 힘든 일을 처리해야 하고 스트레스를 받기도 할 것입니다. 하지만 나는 그러한 고통이 고통에 맞서고, 고통을 위한 공간을 창출하고, 고통을 흘려보내는 수단의 부족으로 인해 발생한다고 생각합니다. 만약 당신이 감정을 느끼지만 그것을 다스리지 못한다면 감정의 지배를 받을 것입니다. 당신은 어떤 것에 유독 과민 반응하고, 숨쉬기가 힘들 만큼 엄청난 스트레스를 받지만 그 이유가 무엇인지는 확신할 수 없습니다.

우리의 잠재의식은 우리가 바라던 결과에 도달하려고 하거나 또는 그 결과로부터 멀리 벗어나려고 합니다. 우리는 모든 전략을 배우고, 멘토를 찾고, 수업을 듣고, 회의를 하고, 목표 달성을 위해 필요한 모든 단계의 행동을 되짚어볼 수도 있지만 잠재의식 속에 있는 생각의 제한에서 벗어나지는 못할 것입니다. 궁극적으로 당신의 잠재의식 속에서 당신이 믿는 대로 결과가 결정되기 쉽죠.

행동을 하기 전에 우리는 현존하는 한계를 만들어낸 근본적인 믿음을 이해하고, 보다 강력하고 자기 주도적인 미래를 위해 그 한계들을 어떻게 변화시켜야 하는지 알아야 합니다. 뇌는 인간의 가장 큰 선물입니다. 뇌는 정보를 처리하고, 계획을 세우고, 비용을 계산하고, 합리적인 의도로 의사를 결정하는 곳입니다. 우리의 정신은 하루에 약 7만 개의 생각을 하며 그 생각의 대부분은 잠재의식 속에서 이루어집니다.

의식은 뇌에서 일어나는 전체 활동의 10퍼센트만을 담당합니다. 나머지 90퍼센트의 활동은 잠재의식 속에서 발생하죠. 잠재의식은 배가 가라앉을 만큼 강력하지만 선장은 볼 수 없는 바다 밑의 거대한 빙산입니다. 잠재의식은 당신이 출생했을 때부터 당신 마음이 처리한 모든 정보를 수집하고, 그것을 매일 당신의 결정과 말에 직접적인 영향을 주는 신념으로 분류하죠.

문제는 긍정적이고 사랑에 기반한 생각을 최적화해주는 내장 필터가 없다는 것입니다. 잠재의식은 특별한 순간과 경험한 것들을 모두 진실의 서랍에 보관합니다. 발레리나가 되기엔 너무 뚱뚱하다는 말을 들은 순간이 있다면? 진실. 당신의 부모님이 항상 돈에 대해 다퉜기 때문에 돈이 스트레스를 유발한다는 믿음은? 진실. 처음 시험에 떨어져서 머리가 나쁘다고 생각한 적이 있다면? 진실. 이와 같은 가정 진실은 우리에게 고통을 줄 수 있는 상황에 대한 인식을 만들어주기 때문에 잠시 동안은 도움이 되기도 하지만 성인으로서의 성장과 진화를 너무 자주 방해하는 보이지 않는 요소가 되기도 합니다.

이러한 가정 진실은 어떤 일이 있고 나서 작용하기 때문에 실패한 관계, 실현되지 않은 꿈, 방치된 건강, 과도한 피로, 소모적인 공황 발작 등으로 나타납니다. 이때 당신은 무엇이 잘못되었는지, 왜 자신에게 더 잘할 수 있는 동기를 부여할 수 없는지 궁금하겠지만 당신은 개선사항을 거의 도출해내지 못하는 망가진 처리 시스템을 가지고 있는 셈입니다.

주위를 둘러보고 당신이 지금 누리고 있는 삶은 당신의 잠재의식 속에서 계속 재생되는 생각의 직접적인 결과임을 인식하세요. 다른 사람들도 당신과 마찬가지입니다. 이러한 '진실'은 우리의 생존을 위해 습득되었지만 더 활기차고 올바른 미래를 위해 끊임없이 수정되어야만 합니다. 만약 당신이 자신을 최대한 활용하고 지속가능한 행동을 하고자 한다면 당신은 믿음이 변할 수 있다는 것을 확실히 알아야 합니다.

내 친구이자 선생님인 딕 솔로몬^{Dick Solomon}은 이것을 다시 균형을 맞출 수 있는 저울에 비유했습니다. 우리가 과거에는 저울의 부정적인 쪽에 추를 많이 올려놓았다고 하더라도 현재의 우리는 보다 긍정적인 균형을 달성하기 위해 노력할 수 있습니다. 딕은 다음과 같이 말했습니다.

"저울의 반대편에 긍정의 추를 올려놓을 수 있기 때문에 결과적으로 순효과Net effect는 긍정적이고 더 현실적입니다. 당신이 자신의 범위와 효과를 얼마나 확장할 수 있는지 그리고 그것을 어떻게 드러낼 수 있는지 당신은 믿지 못할 것입니다. 우리는 일정 수준에서는 편안하게 일을 하지만 만약 당신이 자신의 안전지대를 벗어나기 위해 행동을 취한다면 무슨 일이 발생할지 당신은 결코 알지 못할 것입니다."

천천히 가도록 당신을 격려하는 루틴을 수행하는 것은 내가 팟캐스트에서 인터뷰했던, 성공한 거의 모든 사람들이 언급한 중요한 개념입니다. 음악의 아름다움에 대해 생각해보면 당신은 음표 사이에 있는 잠깐의 쉼표가 음악 연주를 가능하게 하고 음악을 더 강력하게 만드는 존재임을 인식할 수 있습니다. 우리의 삶도 마찬가지입니다. 정보의 수용과 반응 사이에 잠깐의 휴식을 가진다면, 생각과 행동 사이에 쉼표를 찍는다면, 생각과 믿음 사이에 잠시 시간을 둔다면 우리는 의식이 개입할 공간을 만들고 우리의 외부와 내부에서 일어나는 일에 대해 더 크게 인식하며 앞으로 계속 나아갈 수 있습니다. 진정한 자유는 마음의 상태에 달려 있습니다. 자유로울 때 비로소 우리는 충만함의 흐름에 마음을 열게 됩니다.

진실한 존재가 되는 것을 경험할 수 있는 다양한 방법들이 있습니다. 나에게는 매일 산책하는 것이 필수이자 그 방법 중 하나입니다. 나는 몇 발자국만 걸어도 살아 있다는 느낌을 받고 맘이 평온해져서 스스로 놀랍니다. 내가 특별히 강력하다고 생각하는 다른 방법은 브레스 워크Breath work(의식적으로 호흡을 통제해 정신적, 육체적, 정서적 측면에 영향을 주는 호흡법_옮긴이)입니다. 나에게 있어 브레스 워크 한 시간은 수년 간 대화 치료를 한 것과 맞먹습니다. 브레스 워크을 통해 나는 더 평화로워지고, 내가 진정으로 원하거나 필요로 하는 것에 대해 새로운 차원의 명확성을 경험합니다.

치유사인 릴리 페팃Lili Pettit은 그녀가 좋아하는 일을 사업으로 만들었습니다. 릴리는 사람들에게 물건에 대한 감정적인 애착을 확인시켜주고 그것을 통해 그들이 집을 깨끗하게 정리정돈할 수 있도록 도와줍니다. 물건에 대한 사람들의 애착을 자유롭게 풀어줌으로써 그들의 집을 더 아름답게 만들고 현재 그들의 모습과 잘 어울리도록 공간을 꾸미는 방법을 알려주는 것이죠. 그 과정이 끝날 때쯤 그녀의 고객들은 자신의 감정적이고 육체적 공간 내에서 평온함과 새로운 명확성 그리고 더 향상된 의식을 확립할 수 있습니다.

릴리는 매우 뛰어난 브레스 워크 강사이기도 합니다. 그녀는 브레스 워크 첫 수업을 들은 다음 너무도 달라진 자신을 보고 브레스 워크 강사가 되었습니다.

"브레스 워크에서 주로 사용하는 호흡은 모두 입을 벌린 상태에서 수행합니다. 요가는 보통 코로 숨 쉬는 우짜이 호흡Ujjayi breath을 많이 하지만 입으로 숨을 쉬면 몸의 아래쪽 차크라^{Chakras}(산스크리트어로 바퀴, 순환이라는 뜻으로 우리 몸의 에너지가 모이는 중심점 또는 균형점_옮긴이)와 훨씬 더 많이 연결됩니다. 반면, 코로 숨 쉬는 요가나 다른 종류의 호흡법을 수행할 경우 위쪽 차크라와 더 많이 연결됩니다. 입으로 숨을 쉬면 당신의 아랫배에 주로 축적되는 많은 고착된 감정과 에너지를 해소하고 방출하기 시작하죠."

"당신의 마음속에는 호흡에 집중함으로써 주목할 수 있는 것이 있습니다. 호흡은 과잉 반응하는 사람들에게 정말로 유용한데, 호흡이라는 것이 그런 사람들도 집중할 수 있으며 심지어 숫자도 셀 수 있는 행위이기 때문입니다. 우리가 이런 식으로 신경계를 개방하기 시작하면 서양 문명 아래 사는 대부분의 사람들에게 꽉 차 있는 감정을 제대로 활용할 수 있는 공간을 확보하게 됩니다. 하지만 바쁘게 일하고 술을 마심으로써 우리는 자신의 내면세계와 멀어지고 내면세계에 평온하게 머무르지 못합니다."

"브레스 워크 같은 연습은 많은 사람들에게 처음으로 그들이 자신의 내면세계에 실제로 머무르게 해줍니다. 그 안전한 공간에서 사람들은 감정에 접근할 수 있고 감정을 해소할 수 있습니다. 그것은 곧 감정을 해소하는 연습이고 명상입니다. 요가 수업과 비슷하게 당신은 고요함 속에서 편안하게 누워 정말 멋진 휴식 단계에 도달할 수 있습니다. 일단 당신이 휴식 단계에 진입하면 매우 활동적인 방법으로 에너지를 사용해 공간을 만들 수 있죠. 그런 다음에는 '직감'이 등장합니다. 당신은 실제로 메시지를 들을 수 있습니다. 처음으로 몸

직장에 연연하지 않기

속에 있는 무언가를 느낄지도 모릅니다. 누군가는 난생처음으로 관심 또는 인정받는 느낌이 들 수도 있는데 무언가와 연결되어 있다는 느낌은 인간의 가장 중요한 욕구 중 하나입니다. 이 연습은 우리가 누구인지 기억하고 우리 본연의 모습으로 돌아갈 수 있는 기회를 제공합니다."

브레스 워크는 모든 극적인 사건, 쓸데없는 이야기와 변명을 깨끗하게 비워줍니다. 당신이 직관과 명료함을 활용하는 연습을 더 많이 할수록 직관과 명료함에 다시 접속하는 것은 점점 더 쉬워집니다. 호흡은 실제로 우리 몸에 있는 가장 강력한 도구 중 하나이며, 당신은 언제든지 호흡을 활용할 수 있습니다. 호흡하면서 마음을 맑게 하는 지속적인 연습은 개인적으로나 직업적으로 나의 삶을 송두리째 바꾸었습니다.

시각화의 마법

"지금 당신의 현재 위치와 당신이 달성하고 싶은 것 사이의 가장 큰 장애물이 '내가 그것을 할 수 있을까'라는 당신의 의견일 가능성에 대해 생각해보세요"라고 《목적Purpose》의 저자 제시카 휴이Jessica Huie는 말합니다. 그것을 볼 수 있으면 그것을 할 수 있습니다.

여행자는 가방이나 염두에 둔 목적지 없이 공항에 도착하지 않습니다. 여행자는 지중해에서 수영하는 모습을 상상하고, 공항에 도착하기 전에 비행기표를 발권한 뒤, 짐 가방을 챙기는 수순을 밟습니다. 집을 지을 때도 마찬가지로 설계도 없이 우격다짐으로 집의 기초를 닦지 않습니다. 우리는 꿈을 꾸고 행동하기 위한 힘을 얻기 위해 과거는 잊어버리고 가능하다고 생각하는 아이디어를 시각화해야 합니다. 비전의 명료성이 행동의 정밀도를 결정하기 때문이죠.

당신이 완전히 다른 방식으로 세상을 보는 3명의 사람들과 한 방에 있다고 가정해봅시다. 한 명은 그녀의 여동생과 싸운 것에 대해 곰곰이 곱씹어보고 있고, 또 다른 한명은 처리하기 힘든 이메일에 대해 생각중이며, 세 번째 사람은 창밖으로 보이는 경치에 감탄하고 있습니다. 이렇듯 우리는 모두 주변을 인지하는 법과 가능하다고 생각하는 것을 결정하는 자신만의 생각과 인식 속에서 각자의 세계에 살고 있습니다. 비전은 목표에 도달하는 방법에 대한 명확성을 바탕으로 한계 너머에 있는 것을 보는 능력입니다.

당신은 생각을 바꿀 수 있는 힘을 가지고 있습니다. 이것은 당신이 당신 자신을 고통스럽게 만드는 어떤 상황도 바꿀 수 있는 힘을 가지고 있다는 것을 의미합니다. 만약 당신이 상황을 바꿀 일말의 가능성이라도 있다고 생각한다면 당신은 상황을 다시 통제하기 시작할 것입니다. 당신은 어떤 상황에 대해 자신이 그렇다고 믿는 것과 완전히 상반되는 것이 사실이라는 증거를 찾아가는 과정을 그것이 얼마나 우스꽝스럽게 보일지 신경 쓰지 않고 게임처럼 재미있게 즐길 수 있습니다.

NBA 챔피언 결정전에서 LA 레이커스와 시카고 불스 감독이던 필 잭슨Phil Jackson은 시각화를 필수 워밍업 중 하나로 실시했습니다. 그는 선수들에게 경기 중 자신이 움직이는 모습과 슛을 던지는 느낌을 머릿속으로 시각화해볼 것을 요청했습니다. 선수들은 자신이 맘속으로 가능하다고 생각한 것들을 실제 경기에서 달성할 준비가 된 상태에서 시합에 임했습니다. LA 레이커스 선수들이 경기를 준비하는 것과 동일한 방식으로 당신은 자신의 인생을 준비해야 합니다. 이것은 농담이 아닙니다.

목표를 달성하기 위해 행동하는 자신을 매일매일 시각화하는 시간을 가지세요. 만약 당신의 목표가 대중 앞에서 강연을 하거나, 판매처를 확보하거나, 쉬지 않고 30분 동안 글을 쓰는 것이라면 목표를 생각한 다음 당신이 연설을 위해 무대로 걸어 나오는 느낌 또는 처음으로 돈을 벌거나 자신의 책을 출판하는 느낌을 스스로 느껴보세요. 그리고 그 감각을 몸에 잘 새겨두세요. 그것이 바로 당신이 추구하는 궁극적인 목표를 달성했을 때 느끼는 감정입니다.

당신 안에는 무한한 잠재력이 있지만 그 잠재력을 활용하기 위해 매일매일 그것을 활용하는 연습을 해야 합니다. 나는 당신이 강력한 동기화 작업을 통해 잠재의식이 꿈을 향한 당신의 여정을 지원하기 시작하는 것을 보는 것이 정말 좋습니다.

세라 블론딘은 '자기 발견'의 과정을 시작했고 그 과정을 통해 정말 많은 마음의 상처를 치유했습니다. 그녀의 매일 일기 쓰기 연습은 자기 주도 명상에 대해 다루는 놀라운 팟캐스트인 〈깨어 있는 삶〉을 탄생시켰습니다. 그녀는 나에게 고통의 시간을 치유하는 법,

당신의 직관을 신뢰하는 법. 당신의 영혼을 위한 일을 할 때 발생하는 놀라운 일들에 대해 이야기했습니다.

"깨어 있는 삶을 산다는 것은 당신의 삶을 어루만지고 치유하는 것이 오롯이 당신 책임임을 이해하고, 모든 갈등과 기쁨 속에 녹아 있는 굉장한 아름다움에 대해 눈을 뜨는 것입니다. 즉 당신의 가슴을 정말로 깨우는 것이죠. 깨어 있는 삶을 살기 위해 우리는 가장 버티기 힘든 상황에 서 있는 우리 자신을 직시하고 인정해야 합니다."

"깨어 있는 삶을 산다는 것은 당신이 힘든 곳에서 벗어나 그 어둠 속에서 중요한 것을 찾는 일입니다. 팟캐스트 〈깨어 있는 삶〉은 나 스스로 살아남기 쉽지 않을 것이라고 생각했던 곳에서 탄생했습니다. 그래서 나는 결코 깨어 있는 삶에 대해 가볍게 말하지 않습니다."

사람들은 각자 다른 방법으로 자아 인식에 도달합니다. 많은 사람들이 명상이나 일기 쓰기를 주로 활용하지만 바다 근처를 혼자 산책하는 것도 각성을 위해 매우 좋은 방법입니다.

"당신의 직감이 당신을 적합한 곳으로 인도해줄 것입니다. 나는 하루를 마무리할 때 마음을 평온하게 하거나 최소한의 것만 하는 것을 좋아하기 때문에 매일 명상을 합니다. 그냥 혼자 앉아 눈을 감고 숨 쉬는 걸 좋아하지만 뭔가를 처리해야 하거나 질문에 대한 답을 찾아야 할 때는 자연 속을 거니는 것을 좋아합니다. 만약 당신이 두려움에 지배당했거나 절망적인 상황에 놓여 있다면 당신을 일깨우고, 영감을 주고, 당신 본연의 모습을 찾는 데 있어 어떤 도구가 도움을 줄 수 있는지 스스로에게 질문해보세요"라고 세라는 말했습니다.

세라는 주술사들이 우울한 사람들에게 "마지막으로 노래한 것이 언제예요? 마지막으로 춤을 춘 적은요? 고요함 속에서 피난처를 찾는 것은 언제 그만두었어요? 마지막으로 이야기에 매료된 것이 언제예요?"라고 묻는다는 것을 나에게 일러주었습니다. 그들이 정말로 묻고 있는 것은 그들이 '언제 자신의 영혼을 노래하게 만드는 모든 것을 그만두었는가?'라고 그녀는 말합니다.

공포와 불안의 영향력 아래에서 두려움의 희생양이 되고 모든 희망을 잃어버리는 것은 매우 쉬운 일입니다. 사라는 경력의 전환점에 서 있는 자기 자신을 발견했고, 명상과 행동을 통해 최고의 자신을 보여줄 수 있는 조용한 힘을 찾았습니다.

"우리는 마음이 즐거워지는 것에 귀를 기울이는 법과 각 성장 단계에서 그것을 행하는 법을 배워야 합니다. 우리는 성장하는 동안 두려움을 극복하고 앞으로 나가기 위해 요가든 드럼 연주든 상관없이 몸을 움직이고 에너지를 이동시켜야 합니다. 나는 공황, 불안, 우울증이 당신이 한계점에 서 있다는 사실을 보여주는 신호임을 발견했습니다. 공황, 불안, 우울증은 '어이, 원하는 게 뭐야? 어떻게 할 작정인데?'라고 당신에게 계속 물을 것입니다. 이것은 공포를 이겨내고 가장 높은 수준의 당신으로 발돋움할 수 있는 기회입니다. 당신은 한계를 극복할 수 있다는 증거를 모으고 있습니다. 당신은 점점 더 성장하고 있습니다"라고 세라는 말했습니다.

하이디 스티븐스Heidi Stevens는 자신을 '영혼이 넘치는 사업 코치'라고 칭하면서 코칭 프로그램, 멘토십, 팟캐스트 〈사업의 정신The Soul of

Business〉을 통해 자신의 지식을 전파하고 있습니다. 특히 그녀는 창조적인 기업가들이 고통에서 치유되고 번창하는 사업을 바탕으로 자신의 경력을 확장하는 것을 돕는 일에 헌신적입니다.

그녀는 자신의 마음과 접촉하는 것이 쉽지는 않지만 완전히 가능한 일이라고 믿습니다. "마음과의 접촉을 시도한 사람들은 나에게 '말 그대로 평온해지고 있어요'라고 말하죠. 그들에게 나는 '그래서 그것의 실제 모양은 어떤가요?'라고 묻습니다. 마음과 접촉하는 것은 당신에게 효과가 있고 사람들마다 완전히 다른 행동을 통해 그 방법을 찾을 수 있음을 의미합니다. 누군가에게는 산책을 하거나 조용히 앉아 있는 것이 마음과 만나는 방법일 것입니다. 이 활동은 언제나 당신에게 필요한 것이 무엇인지 인지하는 것에서부터 시작합니다."

"감정이 내 몸에 쌓여 있다면 15분 동안 명상을 한다고 해도 별 효과가 없을 것입니다. 달리기, 춤추기, 음악 듣기, 브레스 워크하기 등은 감정을 해소하고 충격 완화 공간을 만들어 스스로에게 '무슨 일이 일어나고 있는 거야?'라고 자문할 수 있을 만큼 당신을 평온하게 만들어줄 것입니다."

"마음과 접촉하기 위한 활동은 현재 발생하고 있는 일들을 알려주고 그것에 이름을 붙여서 그 일이 무슨 일인지 확실히 알려주는 것입니다. 내 방식으로 표현하자면 우리 모두 자신의 내면에 늘 이러한 목소리를 가지고 있고 그것들은 정말로 지금 여기에 실재한다고 말하고 싶습니다."

"우리 자아의 모든 편린들은 한 버스에 같이 타고 있는데 항상 그것 가운데 하나가 버스를 운전합니다. 두려움이 생기고 두려움이 버스를 운전하고 있다는 것을 알았을 때 또는 우리를 가두고 싶어 하는 두려움, 부끄러움, 죄책감, 무가치함 같은 생각들이 떠오르기 시작할 때, 그 감정들이 우리 몸에 안 좋은 영향을 주기 때문에 우리는 그것들을 인지할 수 있습니다. 두려움과 부끄러움 같은 감정들은 블랙홀처럼 느껴지고 우리를 무너뜨리기 시작합니다. 특히 당신이 뭔가를 시작할 때 적나라하게 이러한 감정을 느낄 수 있습니다."

"그 감정들을 소외시키거나 제거하라는 것이 아닙니다. 실제로는 이름을 붙이고, 직시하고, 버스 뒷좌석에 앉으라고 진심으로 부탁하는 거죠. '두려움아, 나는 네가 보이고 네가 하는 말이 들려. 나는 네가 이것을 정말 무서워한다는 것을 잘 알아. 하지만 네가 알아야 할 것은 사업을 발전시키거나 계속 사업을 영위하기 위해 필요한 일을 해야 한다는 거야. 나는 지금 당장 너를 아무것도 하지 못하게 한 다음 버스 뒷자리에 가서 앉으라고 요구할거야!' 이렇게 나는 스스로 능력 있고 이 일을 할 수 있다는 것을 알아달라고 내 자아의 일부분인 정신, 마음, 영혼에게 요청할 것이고 그렇게 되면 내가 해낼 수 있다는 것을 알고 있는 내 자아의 편린 중 하나가 앞으로 나가 버스를 운전하기 시작할 것입니다."

만약 우리가 감정을 있는 그대로 받아들이는 데 개방적이 된다면 엄청나게 많은 평온함, 활력 그리고 선함이 우리를 기다릴 것입니다. 우리는 잠시 멈추고 가만히 있는 이 의도적인 시간을 확보하는 것이 얼마나 필요하고 생산적인 일인지 반드시 기억해야 합니다.

대학 시절, 나는 해외에서 한 학기를 보냈고 스페인 곳곳에 위치한 아름다운 도시들인 바르셀로나, 세비야, 그라나다, 발렌시아, 코르도바에서 멋진 시간을 보냈습니다. 남부 유럽에서 겪은 놀라운 일은 한낮에 가게들이 문을 닫고 사람들이 낮잠을 자다가 저녁 시간이 되면 긴 시간 동안 저녁식사를 즐긴다는 것입니다. 사람들은 친구들과 밖에 앉아 몇 시간 동안 대화를 나누곤 했죠. 남부 유럽에서 만약 누군가가 "커피 한잔 하러 가자. 거기 갈 만해"라고 말한다면 커피만 마시러 가자는 의미가 아닙니다. 앉아서 함께 시간을 보내자는 의미입니다.

대학 졸업 후 예루살렘에서 잠시 살던 당시 금요일 오후가 되면 모든 것이 멈추는 상황을 나는 믿을 수 없었습니다. 모든 사람이 안식일을 지켰고, 가족들과 시간을 보냈으며, 주말마다 집으로 돌아와 서로 시간을 내어 모든 것을 함께했습니다. 나는 살아 있으면서 기쁨과 존재를 함양하는 예술이 있다는 것을 배웠습니다. 휴식을 취하는 능력을 더 갈고 닦을수록 우리는 더 풍요롭고 아름다운 삶을 창조할 수 있습니다. '적을수록 더 좋다'는 말은 아마 사실일 것입니다.

꿈을 위한 북마크

하루 중 잠깐 멈추는 연습을 하는 것은 여러 가지 면에 있어 도움이 됩니다.

■ 속도를 늦추면 더 높은 수준의 자아는 물론 신성한 에너지와 직접 소통할 수 있습니다.

■ 잠시 멈추는 것은 다음 단계에 대한 명확성과 마음의 평화를 얻을 수 있는 강력한 도구입니다.

■ 마음을 챙기면서 존재감을 키울 수 있는 방법은 여러 가지이며 어떤 것이 당신에게 가장 좋은지 알아보기 위해 시도해볼 수 있습니다.

■ 잠재의식은 우리의 생각과 시간을 주도하는 힘을 가지고 있습니다.

■ 사업 전략 못지않게 시각화는 성공의 중요한 요소입니다.

■ 삶 속에서 동기화된 감정을 감당할 수 있는 그릇을 키워야 합니다.

나를 마주하는 시간이 필요해요

영적 도구를 활용하는 가장 첫 번째 단계는 자기 자신을 인식하는 것입니다. 당신 자신을 마주하는 방법에는 여러 가지가 있습니다. 당신은 5분간 말없이 있을 수도 있고, 산책을 할 수도 있고, 눈을 감고 가만히 땅 위에 맨발로 서 있을 수도 있습니다. 이중에서 아무거나 하나를 골라 매일 수행할 시간을 정한 다음 이메일을 보내든, 전화를 하든, 회의를 하든 상관없이 당신이 가고자 하는 방향으로 에너지를 이동시키기 위해 그것을 실천에 옮기세요.

당신의 잠재력을 일깨워주고 당신이 스스로를 믿는 것보다 훨씬 더 당신을 신뢰하고 있는 지원 그룹을 찾으세요. 한 가지 팁이라면 팟캐스트 〈직장에 연연하지 마세요〉와 같은 페이스북 그룹이나 지역 모임에 가입하세요.

다음 사항들을 일기장에 자유롭게 써보는 것도 좋습니다.

1. 청사진을 만드세요. 먼저 눈을 감고 능력, 집중력, 온화함, 열린 마음과 같이 당신이 매일 느끼고 싶은 것을 시각화하는 것으로 시작해보세요. 그런 다음 눈을 뜨고 그 감정을 현실에서 실현시키기 위한 단계를 적으세요. 매일 그런 기분을 느끼기 위해 당신

은 어떻게 해야 할까요?

2. 벽에 붙여놓고 매일 큰 소리로 당신 자신에게 말할 세 개의 다짐들을 써보세요. 물론 이 또한 연습이 필요합니다.

3. 당신이 하고 싶은 일을 지금 하고 있는 사람들의 목록을 만드세요. 이 목록을 당신도 이 일을 할 수 있다는 증거로 활용하세요.

4. 당신이 사랑, 돈, 성공과 같은 삶의 큰 개념에 대해 생각할 때 마음속에 제일 먼저 떠오르는 것을 적어보세요. 그런 다음 당신이 적어놓은 것을 되짚어보세요. 적어놓은 것들이 사실인가요? 그런 생각들은 어디에서 비롯되었나요? 어떻게 하면 그 생각들을 더 강력하게 만들 수 있을지 생각해보세요.

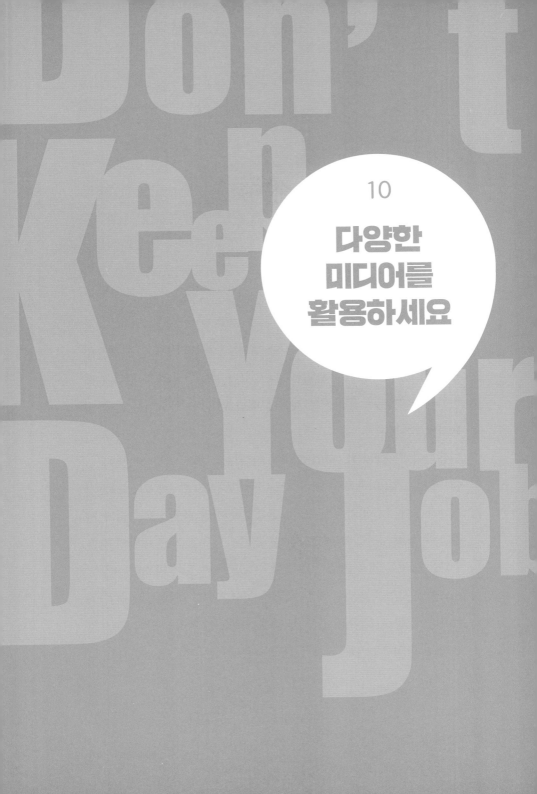

10

다양한
미디어를
활용하세요

"우리는 모두 자신의 내면 어딘가에
세계를 바꿀 수 있는 능력을 가지고 있다." _로알드 달

나는 우리가 세상의 더 많은 목소리를 들을 필요가 있다고 진심으로 믿습니다. 친절, 창의력, 영감과 재미 그리고 기분이 좋아지는 것들에 대한 더 많은 목소리를 들을 필요가 있습니다.

당신이 뜨개질, 꽃, 사업에 대해 말한다고 해도 아무 상관없습니다. 우리는 이 다채로운 태피스트리Tapestry(색실을 짜넣어 그림을 표현하는 직물 공예_옮긴이)와 같은 세상 안에 자신만의 색깔, 빛 그리고 사랑을 수놓을 사람들이 필요합니다. 결론적으로 우리는 세상의 작은 부분을 돌보는 것을 즐겼다고 말할 수 있는 사람들이 필요합니다.

오늘날 사업을 하려는 모든 사람은 콘텐츠를 고려해야 합니다. 소셜미디어, 블로그, 유튜브 채널, 팟캐스트 또는 온라인 강의 등 그것이 어떤 방식으로 제공되든 상관없이 콘텐츠는 기회를 창출하는 동

시에 당신만의 특별한 관점과 메시지를 공유합니다. 당신이 공유할 콘텐츠를 원하는 사람들이 있지만 그전에 당신은 그들 앞에 자신을 드러내야 합니다.

팟캐스트를 진행하는 것이 왜 좋은 생각일까요? 어딘가에 당신을 기다리고 있는 사람들이 있기 때문입니다. 내 친구인 미뇽 포가티 Mignon Fogarty는 팟캐스트 〈그래머 걸Grammer Girl〉의 진행자입니다. 그녀는 문법광이고 쉼표와 세미콜론에 대해 말하는 것을 좋아합니다. 그런 그녀 역시 문법에 대해 말하는 것을 좋아하거나 문법에 대해 듣는 것을 좋아하는 사람들을 발견했습니다. 당신의 열정이 아무리 사소하게 보여도 당신을 기다리고 있는 청중이 반드시 있습니다.

당신이 자신만의 목소리를 낼 수 있는 한 반드시 전문가가 될 필요는 없습니다. 열정은 필요하지만 그 분야에 대한 박사 학위는 없어도 됩니다. 예를 들어, 당신이 요리 팟캐스트를 하고 싶다고 해서 세 권의 요리책을 먼저 써야 할 필요는 없는 것이죠.

당신이 어떤 것을 좋아하는지, 그것을 왜 탐험하고 싶은지 당신 자신이나 다른 사람들과의 대화를 녹음하여 세상과 공유할 수 있습니다. 당신의 열의과 열정은 팟캐스트를 시작하고, 진행자가 되고, 청취자들을 끌어모을 수 있는 충분한 이유입니다. 사람들은 열정에 귀 기울이는 것을 좋아합니다.

콘텐츠는 오늘날 거의 모든 벤처 기업에서 중요한 역할을 하며 콘텐츠를 만드는 가장 쉬운 방법 중 하나는 바로 팟캐스트입니다. 콘텐츠는 당신을 열정이나 주제와 관련된 사람으로 자리매김하게 만들고 당신이 활동하고자 하는 특정 분야에서 가치와 생각을 더하는 사람으로 알려질 수 있는 기회를 제공합니다. 또한 당신의 팟캐스트는 사람들이 당신과 당신의 노력에 대해 배우고 돌아갈 수 있는 정보의 보고가 될 수 있고 당신 주변에 화제를 불러일으키며, 사람들은 당신을 정말 흥미롭고 특정 분야에서 유명한 사람으로 생각하기 시작할 것입니다.

콘텐츠는 기회도 창출합니다. 누군가 당신에게 연락하기를 기다리거나 그 과정에서 좌절하는 대신 당신은 대화를 창조할 수 있습니다. 그것은 마치 당신이 말을 걸고 싶은 사람에게 "안녕하세요"라고 하는 것과 같습니다. 우리는 꾸준히 미디어 콘텐츠를 만들고, 에너지를 쏟아 붓고, 자신의 창작물에 관심을 유도하면서 자신만의 기회를 만들 수 있습니다.

이와 같은 아이디어는 오래전부터 존재했습니다. 당신이 아이디어를 실행하면 그것은 이루어질 것입니다. 당신이 특정 주제에 대해 계속 이야기할 때 발생하는 일들은 당신을 깜짝 놀라게 하기에 충분하죠. 기회는 커뮤니티, 책 집필, 비디오 시리즈 및 강연 계약 등의 형태로 나타납니다. 사람들은 당신이 무슨 말을 하는지 듣고 싶어 하고 당신이 말하는 내용이 매력적이라고 생각할 것입니다.

전문가가 아니어도 당신의 부족을 찾을 수 있습니다. 어딘가에 오케스트라 악기, 공포 영화, 유기농 농장에 관심 있는 사람들이 있습니다. 특정 주제에 대해 더 잘 설명해줄 사람이 있을 수는 있지만 그 사람들이 실제로 팟캐스트를 만들지는 않습니다. 행동을 하느냐 하지 않느냐로 인해 차이가 발생합니다. 기다리기만 하면 절대 시작할 수 없습니다. 갑자기 모든 것이 완벽하게 갖춰지고 당신이 이제는 말할 준비가 되었다고 느끼는 그런 날은 오지 않습니다.

나는 완벽할 필요가 없다는 것을 일찍부터 배웠습니다. 우리 언니는 훌륭한 학생이었던 반면에 나는 평범한 학생이었습니다. 부모님은 언니를 훨씬 더 많이 신경 썼기 때문에 나는 어떠한 비판도 받지 않고 원하는 것을 자유롭게 탐험하고 실험할 수 있었습니다. 관심 있는 것을 바로 시도할 수 있었죠. 그 경험은 내가 완벽하게 준비한 뒤에 시작할 필요가 없다는 메시지를 내면화하는 데 도움이 되었습니다. 일관성은 절대적인 자신감보다 훨씬 더 중요합니다.

이제 몇 가지 기본 사항에 대해 살펴보겠습니다. 모든 팟캐스트 방송에 초대 손님이 필요할까요? 꼭 그런 것은 아닙니다. 당신은 팟캐스트에서 다양한 것을 해볼 수 있습니다. 초대 손님 없이 혼자서 여러 가지 다른 주제에 대해 말할 수도 있습니다. 영화를 좋아한다면 코미디 영화에 대한 10개의 에피소드와 호러 영화에 대한 10개의 에피소드를 녹음할 수 있습니다. 감독이나 역사적인 기간을 기준으로 에피소드를 제작할 수도 있습니다. 한 영화를 선택해 그 영화의 이모저모를 분석하는 팟캐스트를 만들 수도 있죠. 가능성은 무한합니다.

에피소드에 따라 초대 손님을 한 명 또는 여러 명 초대할 수도 있습니다. 전문가를 인터뷰하거나 간단한 대화를 나눌 수도 있습니다. 당신은 반드시 초청해야 하는 최고의 초대 손님 목록을 만들겠지만,

비슷한 주제에 대해 열정적인 대화를 나눌 수 있는 초대 손님으로 적합한 사람들을 조사할 수도 있습니다. 당신이 진출한 특정 분야에서 최고인 사람을 초대할 수는 없겠지만 처음 시작할 때 당신의 인맥 중에 초청할 만한 사람이 있을 수도 있습니다. 초특급 스타들과 연락할 때는 공손한 자세로 끈기 있게 접촉하는 것이 가장 좋은 방법입니다.

나 역시 첫 방송 때부터 제나 피셔나 리사 롭에게 연락하지 않았습니다. 내 방송에 잘 맞을 것 같고 자신들의 일에 대해 이야기하는 것을 좋아한다고 들은 적이 있는 친구나 지인들을 먼저 떠올렸습니다. 그렇게 꾸준히 팟캐스트를 진행하고 청취자들을 늘려가면서 더 유명한 사람들과 접촉하기 시작했습니다. 자신의 경험과 조언을 공유해달라고 부탁받으면 대부분의 사람들이 우쭐해한다는 것은 부정할 수 없는 사실입니다. 그럼에도 그들에게 연락하는 것은 항상 좋은 아이디어입니다.

팟캐스트 에피소드를 지속적으로 게시할수록 당신은 더 많은 신뢰를 얻게 되고, 누군가 시간을 내서 당신의 팟캐스트에 출연해 대화를 나눌 가능성이 커집니다. 나는 당신이 정말로 초청하고 싶은 꿈의 초대 손님에게 연락하기 전에 경험을 축적하기 위한 작은 에피소드 모임을 만드는 것을 추천합니다. 목표는 꿈의 초대 손님을 모시기 전에 당신의 방송을 좀 더 향상시키는 것입니다.

그리고 만약 그런 꿈의 초대 손님에게 연락을 했는데 답장이 없더라도 당황하지 마세요. 나는 답장을 하지 않는 사람에게는 반드시 첫 번째 이메일을 보낸 지 6주가 지난 다음에야 다시 후속 이메일을 보내고, 후속 이메일에는 내 팟캐스트에 출연했던 유명한 초대 손님들을 언급합니다. 사람들은 좋은 친구와 함께하는 것을 좋아하기 때문이죠.

별것 아닌 것 같지만 인터뷰 약속을 정할 땐 시간대를 꼭 고려해야 합니다. 일단 전화 통화를 하게 되면 인터뷰 시간과 물어볼 질문에 대해 간단히 소개하는 것이 좋습니다. 인터뷰가 있는 하루나 이틀 전에 이 사람의 모든 것에 대해 파악해야만 정말 관련 있는 의견과 질문으로 인터뷰를 진행할 수 있습니다. 나는 인터뷰에서 무슨 이야기를 나눌 것인지 대략적인 틀은 잡아놓지만 서로 대화를 하면서 그냥 흘러가는 대로 놔두는 것을 정말 좋아합니다. 진정한 토론을 사랑하기 때문이죠.

나는 초대 손님과의 대화가 저녁식사 자리 또는 비행기 옆자리에 앉아 이야기하는 것처럼 진행되길 원하고, 초대 손님이 가진 훌륭한 모든 것을 발견하기를 원합니다. 다만 모든 인터뷰에서 물어보는 다음과 같은 주요 질문들이 있죠. "당신이 들었던 최고의 조언은 무엇인가요?" "다른 사람들에게 해줄 조언이 있나요?" "이러한 교훈들을 어떻게 우리 삶에 접목시킬 수 있을까요?"

초대 손님과 인터뷰할 때 해결해야 할 또 다른 과제는 녹음입니다. 당신과 초대 손님이 서로 다른 대륙에 있어도 고품질로 손쉽게 녹음할 수 있는 놀라운 도구들이 많습니다. 내가 가장 좋아하는 것은 더 높은 품질을 위해 녹음 파일을 내려 받아 각자의 컴퓨터에 저장하는 젠캐스터Zencastr입니다. 그런 다음 내 목소리 파일과 초대 손님들의 목소리 파일이 클라우드에 업로드되고 드롭박스Dropbox에 저장됩니다. 파일이 드롭박스에 저장되면 편집이 가능하죠. 나는 전체 내용을 다 들어본 뒤 편집할 부분을 표시합니다. 편집된 부분은 불필요하거나 아무것도 녹음되어 있지 않거나 녹음된 소리가 좋지 않은 경우입니다. 프로듀서나 도와줄 사람이 없는 경우에도 온라인상에 오디오를 편집하고 잘라낼 수 있는 서비스와 지원 프로그램들이 많이 있습니다.

몇 가지 다른 세부 사항도 고려해볼 수 있습니다. 마이크, 스튜디오나 옷장 같이 녹음할 수 있는 공간, 팟캐스트의 시작 부분에 삽입할 수 있는 저작권 없는 노래가 필요할 것입니다. 또한 팟캐스트 앱에 들어가는 로고 제작도 생각해봐야 합니다.

나는 항상 초대 손님의 사진과 인터뷰할 때의 사진을 함께 게재합니다. 요즘에는 웹사이트에 쉽게 접속할 수 있기 때문에 팟캐스트 앱 이외에 사람들이 팟캐스트와 그 내용에 대해 더 많이 알고 배울 수 있는 온라인 사이트를 만들어야 합니다. 일단 팟캐스트가 완성되면 당신은 경기를 시작한 것입니다.

이제까지 말한 것 중에서 가장 중요한 요소는 '참여'입니다. 당신의 커뮤니티가 단순히 팟캐스트를 청취하는 것이 아니라 당신과 깊은 관계를 구축하고 있다고 느끼도록 만들어야 합니다. 당신은 팟캐스트와 이름이 동일한 페이스북 그룹을 만들 수도 있습니다. 페이스북 그룹은 청취자들이 대화하고, 발표하고, 질문할 수 있는 공간이 될 것입니다. 모든 사람이 서로의 게시물을 보게 될 것이고, 페이스북의 팬 페이지보다 훨씬 더 깊은 수준의 대화가 가능할 것입니다. 당신은 관리자로서 질문을 던지며 매일 대화를 시작할 수 있습니다. 당신은 사람들이 페이스북 그룹에서 질문하고 답하는 것을 독려해야 할 수도 있지만 결국에는 구성원들이 스스로 질문과 답변을 공유하기 시작할 것입니다.

나는 팟캐스트 방송 후에 다른 방법으로 나의 멋진 커뮤니티와 함께할 방법을 생각했습니다. 예를 들면 팟캐스트에서 배운 것을 체크리스트로 만들어 사람들이 다운로드 할 수 있게 웹사이트나 이메일 뉴스레터에 첨부하는 것을 좋아합니다. 팟캐스트에서 나눈 인터뷰 중 개인적으로 강조하는 것 몇 개를 추린 다음 인터뷰를 실시한 팟캐스트 내용 중 가장 좋아하는 부분과 같이 편집해 인스타그램에 올리고 청취자들에게 자신의 생각과 의견을 공유해달라고 요청하는 것이죠. 이와 같은 친밀한 경험의 공유는 팟캐스트를 단순한 대화 그 이상의 무엇으로 만듭니다.

가장 어려운 부분은 실제로 팟캐스트를 시작하는 것일 수 있습니다. 여기에 당신을 위한 계획이 있습니다. 시작 날짜를 정한 다음 장비를 준비하고, 고객에게 연락하고, 오디오를 편집하고, 지원 인프라(예를 들면 웹 사이트와 페이스북 그룹 등)를 구축하고, 방송하는 데 걸리는 시간을 알아보기 위해 역으로 일정을 계산하는 것입니다. 6개의 팟캐스트 에피소드를 녹화하는 계획을 짜고, 그중에서 가장 마음에 드는 에피소드를 하나 선택해 방송하면 됩니다.

책임감이 높을수록 실제로 성공할 확률이 높아집니다. 첫 번째 방송을 시작하기 전에 당신이 누구이고, 왜 이것을 하고 있는지 사람들에게 말하세요. 당신의 기대감을 공유함으로써 그들을 고무시켜야 합니다. 가장 중요한 요소는 청중과 소통하는 것입니다.

당신은 스스로 생각하는 것보다 훨씬 더 많은 지식과 열정을 가지고 있습니다. 네트워크를 구축하고, 커뮤니티를 키워나가고, 기회의 문을 열면서 이 사실을 온 세계와 공유해야 할 때입니다.

목적의식을 갖고 가르치세요

소셜미디어 전문가이자 팟캐스트 〈골드 디거Gold digger〉의 진행자 제나 커처는 직장에서 성공 가도를 달리고 있을 때 이 길이 자신이 원하는 것이 아니라는 것을 깨달았습니다. 그녀는 자신의 삶을 기록할 생각으로 카메라를 샀습니다. 자신의 삶을 기록하는 일이 순식간에 그녀의 열정으로 바뀌었고 그 사진들은 블로그, 사업, 온라인 강좌, 팟캐스트 등의 콘텐츠로 변모했습니다. 제나는 내 팟캐스트에 출연해 다음과 같이 말했습니다.

"내가 다른 사람들이 하지 않는 일을 하고 있다는 것을 깨달았기 때문에 다른 사람들을 가르치기 시작했습니다. 많은 예술가들이 수익을 창출하기 위해 고군분투합니다. 그들은 창조적이지만 그들은 '사업이요? 내가 회계와 마케팅은 물론 모든 업무에 다 관여해야 한다고요?'라는 생각을 가지고 있습니다. 나는 정말 대단한 예술가들과 이야기를 나눴는데 그들은 심지어 입에 풀칠만 근근이 하고 있다고 말했습니다. 나는 내가 어떤 점이 남들과 달라 수십만 달러를 버는 사업을 시작하고 또 어떻게 다른 사람들을 가르칠 수 있는지 궁금했어요."

"내 강의는 점점 발전했죠. 나는 가르치는 것을 좋아하고 가르치는 일은 내 열정과 적성에 딱 맞았어요. 하지만 강의를 들을 여유가 없거나, 도약할 준비가 되어 있지 않거나, 자신의 능력을 제대로 알지 못하는 사람들이 있다는 것도 알았죠. 또한 팟캐스트 듣는 것을 좋아해서 듣다가 나 자신에게 '나는 왜 팟캐스트를 안 하고 있지?'라고 물었어요. 물론 모든 새로운 프로젝트에는 두려움이 따르죠."

강의는 제나가 수천 명, 심지어 수백만 명의 사람들이 현명한 행동으로 자신들의 이익을 추구하고 실제 수익을 창출할 수 있도록 독려하는 플랫폼이 되었습니다. 이것을 바탕으로 그녀는 강의와 관련한 대규모 사업을 성공적으로 구축했습니다.

당신에게 내가 걸어온 과정의 내막을 보여주고 내가 2년 만에 강의를 통해 어떻게 150만 달러 이상을 벌어들였는지 알려주고자 합니다. 이것은 정말 굉장한 일이었고, 사업을 확장하면서 전 세계 예술가들과 함께 일할 수 있어서 멋진 경험이었습니다. 강의를 진행한 후에 나는 강의가 더 많은 기업가들이 활용해야 할 매체임을 깨달았습니다. 사람들이 세상에서 발생하는 일에 대해 잘 모르고 있고, 당신이 인지조차 못하는 당신이 알고 있는 많은 것을 세상과 나누는 것은 정말 가치 있는 일입니다. 기회를 놓쳤다는 생각이 들면 당신은 내가 해온 과정을 그대로 따라하며 당신의 사업에 적용하면 됩니다.

첫 번째 단계는 당신의 주제에 대해 당신이 알고 있는 모든 것을 적는 것입니다. 나중에 다시 수정할 것이기 때문에 당신이 작성하고 있는 것을 지레 판단하지 마세요. '내가 어떻게 다른 사람들에게 제빵을 가르치겠어?' 당신은 스스로에게 이렇게 질문할 수도 있습니다. '내가 빵을 잘 굽기는 하지만 어떻게 가르쳐야 할지는 전혀 모르겠어'라고 생각하는 사람도 자신이 실제로 많이 알고 있다는 사실을 인정해야 합니다.

당신이 적은 종이에 다양한 정보가 있을 것입니다. 다음 단계는 정보를 분류하고 소주제별로 세분화하는 것입니다. 마커를 사용해 중요한 것은 따로 표시합니다. 과정 초기에 목표 경로를 설정하고 최종 제품을 생산함으로써 목표를 달성하고 과정을 종료합니다. 과정을 그룹화한 다음에 당신은 각 그룹을 더 작은 단계로 나눌 수 있습니다. 목표는 다른 사람도 따라갈 수 있는 길을 그리는 것입니다.

만약 당신이 글로 모든 것을 다 적는 것이 힘들다면 친구를 초대해 친구에게 당신의 특별한 과정을 처음부터 끝까지 설명해주는 것을 녹화하세요. 음성은 글로 변환할 수 있기 때문에 말로 설명한 것을 문서화시킬 수 있습니다. 그런 다음 몇 명에게 초안을 보여주고 혼동되는 부분이나 누락된 것에 대해 피드백을 받을 수 있습니다. 사람들의 가장 큰 문제가 무엇이고 당신이 그것을 어떻게 해결할 수 있는지에 대한 감각을 익히세요. 사람들에게 간단한 설문조사를 요청하고 그 결과에 따라 당신의 강의를 설계하면 됩니다.

강의에 대한 윤곽이 잡히고 내용이 준비되었다면 강의할 수 있는 다양한 방법에 대해 고려해야 합니다. 가장 확실한 선택은 일대일 강의 혹은 그룹 강의입니다. 개인 교습은 자신의 기술을 다른 사람과 공유할 때 가장 손쉽고 확실한 방법입니다. 그러나 그룹 강의는 참여도, 피드백 및 성장성 등에 있어 훨씬 더 큰 기회를 제공합니다. 지역 센터, 도서관, 공용 공간 등 당신이 어디서 강의를 할 것인지도 숙고해야 하죠.

앞서 이야기한 것처럼 나는 일대일로 작곡을 가르치기 시작했습니다. 강의를 추가 수입 수단으로 생각하지 않았지만 사람들은 내가 행하고 달성한 일에 대해 알려달라고 요구했습니다. 그래서 나는 어떻게 하면 내 강의를 더 많은 사람들에게 효율적으로 노출할 수 있을지 자문해보았습니다. 나는 친구를 앉혀 놓고 내가 아는 모든 것을 가르쳐주었습니다. 그녀는 내가 이 정보를 제대로 전달하기 위해 가장 중요하고 필요한 단계였던 질문을 하기 시작했죠.

영화, TV, 광고 음악을 작곡하는 법에 대한 나의 첫 번째 세 시간짜리 강의에 나는 150달러를 청구했습니다. 12명의 학생들이 그 수업을 듣기 위해 우리 집 거실에 모였죠. 그 경험을 통해 무엇이 효과가 있고, 무엇을 보완해야 하는지 많은 것을 배웠습니다. 사람들은 자신이 배우고 있다는 사실을 좋아했고, 나는 이에 힘입어 더 크게 생각하기 시작했습니다. 결국 낮 시간 동안 LA에 있는 극장을 빌리는 데까지 이르렀죠.

그런 다음 온라인 강의에 대해 배웠습니다. 어떻게 일관성 있고 응집력 높은 자료를 만들어 화면을 통해 전달할 것인가에 대해 고민하기 시작했을 땐 앞이 캄캄했습니다. '내가 이것을 직접 해야 할 필요가 있을까?'라는 생각 때문이었죠. 나는 직접 하지 않아도 되는 방법을 알아내기 위해 노력했고 티처블Teachable, 카자비Kajabi, 유데미Udemy 등 온라인 강의의 기술적인 장애물을 쉽게 극복할 수 있는 수많은 온라인 플랫폼을 발견했습니다.

온라인 강의는 대면 강의가 할 수 없는 방법으로 당신의 강의를 확장해나갈 수 있습니다. 과정을 진행하면서 당신은 수강생 수가 많은지 적은지, 수강생을 어느 정도 받고 싶은지, 당신이 어떤 피드백을 제공할 것인지에 대한 감을 익힐 수 있습니다.

당신이 얼마나 큰 변화를 가져올 수 있는지, 얼마나 많은 것을 제공할 수 있는지 그리고 당신이 좋아하는 것을 하고 그것을 가르치면서 얼마나 많은 돈을 벌 수 있는지 알게 되는 것은 놀라운 일입니다. 여기서 중요한 요소는 사람들이 실제로 당신의 강의에 등록하도록 마케팅하는 것입니다. 우리는 이 책 전반에 걸쳐서 페이스북 광고와 페이스북 그룹, 이메일, 팟캐스트를 포함한 다양한 마케팅 채널과 전략에 대해 논의했습니다. 그 어떤 제품이든 판매하기 가장 좋은 방법은 당신의 분야에서 '최고의 전문가'가 되는 것인데 온라인 마케팅 전문가인 에이미 포터필드는 뒷부분에서 이에 대해 깊이 있는 의견을 제시했습니다(297~308쪽 참조).

직장에 연연하지 않기

일단 사람들이 강의를 신청하면 당신은 그 수강생들을 탁월한 사람들로 만들고 싶을 것입니다. 최고의 강의는 사람들에게 자료를 제공하고 그들이 목표를 달성하도록 도와주는 것 그 이상을 제공합니다. 강사로서 가장 큰 과제 중 하나는 수강생들에게 당신이 파악한 그들의 잠재력을 계속 알려줌으로써 그들 스스로 자신의 잠재력을 인지하기 시작하도록 만드는 것입니다. 당신은 진실한 피드백을 제공하는 과제를 부여함으로써 그들을 책임감 있게 만들어야 합니다.

나는 수강생들의 책임감을 북돋우고, 공동체 의식을 함양하며, 그들을 지원하기 위해 만든 수강생을 위한 비공개 페이스북 그룹의 힘을 믿습니다. 일주일에 한두 번 정도 페이스북 그룹에 들러 질의응답을 받으세요. 페이스북 그룹에서의 당신은 재미있어야 합니다. 당신이 공유할 가치가 있는 마법 같은 것을 보여주었을 때 사람들은 당신을 찾아와 더 많은 것을 요구할 것입니다. 이러한 상호작용은 온라인 수업을 훨씬 더 가치 있게 만듭니다.

포기하지 않고 계속하는 것은 그들의 목표를 달성하는 데 도움이 되기 때문에 당신은 그들이 계속 앞으로 나가도록 독려해야 함을 반드시 기억해야 합니다. 수강생들의 성과가 좋을수록 수업의 가치를 더 잘 느낄 수 있고 향후 새로운 과정을 개설할 때도 더 좋습니다. 따라서 수강생들이 실질적이고 가시적인 성과를 창출하는 것은 매우 중요합니다.

매주 페이스북 라이브 또는 줌을 활용해 수강생들을 지원하세요. 당신이 감당할 수 있는 범위 내에서 시작하는 것이 중요합니다. 적은 수의 인원으로 강좌의 베타 버전을 실행하여 매주 이렇게 많은 수강생들과 교류하는 데 얼마나 많은 시간이 걸리는지 확인할 수 있습니다. 일단 수업의 수익성에 대해 당신이 알고 있는 특정 종류의 사업 모델을 가지고 있으면 이메일을 대신 답해주거나 사람들을 A에서 B로 안내해줄 수 있는 팀이나 사람을 고용하는 것이 좋습니다.

강의가 끝나면 강의를 평가하는 데 있어 도움이 되면서 잠재 고객들에게 해당 강의가 가치 있다는 것을 홍보할 추천의 글이나 검증된 결과를 수집해야 합니다. 몇몇 계획과 전략도 재평가해야 하고요.

여러 가지를 고려해야 하는데 가령 '적정한 가격일까요?' '비용이 너무 높거나 너무 낮아서 강의가 평가 절하되지는 않을까요?' '수강생들이 강의 내용을 자기 것으로 만드는 데 시간이 더 필요할까요?' '6주 코스를 8주 코스로 만드는 것이 더 좋을까요?'와 같은 질문을 통해 점검이 필요합니다. 강의를 진행할 때마다 강의와 관련된 사항을 조정할 수 있을 만큼 충분히 유연해야 합니다. 어렵게 생각하기보다는 수강생들의 요구와 요청에 따라 적절히 변경하면 됩니다.

사람들이 자신의 강의를 개설할 때 겪는 가장 큰 장애물은 기술이나 강의 내용이 아니라 사기꾼 증후군입니다. 우리는 스스로를 비판하면서 이렇게 생각하곤 합니다. '내가 이걸 가르친다고? 다른 사람들이 신경이나 쓰겠어?' 당신에게 돈을 벌어주면서 다른 사람에게도 도움이 되는 것이 있다면 그것은 이 땅에 존재할 가치가 있습니다. 비슷한 주제에 대한 수십 개의 다른 강좌가 있다면 어떨까요? 괜찮습니다. 모든 사람은 다양한 고객에게 어필하는 자신만의 고유한 방식과 생각을 가지고 있고 시장에는 항상 채워야 할 공간이 있습니다. 사람들에게 가르치는 것이 제빵이든 백만장자가 되는 방법이든 상관없이 누군가가 명확한 목표를 갖고 행동을 하게끔 당신이 도와주고 있다면 당신은 가치를 창출하고 있는 것입니다.

강의는 나에게 그런 목적의식을 갖게 해주었고 가르치는 행위를 통해 나는 정말 많은 기여를 할 수 있었습니다.

가치 있는 무료 콘텐츠를 제공하세요

온라인 사업 전문가인 에이미 포터필드는 디지털 기반의 강좌를 통해 수많은 사람들이 자신의 열정과 지식을 지속적인 수입으로 변환하도록 도와주는 일을 오랫동안 해왔습니다. 그녀는 콘텐츠, 이메일, 강의를 통해 팔로워 늘리는 법, 팔로워의 참여도를 높이는 법, 팔로워들과 의미 있는 관계를 구축하는 법을 가르치고있죠. 에이미는 팟캐스트 〈아주 쉬운 온라인 마케팅Online Marketing Made Easy〉의 진행자이기도 한데 그녀는 정말로 온라인 마케팅을 쉽게 만들어줍니다.

당신의 천재성이 어디에 있든 당신의 부족을 만드는 것이 당신의 열정과 추구하는 목적을 사업으로 바꾸기 위한 가장 중요한 단계 중 하나입니다. 인터넷은 전 세계 사람들과 관계를 맺을 수 있는 가장 효과적인 방법입니다. 오늘날 활용할 수 있는 도구를 사용하여 좋아하는 일을 하면서 돈 버는 방법을 배우는 일은 우리에게 놀라운 힘을 북돋아줍니다.

나는 작사 및 작곡 강좌를 처음 시작할 때 에이미의 수업을 들었습니다. 처음 수업을 들으러 갔을 때 나는 임신 8개월이었고, 내가 앞으로 개설할 강의에서 가르칠 자료도 충분치 않은 데다가 내가 알고 있는 것을 말로 표현할 수 있을지조차 확신이 없었습니다. 심지어 내 강의를 홍보할 대상들의 이메일도 알지 못했죠.

나에게 강렬한 인상을 주었던 교훈 중 하나는 가치 있는 무료 콘텐츠를 제공하는 것이 중요하다는 것이었습니다. 당신이 더 많은 가치를 창조할수록 사람들은 열광하고 당신의 말을 더 많이 듣고 싶어 합니다. 그렇게 되면 당신이 이미 신뢰와 존경의 기반을 조성했기 때문에 사람들이 당신의 강의나 책, 프로그램 또는 서비스에 대해 비용을 지불하려는 경향이 더 높아집니다.

나는 요약본과 체크리스트, 동영상을 만들었습니다. 그리고 작곡가 지망생들에게 도움이 될 만한 것은 무엇이든 공유할 수 있는 방법을 찾았습니다. 에이미의 조언과 설명에 따라 내 이메일 리스트에 등록된 이메일 수를 0에서 5만 개 이상으로 늘렸습니다. 그런 다음 에이미는 사람들이 실제로 등록하는 강좌를 개설하는 방법을 가르쳐주었습니다. 사람들이 강의 등록을 하고 그 강의에 대해 매우 격하게 반응하는 것을 보는 것은 즐거운 일이었습니다. 그들은 마치 자신의 삶이 변한 것처럼 느꼈습니다.

자신감은 퍼즐의 아주 큰 부분입니다. 우리는 자신이 공유할 가치가 있는 것을 가지고 있지 않다고 생각하거나 공유하는 방법에 지레 겁을 먹고 자신이 가지고 있는 것을 공유하지 않습니다. 에이미는 나에게 강의를 실제로 개설할 수 있는 자신감을 심어주었습니다.

당신이 예술가든, 사진작가든, 작가든, 음악가든, 제빵사든 상관없이 우리는 모두 서비스와 재능을 공유할 부족이 필요합니다. 이 작업은 혼란스럽거나 마치 컴퓨터 공학 학위가 있어야 이해할 수 있는 알고리즘처럼 느껴질 수도 있기 때문에 가능한 단순하게 만들기 위해 도구와 전략을 세분화하고 있습니다. 나는 당신이 강력하고 준비된 부족을 만드는 것에 대하여 진지하게 고민할수록 그것에 대해 더 깊이 파고들 것을 권합니다.

심지어 에이미도 이 모든 것을 처음부터 배워야 했습니다. 독립적인 사업을 하기 전에 에이미는 산타 바바라에 있는 할리데이비슨 대리점에서 마케팅 업무를 했는데 그때 에이미의 마음속에는 기업가 정신이라고는 전혀 찾아볼 수 없었습니다.

"나는 내가 기업가가 될 거라고는 조금도 생각해보지 않았어요. 기업가가 되는 것은 내가 생각하던 선택지가 전혀 아니었죠. 상사가 될 수 있는 어떠한 기술도 나는 가지고 있지 않다고 생각했어요"라고 에이미는 말했습니다.

"할리데이비슨에게는 엄청난 부족이 있었기 때문에 마케팅에 대해 많은 것을 배울 수 있었어요. 한 번은 할리데이비슨 100주년 기념식에 참석했는데 그곳에서 많은 일이 발생했죠. 나는 행사 기획과 마케팅 캠페인 담당이었습니다. 정말 멋진 일이었지만 그 무렵 남자

친구와 헤어졌을 시기여서 잠도 못자고 TV만 보면서 뜬눈으로 밤을 지새우던 때였죠."

에이미는 밤을 새우던 그때 TV에서 토니 로빈스Tony Robbins의 광고를 봤습니다. 처음에는 의심스러웠지만 결국은 그의 제품을 구매했습니다. 에이미는 그의 오디오 테이프를 듣기 시작했고 그가 말하는 모든 것에 반했습니다. 그때부터 상황이 바뀌기 시작했죠.

"토니 로빈스의 영향은 정말로 컸습니다. 자기개발 측면에서 큰 변화가 일어났던 때는 그때가 처음이었어요. 그 일이 너무 좋다면 그 일을 해야겠다는 생각이 들었습니다. 토니 로빈스의 강연을 방청하러 갔고 그날 나는 그를 위해 일해야겠다고 결심했죠."

"얼마 지나지 않아 나는 정말 별로인 계약 조건을 토니 측으로부터 제시받았지만 이 조건을 수락하면 토니와 함께 세계를 여행하면서 소위 말하는 창의적인 코디네이터가 될 거라는 얘기도 동시에 들었습니다. 제안받은 연봉이 당시 내가 받고 있던 연봉의 절반 수준이라 나는 그 제안을 받아들이지 않았죠. 그 후 토니 쪽에서 더 많은 연봉의 같은 부서 이사 자리를 제안했는데 그 자리가 바로 내가 원하던 것이었어요."

"첫 번째 교훈은 비록 내가 다른 사람을 조종하고 거래를 제안할 수 있는 위치에 있지 않음에도 나에게 불리한 제안을 버텨낸 것이 너무 기분 좋은 일이라는 것이었어요. 나는 기다렸고 더 좋은 기회를 얻었죠. 그렇게 토니 로빈스와 6년 반 동안 같이 일했어요."

"나는 그와 함께 전 세계를 여행하며 그가 무대에서 발표하는 콘텐츠와 디지털로 제공되는 상품에 삽입되는 콘텐츠를 작업했죠. 그것은 내 인생을 송두리째 바꾸었어요. 내 인생에서 가장 힘든 일이었지만 정말 대단했죠."

"내가 지금 하고 있는 사업을 시작하게 된 가장 결정적 계기는 토니 로빈스가 인터넷 기업가들과 회의를 하면서 나눈 대화 때문이었습니다. 그가 '하고 있는 온라인 사업에 대해 말씀해주세요. 우리는 눈에 보이는 많은 제품을 판매했고 다양한 강연을 성공적으로 수행했지만 온라인 마케팅은 우리에게 익숙한 것이 아닙니다. 나는 지금 당신과 같은 방에서 작은 책상에 앉아 당신들이 하는 이야기를 적을 준비를 하고 있습니다'라고 말했기 때문이었죠. 사람들은 돌아가면서 자신의 사업에 대해 이야기했지만 내가 들은 것은 자신이 만들고 싶은 것을 자신이 원하는 방식으로 창조할 수 있는 자유, 생활방식, 기회였죠. 그들의 말에 순간 귀가 번쩍 뜨여서 '어떻게 해야 할지는 잘 모르지만 해볼 필요는 있을 것 같아'라고 생각했습니다."

"그다음 해에 나는 온라인 마케팅 세계를 경험해보기 위해 토니 로빈스 회사의 조직 내에서 나의 위치를 조정하기 시작했습니다. 나는 몇 개의 큰 판매 행사를 맡아 수행했지만 천천히 그러나 확실히 온라인 마케팅 사업을 준비했고, 토니의 회사에서 조금씩 발을 빼면서 나만의 온라인 마케팅 사업에 착수했습니다. 처음에는 소셜미디어를 중심으로 마케팅을 진행했지만 그 뒤로 더 많은 고객 목록을 작성했고, 더 많은 제품 개발했으며, 제품 홍보를 위한 더 많은 웨비나를 운영하고 있습니다. 몇 년 동안 내가 실시한 온라인 마케팅의 종류와 형태는 이런 과정을 거쳐 변경되었어요.”

에이미가 토니 로빈스와 같은 마법의 능력을 가지고 있었기 때문에 그녀의 이야기는 내 생각과 완벽하게 이치에 맞았습니다. 에이미는 자신의 부족에게 영감을 줄 뿐만 아니라 그들의 사업을 변화시킬 현실적이고 실행 가능한 단계들을 알려주었습니다.

“내가 해온 일은 항상 한 사람에게만 말을 건 것입니다. 이것은 당신의 이상적인 고객 아바타에 대한 전체적인 개념을 잡아줍니다. 여기가 내 학생들을 포함해 많은 사람들이 막히는 부분입니다. 당신은 실제로 아바타에 이름을 부여해 자신만의 고객 아바타를 만들어야 합니다. 당신이 말하는 대상은 누구인가요? 그들이 당신에게 원하는 것은 무엇인가요? 그들은 몇 살인가요? 그들은 가족이 있나요? 그들은 어떤 종류의 차를 운전하나요? 그들이 읽은 책과 잡지는 무엇인가요? 대부분의 사람들은 이런 질문에 대해 ‘전혀 모르겠어요’라고 답합니다. 당신이 그들에 대해 지금 알고 있는 것이 무엇인지 한번 추측해보세요. 당신이 추측한 것은 바뀔 수 있습니다. 현재 내 아바타는 내가 과거에 생각했던 아바타와는 완전히 다르죠. 무엇보다 당신은 일단 시작해야 합니다.”

강좌를 개설하기 위한 첫 번째 단계 중 하나는 브레인스토밍입니다. 에이미는 내가 신제품과 관련해 브레인스토밍을 할 때 사용할 수 있는 훌륭한 방법을 개략적으로 설명해주었습니다. 에이미는 작가 브레네 브라운이 자신에게 가르쳐준 것처럼 처음에는 그냥 생각나는 대로 할 것을 추천합니다. 그 어떤 것도 편집하거나 수정하지 마세요.

대다수의 사람들은 완벽주의자가 되려고 노력합니다. 단어나 단락을 편집하면 창의성은 발현되지 않고 아이디어는 절대 떠오르지 않습니다. 당신 스스로 자유로운 상황에서 무슨 일이 일어날지는 정말 아무도 알지 못합니다. 나는 모든 아이디어를 좋다 혹은 나쁘다 평가하지 않고 구글 문서에 그대로 올리며, 말 그대로 그 주제에 대해 더 이상 쓸 말이 없을 때까지 쓰고 쓰고 또 씁니다. 그런 다음 다시 그 주제로 돌아와 세부적으로 다듬기 전까지는 그 주제에서 완전히 벗어나 생각을 깨끗하게 정리합니다. 초안을 만들 때 이런 작업을 하지 않으면 정말 멋진 아이디어나 생각을 당신 스스로 차단해 밖으로 끄집어내지 못합니다.

아무 생각 없이 엉망진창으로 만드는 것은 매우 중요합니다. 정확한 단어나 구조 등과 같은 세부적인 사항에 얽매이는 것은 장기적으로 봤을 때 전혀 중요하지 않은 것에 시간과 에너지를 낭비하는 것입니다. '누가 실제로 결승점에 도달하느냐'의 관점에서 볼 때 승자와 패자를 가르는 것은 '추진력'입니다. 우리에게는 추진력이 필요합니다.

콘텐츠 제작은 블로그에 글쓰기, 팟캐스트 에피소드 만들기, 온라인 강좌 개설하기, 소셜미디어에 게시하기와 같은 것들입니다. 내 학생들에게 나는 이것을 매주 해야 한다고 말합니다. 매주 새롭고 독특한 콘텐츠를 생성해야 하는 이유는 바로 다음과 같은 두 가지 이유 때문입니다.

첫째는 당신의 아이디어, 통찰력, 비결, 요령과 전략 등을 세상에 공개함으로써 당신은 근본적으로 다른 누군가에게 '이것이 당신이 해야 할 일입니다. 당신은 이 분야에서 답을 찾는 사람들이 확인해야 하는 정보의 원천이 되고 사람들은 당신에게 감사해할 것입니다. 사람들은 구글 검색 또는 소셜미디어, 유튜브를 통해 당신을 발견하고 당신은 콘텐츠를 활용해 그들을 끌어들입니다'라고 말하고 있는 것과 같기 때문입니다.

두 번째 이유는 일관된 기준으로 콘텐츠를 만들기 위해서입니다. 당신은 자신의 의견과 목소리를 내고 있습니다. 자신만의 메시지를 완벽하게 다듬어가고 있죠. 꾸준한 과정을 통해 당신은 마침내 당신이 말하고 싶은 것과 그것을 표현하는 방법을 알아낼 것입니다"라고 에이미는 말합니다.

정기적으로 콘텐츠를 개발하는 것은 모든 초보 기업가들이 당신으로부터 추진력을 얻기 위해 필요한 추가적인 역량을 제공합니다. 블로그, 팟캐스트, 동영상, 글쓰기를 시작하면 당신은 자신의 의견을 확립하고 당신이 보유한 통찰력과 의견을 더 자신감 있게 공유할 것입니다. 그것은 당신에게 도움이 되고 당신의 부족을 형성하는 데 있어서도 도움이 됩니다.

온라인 사업에 진출하는 사람이 많아짐에 따라 콘텐츠에 대한 관심을 높이기 위해 우리는 더 많은 것을 해야 합니다. 에이미는 페이스북 라이브와 인스타그램 스토리를 활용하거나 블로그의 특정 부분을 강조하고 해당 게시물을 더 많이 노출하기 위해 페이스북 광고를 활용하라고 말합니다.

에이미는 전문가가 되기 위한 최소한의 조건에 대해서도 매우 고무적인 답을 내놓았습니다. 당신은 어떤 특정 분야에 대해 의견을 말하기 전에 그 분야의 박사 학위를 취득하거나 그 분야의 최고경영자가 될 필요는 없습니다.

"나는 우리의 대다수가 특히 무언가를 막 시작했을 무렵에 자신이 이 분야의 전문가라고 생각하지 않는다는 걸 잘 알고 있습니다. 나 역시 처음부터 소셜미디어 전문가가 아니었어요. 하지만 토니 로빈스와 한 팀이 되어 그의 페이스북 페이지를 만들었고 그가 어떻게 트위터와 다른 플랫폼을 활용하는지 볼 수 있었죠. 그의 그늘 아래에서 내 모든 역량을 발휘해 그가 하는 것을 그대로 배웠습니다. 따라서 내 사업을 시작했을 때 나는 이미 많은 경험을 한 상태였어요. 효과가 있는 것과 없는 것에 대해 알고 있었고, 가장 최선의 방법으로 그것을 가르치고 적용하기 시작했죠"라고 에이미는 말했습니다.

아무것도 입증하지 않은 채 전문가라고 말할 수는 없지만 만약 당신이 자신 또는 다른 누군가에게 효과를 본 결과물이 있다면 당신은 그 결과를 얻기까지의 방법을 누군가에게 가르칠 수 있습니다. 당신이 가르치는 것은 타당하고 현실에 기반을 두고 있습니다. 당신이 시행한 것들 그리고 당신이 밟아온 단계와 그 결과로 인해 무슨 일이 일어났는지 보세요. 모든 것이 공정한 게임입니다.

모든 사람이 공유할 수 있다고 내가 믿고 있는 특별한 것을 당신이 보유하고 있고 그것을 온라인에서 이야기한다면 그 일은 다른 누군가에게 분명 가치가 있을 것입니다. 당신은 '이것이 내가 블로그를 통해 공유하고 싶은 것입니다'라고 나서서 말하기 위해 큰 성과를 달성해야 할 필요는 없습니다.

당신은 실질적이고 가치 있는 정보를 공유하기 위해 유명해질 필요가 없습니다. 그러나 정보를 공유하려면 이메일 리스트가 필요합니다. 만약 당신이 오늘 한 가지 일만 해야 한다면 이메일 리스트를 만들어보세요. 이메일 리스트는 온라인 사업의 성공을 결정하는 중요한 요소 중 하나입니다. "어떤 종류의 사업이든 온라인에서 성장하기 위해서는 이메일 리스트가 필요합니다. 정보의 대가로 모든 사람이 필요로 하는 이름과 이메일을 제공할 사람이 필요하죠. 이것은 그 사람들이 손을 들어 '나는 당신이 가지고 있는 것이 더 필요하니 그것을 나에게 보내주세요'라고 말하는 방식입니다"라고 에이미는 말했습니다.

"자, 이렇게 합시다. 나는 항상 당신 사업의 에너지가 이메일 리스트의 강점과 직결된다고 말합니다. 커뮤니티를 만들고 싶을 때 당신은 사람들이 당신의 공짜 물건에 관심을 가져주길 원하고, 당신이 판매할 준비가 되면 그 커뮤니티의 사람들이 당신 제품을 구입하거나 주문해주길 원합니다. 따라서 당신 사업에서 에너지를 창출해 사람들이 당신 소식을 듣고 싶어 하도록 만들어야 합니다. 사람들은 당신이 무슨 말이든 해주길 기다리고 있습니다. 그들은 당신의 이메일을 받고 기뻐할 것입니다."

"나는 600명이 포함된 이메일 리스트를 만들었지만 그것을 잘 활용하지는 못했습니다. 그들에게 정기적으로 이메일을 보내지 않았고 그들과의 관계를 적절하게 구축하지 못했죠. 그 결과 내가 첫 강좌를 홍보했을 때 아무도 관심을 기울이지 않았고 나는 좌절했습니다. 순간 나는 사람들이 이메일 리스트에 있는 것만으로는 충분하지 않고 지속적으로 그들과 계속 연락해야 한다는 것을 깨달았습니다. 당신은 그들에게 질문을 하고 그들이 댓글로 그들 자신에 대해 말하도록 만들어야 합니다. 가능한 한 양방향 대화를 만들어야 하는 것이죠."

"이메일 리스트에 포함된 이메일 수가 더 많아지면 양방향 커뮤니케이션의 기회는 더 줄어듭니다. '저기요, XYZ에 대해 알고 싶어요. 댓글로 알려주시면 좋겠어요'라고 작은 대화부터 시작해보세요. 당신의 이메일 리스트 양이 매우 적어서 답장을 쓸 수 있다면 당신은 평생 고객을 만들 수 있습니다. 당신과 영원히 함께할 충실한 추종자들을 만들어야 합니다."

"당신이 '이번에 새로운 기회를 잡았어요. 내가 잡은 기회에 대한 이야기를 당신이 들어주면 좋겠어요'라고 언제든지 말할 수 있는 이메일 리스트는 없습니다. 또한 사람들이 실제 돈을 지불하고 당신의 서비스, 제품, 프로그램을 사용하기를 원하는 상황이라면 대부분의 경우 당신 사업은 성공하기 어렵습니다. 나는 간단한 홈페이지라도 온라인 플랫폼을 가지고 있는 사람이라면 누구나 사용자 정보 수집을 위한 무료 제품이나 무료 콘텐츠를 가지고 있어야 한다고 생각합니다. 사람들은 버튼을 누르고, 이메일을 입력하고, 체크리스트, 청사진, 핵심 요약 같은 무료 콘텐츠를 받습니다. 당신의 목표 집단에 정말 가치 있는 것이라면 무엇이든 무료로 제공하는 것이 좋습니다. 당신이 가지고 있는 것 중 가장 좋은 것 일부를 무료로 배포하는 것은 당신의 이메일 리스트의 양을 늘리는 데 큰 도움이 됩니다."

기업가로서 당신은 자신이 원하는 대로 삶과 사업을 창조할 자유가 있습니다. 그러나 그것이 사업의 모든 측면이 매우 흥미롭다는 것을 의미하는 것은 아닙니다. 우리는 모두 세금, 서류 작업 그리고 심지어 최신 기술까지도 알고 있어야 합니다.

"사업을 시작하기 위해 지금 하고 있는 일에 자신감이 생길 때까지 기다리면 안 됩니다. 두려움이 사라질 때까지 혹은 사업에 뛰어들어 뭔가를 만들어낼 확신이 설 때까지 기다리지 마세요. 내 삶은 직장인으로 일하던 때와는 믿을 수 없을 정도로 다르고, 그 삶으로 다시 돌아가는 것을 나는 상상할 수 없습니다. 내가 사업을 하는 것은 내가 모든 두려움을 극복하고 믿을 수 없을 정도로 자신감을 갖게 되었기 때문이 아닙니다. 나는 여전히 자신감이 부족하고 일하는 것이 매우 무섭지만 그냥 합니다. 능숙하지 않더라도 일단 하게 되면 그 일이 점점 더 쉬워질 것이라고 자신 있게 말할 수 있기 때문이죠."

팟캐스트 활용법

팟캐스트의 가장 좋은 점은 누구나 시작할 수 있다는 것입니다. 팟캐스트는 많은 사람에게 다가갈 수 있는 좋은 방법입니다. 주제와 열정 그리고 몇 가지 기본 장비만 있으면 시작할 수 있습니다. 팟캐스트를 시작하기 전에 필요한 몇 가지 사항을 다음과 같이 소개합니다.

- 마이크: 마이크는 꼭 필요합니다. 좋은 소식은 마이크 가격이 매우 저렴하다는 것입니다. 나는 아틀라스 사운드 DS7^{Atlas Sound DS7}과 오디오 테크니카 AT897^{Audio Technica AT897}을 사용합니다. 가격이 더 싼 제품군에서의 대안은 블루 예티^{Blue Yeti}입니다.
- 마이크 스탠드
- USB 오디오 인터페이스/믹서: 좋은 품질의 마이크가 있다면 인터뷰를 생방송으로 하는 경우를 제외하고 믹서는 선택 사항입니다. 나는 엠 트랙 2X2M^{M-Track 2X2M} 믹서를 사용합니다.
- 헤드폰: 혼자 방송을 할 경우 헤드폰은 선택 사항입니다. 그러나 초대 손님을 인터뷰하는 경우에는 소리의 간섭을 줄여야 합니다.
- 녹음 소프트웨어: 녹음 소프트웨어를 선택해야 합니다. 가격이 저렴하거나 무료로 사용할 수 있는 소프트웨어들이 있습니다. 나는 젠캐스터를 사용합니다. 비대면 인터뷰를 생각 중이면 젠

캐스터는 아주 좋은 선택입니다. 대안으로 오다시티^{Audacity}, 가라지밴드^{GarageBand}, 스크린플로우^{ScreenFlow}, 캄타시아^{Camtasia}가 있습니다.

- 미디어 호스트: 팟캐스트를 아이튠즈에 직접 업로드 하지 않는다는 사실에 당신은 놀랄 수 있습니다. 팟캐스트를 올리기 위해서는 미디어 호스트^{Media Host}를 거쳐야 합니다. 팟캐스트를 미디어 호스트에 올리면 미디어 호스트가 당신의 팟캐스트를 아이튠즈에 '제공'합니다. 인기 있는 미디어 호스트에는 리브신^{Libsyn}, 사운드클라우드^{SoundCloud}, 블러브리^{Blubrry}가 있습니다.

- 디자인 서비스: 매력적이고 눈길을 끄는 커버 디자인이 팟캐스트에서는 중요합니다. 99디자인^{99designs}, 업워크^{Upwork} 같은 플랫폼은 프리랜서 디자이너를 찾는 데 매우 유용합니다. 칸바^{Canva}를 활용해 직접 만들 수도 있습니다.

- 테마 음악: 대부분의 팟캐스트는 해당 팟캐스트를 소개하는 음악과 해설이 있습니다. 소개 음악은 팟캐스트의 주제 음악입니다. 폰드5^{Pond5}, 프리미엄 비트^{Premium Beat} 그리고 뮤직 베이커리^{Music Bakery}에서 멋진 음악을 찾을 수 있습니다.

- 편집 서비스: 오디오 편집에 자신이 없는 경우 업워크 같은 사이트나 프로 팟캐스트 솔루션^{Pro Podcast Solutions} 같은 서비스를 활용해 사람을 고용하세요.

이제 기술적인 측면은 준비가 완료되었으니 녹음 및 홍보에 대해 자주 묻는 몇 가지 질문에 대해 살펴보겠습니다.

– 언제 녹음을 시작해야 하나요?

바로 지금! 모든 것이 완벽하게 준비될 때까지 기다릴 필요가 없습니다. 이번 주에 한두 시간 정도 시간을 내어 첫 번째 에피소드를 녹음하세요. 완벽할 필요는 없습니다. 그냥 하면 됩니다. 항상 다시 녹음할 수 있다는 것을 기억하세요.

– 매 방송마다 초대 손님을 초대해야 하나요?

전적으로 당신에게 달려 있습니다. 당신은 혼자하거나 초대 손님과 같이 하는 것을 적절하게 섞을 수 있습니다. 당신의 팟캐스트에 적합할 것 같은 사람을 찾아보세요. 꼭 유명한 사람일 필요는 없지만 당신이 다루는 주제에 대해 아주 잘 아는 사람이어야 합니다. 예의를 갖추면서 계속 연락하세요.

– 팟캐스트 준비가 완료되면 어떻게 해야 하나요?

확실히 해야 할 것 중 하나는 한 개의 에피소드를 게시하기 전에 저금하듯 '은행'에 여러 개의 에피소드를 여분으로 보유하고 있어야 한다는 것입니다. 8~9개의 에피소드를 녹음하고 그중 가장 좋은 에피소드를 골라 방송하세요. 에피소드를 한 번 올렸다면 다른 에피소드들도 정기적으로 올리세요. 그 기간이 매주, 격주, 심지어 매일이 될 수도 있습니다. 목표는 어떤 일정으로 올리든 상관없이 일관성을 계속 유지하는 것입니다. 팟캐스트를 만들면서 팟캐스트 간략 정보도 만들 수 있습니다. 간략 정보는 요점, 자원, 링크 등으로 제공될 수 있죠. 또한 매주 이메일을 보내 추가적인 통찰력이나 뉴스 등과 함께 최신 에피소드에 대한 정보를 청취자들에게 제공해보세요.

– 청취자들의 참여를 어떻게 유도하나요?

수가 점점 늘어나는 청취자들과 교감하는 가장 좋은 방법 중 하나는 페이스북 그룹입니다. 초기에는 당신이 나서서 대화를 독려해야 할 수도 있지만 당신이 지속적으로 참여하면 페이스북 그룹은 유기적으로 성장할 것입니다. 또한 핵심요약, 체크리스트, 사은품, 간단한 연수 등을 통해 구성원들의 참여를 유도할 수 있습니다. 이 방법은 이메일 목록을 확장하면서 청취자들에게 더 많은 가치를 전달할 수 있는 좋은 방법입니다.

– 강의하는 법을 알려주세요

누구나 자신의 전문 분야가 있습니다. 당신이 아는 것을 다른 사람들에게 가르쳐주는 것을 왜 머뭇거리시나요? 온라인과 오프라인에서 강의하는 것은 부수입의 훌륭한 원천이 될 수 있습니다. 당신이 좋아하는 것을 강의할 방법을 브레인스토밍해보세요!

1. 구글 문서를 열고(또는 손에 익은 좋은 펜을 들고 종이에) 강의하고 싶은 주제에 대해 알고 있는 모든 것을 적습니다. 적은 것에 대해 어떠한 판단도 내리지 마세요. 나중에 다시 읽어보고 편집할 수 있습니다.

2. 브레인스토밍을 하고 나면 주제를 어떻게 여러 부분으로 나눌 수 있을지 생각해보세요. 어떻게 하면 작은 단계들로 세분화할 수 있을까요?

3. 아이디어를 검증해보세요. 사람들이 알고 싶은 것을 조사하고, 그 사람들의 가장 큰 고민과 어려움을 감지하여 당신이 도울 수 있는 방법을 생각해보세요. 사람들에게 설문조사를 실시하여 그 내용에 따라 강의를 설계하면 됩니다.

4. 이제 콘텐츠의 개요와 검증을 마쳤으니 일대일, 개인 또는 그룹으로 콘텐츠를 강의할 수 있는 다양한 방법을 생각해보세요. 지역 주민센터나 도서관 또는 공공기관에서도 강의할 수 있습니다.

꿈을 위한 북마크

- 답을 모를 경우 경험을 바탕으로 추측해보세요. 이후에 다시 수정해도 됩니다.
- 대화를 시작할 때 우리는 전문가가 아니어도 됩니다.
- 당신 사업의 에너지는 당신이 보유한 이메일 리스트의 강점과 직접적인 관련이 있습니다.
- 일할 때 마음이 설레지 않으면 그 사업을 하는 것은 아무 소용이 없습니다.
- 틀에 박혀 있을 때는 규범에서 벗어나세요.
- 듣는 것이 말하는 것보다 훨씬 좋습니다.
- 두려움이나 자신감 부족이 사라질 때까지 기다리다가는 절대로 시작할 수 없습니다.

11

풍요로움과
함께하세요

"세상을 바꾸는 데는
돈이 필요합니다." _테레사 수녀

　　　　　　　　　　　돈. 돈은 당신에게 어떤 느낌인가요?
돈이라는 단어를 듣자마자 무슨 생각이 드세요? 많은 사람들이 돈
의 개념에 대해 감정적으로 혼란스러워합니다. 돈에 대한 개념은 어
렸을 때의 경험, 자신에게 자존감을 부여하는 방법, 현대 사회에서
자신의 위치를 인식하는 방법들이 결합된 것입니다. 만약 제한적인
믿음에서 벗어나 더 큰 자유가 보장되는 삶을 살아가고자 한다면 재
정적인 풍요와 그것이 의미하는 것에 대한 우리의 잘못된 인식을 타
파해야 합니다.

　나는 돈을 사악한 존재로 믿고 있고 물질적 풍요로움에 대해 거부
감이 있는 수십 명의 기업인들과 이야기를 나눴습니다. 내 친구 마
크Mark는 자신이 스스로 계속 주입시켰던 생각 때문에 사업을 하면
서도 금전적인 풍요로움에 대해 무의식적으로 거부감을 가지고 있

었습니다. 마크의 부모님은 비록 재정적으로 종종 어려움을 겪었지만 사회사업과 자원봉사에 평생을 바쳤습니다. "나는 어릴 때부터 부자들은 이기적이라고 생각하면서 자랐습니다. 돈은 사람을 이타적인 존재에서 이기적인 존재로 바꾸는 힘이 있었습니다"라며 눈물을 글썽였습니다. 그는 자신이 제공하는 훌륭한 서비스를 사람들에게 돈을 받고 파는 것에 대해 깊은 죄책감을 느꼈고, 그러한 생각은 그의 사업 이익에 그대로 반영되었습니다.

돈 자체는 사람을 변화시키지 않습니다. 너그럽고 친절한 백만장자가 있는 반면 이기적이고 비열한 가난한 사람도 있습니다. 궁극적으로는 '돈으로 무엇을 하느냐'가 차이를 만듭니다. 자신의 능력이 허락하는 범위 내에서 더 많은 자원을 가지고 있다면 직업, 기부 또는 다른 사람들과 공유할 수 있는 아름다운 삶을 통해 더 많은 것을 베풀고 만들어내는 능력을 더 크게 발휘해야 합니다.

당신은 충분한 물만 원하세요? 아니면 충분한 산소만 원하세요? 당신은 삶을 영위하기 위해 하나만 원하지 않고 충분한 물과 산소를 동시에 원합니다. 돈은 당신이 자신의 시간과 노력을 어디에서 어떻게 사용할지 선택할 수 있게 해주는 자원입니다. 돈이 있으면 당신은 하고 싶은 프로젝트를 진행하고 당신이 소중하게 생각하는 사람들과 시간을 보낼 수 있습니다. 돈이 없으면 당신이 이 세상에서 무엇을 할 것인지 선택할 수 있는 능력이 순식간에 사라집니다.

아유르베다 요가 작가인 사하라 로즈는 '돈은 변화를 위한 촉매제가 아니라 우리가 누구인지 들여다보는 돋보기'라고 말합니다. 당신이 친절하고 관대한 사람이 되고 싶다면 돈은 다른 사람에게 베푸는 당신의 능력을 증폭시킵니다.

나는 팟캐스트에서 많은 백만장자들을 만났고 심지어 억만장자들과도 대화를 나눴습니다. 그들은 자신의 재능이 벌어다준 부를 세상에 다시 환원하는 기발한 방법을 찾아냈습니다. 바비 브라운의 화장품 회사는 매년 한정판 프리티 파워풀Pretty Powerful 제품을 출시합니다. 이 제품의 수익으로 소녀와 성인 여성들에게 사회적 불평등을 극복할 수 있는 지식과 기술, 전문성을 제공하는 프로그램을 지원합니다. 수지 케이크 역시 첫 번째 빵집을 개점한 이후 백만 달러 이상의 빵을 푸드 은행과 자선단체에 기부했습니다. 음악가 리사 롭은 캠프 리사 재단Camp Lisa Foundation을 통해 평소 여름 캠프에 갈 기회가 없던 아이들에게 여름 캠프에 참가할 수 있는 기회를 제공합니다. 리사의 앨범 판매 수익금의 일부는 매년 재단에 기부됩니다. 이러한 여성들의 성공은 그녀들이 사업이나 하는 일에 실패했다면 불가능했을 방법으로 그녀들이 세상에 다시 베풀 수 있도록 만들어줍니다.

매일 한 사람을 도와주려고 노력하세요

팟캐스트에서 인터뷰한 하워드 슐츠에게 나는 깊은 인상을 받았습니다. 그는 스타벅스의 CEO이자 회장일 뿐만 아니라 작은 커피 가게를 오늘날 우리 모두가 알고 있는 수십억 달러의 글로벌 사업으로 성장시킨 사람입니다. 스타벅스 커피는 누구나 한 번 쯤은 마셔 봤겠지만, 나는 많은 사람들이 그가 브루클린에 있는 뉴욕 지하철 L라인 종점 근처의 공공주택에서 성장했다는 사실은 모를 거라고 생각합니다. 그의 가족은 400평방피트(약 37제곱미터, 12평)의 아주 비좁은 집에서 살았습니다. 그는 우울증을 앓고 있는 어머니와 오랜 동안 실업자 신세였던 아버지 밑에서 자랐습니다. 유태인 가족 서비스Jewish Family Services(취약계층을 도와주는 미국의 비영리 단체_옮긴이)에서 식량을 제공받아 생계를 유지했죠. 요컨대, 하워드 슐츠네 가족은 땡전 한 푼 없을 만큼 가난했죠.

오늘날 그의 재산은 수십억 달러가 넘습니다. 스타벅스는 78개국에 3만 개 이상의 매장을 가지고 있고, 의료보험을 제공하는 약 40만 명의 직원을 고용하고 있습니다. 스타벅스의 직원들은 매주 1억 명의 고객들을 응대합니다. 하지만 하워드의 가장 놀라운 점은 전 직원과 고객들에 대한 그의 끊임없는 보살핌입니다.

"매장이 몇 개이고, 손님이 얼마나 오느냐의 문제가 아닙니다. 고객 한 명, 모두가 스타벅스의 주인이기 때문에 파트너로 불리는 스타벅스 직원 한 명 그리고 특별한 커피 한 잔에 대한 이야기입니다. 분명한 얘기지만 커피도, 직원도, 고객도 상품이 아닙니다. 이 모든 것이 인간성이라는 렌즈를 통해 성과주도형 기업이 되는 토대입니다"라고 슐츠는 말했습니다.

"지난 40년 동안 매주 열리는 리더십 회의와 분기별 이사회에는 두 개의 빈 의자가 있었습니다. 이것은 비유적인 것이었는데 의자

하나는 고객을 위한 것이고, 또 하나는 직원을 위한 것이었습니다. 지난 40년 동안 우리가 내린 결정이나 수행한 전략이 일반 대중과 스타벅스 고객들을 자랑스럽게 만들고 있는지에 대한 질문에 답하기 위해 우리는 노력해왔습니다. 그 질문이 내가 사람들에게 알려주고자 했던 리트머스 검사였습니다. 대답이 '그렇다'였다면 그것을 했을 것입니다. 대답이 '아니요'였다면 그것이 돈을 더 많이 벌어다주는 것이라고 할지라도 우리는 하지 않았을 것입니다."

"날마다 한 사람을 도와주려고 노력하세요. 오직 한 사람입니다. 가족이든 친구든 길거리에서 만난 사람이든 매일 한 사람의 인생에 관여하려고 노력하세요. 좋은 일을 하세요. 사랑, 친절, 기쁨을 한 사람에게 가져다주세요." 슐츠는 말했습니다.

이 지구상에서 달성할 수 있는 재정적인 풍요에 대한 제한은 없습니다. 다른 사람의 성공이 당신의 잠재적 수입을 빼앗아 가지 않습니다. 이 세상에는 같은 일을 하는 다른 사람의 능력에 영향을 주지 않고 놀라운 일을 하면서 돈을 벌 수 있는 충분한 여유 공간이 있습니다.

팟캐스트 〈사장되기〉의 진행자 에밀리 톰슨은 '경제는 하나의 큰 파이이고 우리는 모두 같은 크기의 조각을 받을 자격이 있다고 배워왔다'는 것을 지적했습니다. 만약 당신이 자기 자신을 위해 더 큰 조각을 먹는다면 당신은 누군가의 몫을 빼앗는 것이 되는 것이죠. 이러한 사고방식은 이 세상에 서비스를 제공하는 대가로 돈을 버는 수많은 행위를 계속 차단합니다.

직장에 연연하지 않기

특히 창의적인 사람들은 돈에 대한 편견이 있습니다. 나는 그런 상황을 몇 번이고 봤습니다. 예술가들은 돈을 버는 것이 예술의 중요성에서 멀어진다고 생각하는 경향이 있습니다. 미켈란젤로가 당대 가장 부유한 예술가 중 한 명이었다는 것을 알고 있나요? 그는 거액의 재산을 남기고 죽었습니다. 제프 고인스는 《예술가는 절대로 굶어죽지 않는다》에서 이와 같은 특별한 현상을 조사했죠. 그는 예술가들이 풍요로운 삶을 살기보다는 예술을 통해 이 세상에 영향을 주는 것에 더 많은 관심을 가지고 있기 때문에 가난을 자신들의 작품이 탁월하다는 신호로 활용한다는 것을 발견했습니다.

나는 작품을 파는 것이 작품을 그냥 스튜디오에 걸어두는 것보다 낫다고 생각하는 경향이 있습니다. 창의적인 사람들에게 있어 큰 장애물은 자신의 작품에 가격을 매기는 것입니다. 〈데이브 램지 쇼Dave Ramsey Show〉(미국 폭스TV에서 방송되는 경제 관련 토크쇼_옮긴이)에 출연한 작가 크리스티 라이트Christy Wright는 자신의 작품으로 사업을 하는 예술가들에게 작품에 대한 가치를 스스로 측정하라고 격려했습니다. 해결해야 할 문제를 파악한 후 '내가 제공하는 서비스의 가치는 얼마일까?' 한번 생각해보세요. 당신이 자신의 일을 영감, 평화 또는 생산성의 수단으로 생각할 때 그 가치를 개념화하는 것은 훨씬 더 쉬워집니다. 개념화된 가치는 현재 당신이 청구하고 있는 최소 금액보다 훨씬 더 높을 수 있습니다.

또 어떤 사람들은 자신의 가치와 물건의 값어치에 대한 잘못된 인식 때문에 경제적 풍요를 달성하고 부자가 되는 길에서 한 발 떨어져 있습니다. 오프라 윈프리가 이런 인식을 생방송에서 공개하면서 환상적인 운동을 전개했습니다. 그녀는 방청석을 가득 메운 여성들에게 그들이 벌고 싶은 돈의 액수를 적어달라고 부탁했습니다. 자신이 원하는 이상적인 연 수입을 시청자들에게 보여주기 전에는 자기 옆에 앉아 있는 사람들이 얼마를 썼는지 알 수 없었습니다. 그 액수는 놀랍게도 7만 5,000달러, 20만 달러, 100만 달러 등 전부 달랐죠. 오프라는 7만 5,000달러를 쓴 여성에게 다가가 왜 자신이 원하는 이상적인 수입을 스스로 제한했냐고 물었습니다. 그 여성은 눈물을 글썽이며 "이 정도면 정말 많은 돈입니다. 나에게는 충분하고 그 이상은 필요 없어요"라고 말했습니다. 오프라가 다시 한 번 이유를 물어보자 그 여성은 "그 이상으로 돈 버는 것을 나는 상상할 수 없어요"라고 대답했습니다. 사람들은 돈이 관대함, 이타주의, 기쁨을 의미한다는 수만 가지의 사례에도 불구하고 '돈은 부끄러운 것'이라는 믿음을 고수합니다.

오프라는 방청객들에게 그녀가 가지고 있는 돈에 대한 사고방식을 전파했습니다. "나는 엄청난 돈을 벌고 있지만 그 돈은 내 것이 아닙니다. 나는 매일 신에게 다른 사람을 위해 봉사할 수 있도록 도와달라고 부탁합니다. 내 손에 들어오는 돈은 다른 사람과 여러 프로젝트를 위해 다시 사용할 수 있기 때문에 나는 돈 버는 것이 전혀 부끄럽지 않습니다. 돈 버는 것은 나에게 돈이 흘러가는 과정일 뿐입니다. 나에게 왔다가 다시 가버리니까요. 내 것이 아닌 돈을 어디에 쓸 것인지에 대해 도움을 받을 뿐 내가 돈 버는 것에는 아무런 문제가 없습니다."

인터넷 시대에 산다는 것의 놀라운 측면은 우리 모두 무한한 잠재력을 지닌 사업을 구축할 수 있다는 것입니다. 업계의 엘리트들만이 사용해 오던 도구를 우리도 사용할 수 있고, 전 세계 곳곳에 있는 고객에게 접근할 수도 있습니다.

이제 막 창업을 한 기업가로서 돈을 다루는 것은 어려운 도전일 것입니다. 우리는 돈이 우리를 위해 할 수 있는 일을 완전히 새롭게 재정립해야 합니다. 세스 고딘은 돈에 대한 우리의 생각이 '돈과 상호작용하는 법'과 '사업을 시작하거나 사업이 힘들 때 돈을 활용하는 법'에 있어 큰 영향을 준다는 사실을 증명하는 좋은 예를 제시했습니다.

"돈은 이야기일 뿐입니다. 돈은 우리가 가진 것, 우리가 얻을 수 있는 것, 가치와 거래에 대해 우리 자신에게 말하는 이야기죠. 만약 돈에 대한 당신의 이야기가 당신이 창출하고자 하는 영향력을 구현하는 데 방해가 된다면 당신은 그 이야기를 바꿔야합니다. 세상은 변하지 않습니다"라고 그는 말했습니다.

그런 다음 세스 고딘은 프리랜서에서 기업가로 변신하면서 돈에 대한 자신의 생각이 어떻게 변했는지 다음과 같이 설명했습니다.

"기업가들은 성장하기 위해 돈을 활용하고, 프리랜서들은 성장하기 위해 노력을 활용합니다. 나는 무역 박람회 부스를 대여하거나 홍보대행 회사에 비용을 지불하는 등 성장하기 위해 돈을 쓰는 것이 정말로 불편했습니다. 나는 그 돈을 내가 레스토랑에서 쓰는 돈과 똑같이 취급하고 있었죠. '레스토랑에서는 200달러짜리 와인을 마시지 않을 텐데 나는 왜 홍보에 대해 조언을 해주는 누군가에게 시간당 200달러를 지불해야 할까?' 하지만 레스토랑에서 쓰는 200달러와 홍보대행 회사에 지불하는 200달러는 서로 같지 않습니다. 매우 직관적인 예시지만 눈앞에서 처음으로 환자가 죽자마자 그만두려 한다면 당신은 심장외과 의사가 될 수 없습니다. 심장외과 의사가 되려면 사람들의 생명을 구하는 대가를 치러야 합니다. 그 대가 중 하나는 때때로 사람들을 살리지 못하는 것입니다. 우리가 돈에 관여하는 방식도 비슷할 수 있습니다. 어떤 때는 효과 없는 것에 돈을 쓰게 될 것입니다. 사업을 하고 싶다면 효과 없는 것에 돈을 쓰는 것을 거래의 일부라고 생각해야 합니다."

우리는 엄청난 부자가 될 기회를 우아하게 받아들이고, 자신의 부를 의미 있는 방식으로 공유해야 합니다. 당신만의 특별한 능력이 치즈케이크를 굽는 것이든 생명을 구하는 것이든 아무 상관없습니다. 당신이 누군가의 하루를 더 편안하게 또는 더 즐겁게 만드는 무언가를 창조한다면 그것은 충분한 가치가 있습니다.

사업 코치이자 팟캐스트 〈용기와 명확성Courage & Clarity〉을 진행하고 있는 스티븐 크라우더Steph Crowder는 의사와 과학자들이 생명을 구하는 일과 예술가와 크리에이터들의 생명력 넘치는 일의 차이를 진통제와 비타민으로 비교합니다. 진통제는 살아가면서 피할 수 없는 환경에 대한 해결책입니다. 즉 식료품이나 약, 집 같은 것이죠. 반면 비타민은 누군가의 삶을 더 건강하고 밝게 만들어줍니다. 영화, 촛불 그리고 맛있는 간식거리 같은 것이죠. 두 가지 모두 완전한 삶을 위해서는 반드시 필요합니다.

돈에 대한 사고방식을 바꾸는 것은 미래의 성장에 대비하기 위한 가장 기본적인 단계 중 하나입니다. 우리는 스스로 가능하다고 믿는 것의 경계를 넓히고 한계를 극복한 긍정적인 예시들로 우리 자신을 감싸야 합니다.

당신이 더 성공하고, 더 안정되고, 더 풍요로워짐에 따라 당신 주변의 모든 사람에게 어떤 것이 가능한지 알려주는 신호가 됩니다. 당신은 자기 패배적인 믿음에 대해 책임을 지고, 부자가 되는 것이 당신의 타고난 권리이며, 풍요로운 부가 이 세상에 놀라운 영향을 줄 자유와 자원을 당신에게 제공할 것이라는 사실을 인정하며 열심히 일해야 하는 것이죠.

사업이 영성과 무슨 관계가 있을까요? 영성은 우리가 가장 진실한 모습으로 살 수 있는 자유를 주고, 경제적 풍요는 전적으로 그렇게 살 수 있도록 도와줍니다. 그레첸 루빈은 고학력의 성공한 변호사였지만 삶에 있어 큰 비참함을 느꼈기 때문에 행복이 무엇인지 연구하기로 결심했습니다.

그녀가 내 팟캐스트에 출연했을 때 나는 그녀에게 "사람이 행복해지기 위해 돈이 얼마나 중요한가요?"라고 물었습니다. 그녀는 "정말 중요합니다. 돈은 자유입니다. 돈이 있으면 시간도 만들 수 있죠. 돈이 많을수록 더 많은 자유를 얻고 아이와 함께 더 많은 시간을 보낼 수도 있습니다"라고 대답했습니다.

돈이라는 것은 당신이 가치 있는 것을 이 세상에 제공하고 그 대가로 당신에게 가치 있는 것을 되돌려받는 거래입니다. 따라서 내 개인적인 관점은 돈을 더 많이 벌 수 있으면 다른 사람들을 위해 더 많은 것을 창출해야 합니다. 수입이 늘어날 때마다 나는 '내가 어떻게 더 베풀 수 있을까?' '내가 더 할 수 있는 일은 무엇일까?'라고 스스로에게 묻곤 하죠.

당신에게 집이 있고, 식료품과 가스를 사고, 당신 자신을 돌볼 수 있다면 당신은 충분한 돈이 있다고 생각할지 모릅니다. 훌륭하죠. 하지만 만약 당신이 할 수 있는 일의 전부가 자신을 돌보는 것이라면 다른 누군가를 위한 여분의 시간이 당신에게는 없습니다. 당신에게는 음식을 만들고, 집세를 내고, 직장에서 일하는 시간밖에 없는 것이죠. 이것은 나에게 완전히 새로운 관점이었습니다.

토니 로빈스는 바로 이것을 깨달았습니다. 그는 아무것도 없이 자랐기 때문에 해마다 100만 달러를 벌기 시작했을 때 꽤 만족했습니다. 그는 7년 연속으로 연간 100만 달러를 벌었지만, 그 이상을 벌지는 못했습니다.

그랬던 그가 어느 날 미네소타의 한 호텔에 숙박했습니다. 밖에는 눈이 내리고 있었죠. 그는 샌디에이고에 있는 집에 전화를 했습니다. 그의 아이들은 목욕 중이어서 전화를 받을 수 없었죠. 토니는 그 상황을 다른 시각으로 보기 시작했습니다. 그는 미네소타에 있고 싶지 않았죠. 집에 있으면서 뜨거운 욕조에서 아이들과 함께 목욕하기를 원했습니다. 1년에 200일을 여행하면서 가족과 떨어져 지내고 싶지 않았어요. 그는 자유를 원했습니다.

토니는 그동안 자신이 100만 달러 이상을 버는 것에 대해 스스로 엄청나게 수치스러워 하고 있었다는 사실을 깨달았습니다. 그래서 그는 진정한 자신만의 방식으로 돈에 대한 자신의 신념을 재검토했습니다. 돈을 더 많이 벌면 더 많은 사람들에게 봉사할 수 있고, 아이들과 시간을 더 자주 보낼 수 있다는 것을 깨달았죠. 더 많은 것을 베풀 수 있는 능력이 풍요로움에 대한 그의 한계를 깨부셨습니다. 토니 로빈스는 현재 연간 수억 달러를 벌고 일정 금액을 기부하고 있습니다.

그레첸 루빈은 돈이 어떻게 항상 좋은 일에 쓰이는지 더 잘 인지할 수 있는 법을 나에게 알려주었습니다. 그것은 바로 부자들이 얼마나 많은 행사, 박물관, 야생동물보호구역을 만들었는지 생각해보는 것이었죠.

당신은 그 풍요로움으로 멋진 일들을 할 것입니다. 풍요로움에 대해 수치심을 느끼기보다는 자신의 재능과 기술이 허용하는 만큼 돈을 벌어 그것을 바탕으로 더 많은 기회를 창출함으로써 다른 사람들에게 더 많이 베풀어야 한다는 의무감을 느껴야 합니다. 이것이 행동을 바꾸는 패러다임의 변화입니다.

자신의 가치를 높이고 당당하게 요구하기

우리는 우리가 마땅히 누려야 한다고 생각하는 삶을 삽니다. 당신에게 일어나는 일이 아니라 어떻게 반응하느냐가 당신 이야기의 진행 방향을 결정합니다. 당신의 기준을 높이고 "나는 이것보다 더 받을 자격이 있습니다. 나는 필요 이상으로 고통받을 필요가 없습니다. 나는 이것보다 더 뛰어나고 더 많은 것을 받을 자격이 있습니다"라고 목소리를 높여야 할 시간입니다. 이 세상에 당신을 드러내기 위해 기준을 높이는 것은 오로지 당신의 책임입니다.

공인재무설계사이자 팟캐스트 〈프라핏 보스® 라디오〉 진행자인 힐러리 헨더샷이 말한 부를 축적하기 위한 첫 번째 단계는 아주 간단합니다. 그것은 바로 '요구'입니다. "세상이 요구하는 것은 점점 더 커지고 있습니다. 어떻게 하면 수입을 두 배로 증가시킬 수 있을까요? 어떻게 하면 돈을 더 많이 벌 수 있을까요? 자신의 이익을 위해 협상하는 사람이 되세요"라고 그녀는 말합니다.

원하는 응답을 받을 수 있다는 보장은 없지만 요구하기 위해 노력하면 가능한 것이 바뀌기 시작합니다. 당신이 제공하는 가치가 당신이 지금 현재 받는 금액보다 더 가치가 있다는 이유를 명확하게 설명할 수 있다면 더더욱 그렇습니다.

예전에 나는 내가 엄청 좋아하던 TV 프로그램의 주제곡을 작곡한 적이 있습니다. 일을 의뢰한 고객들은 친절하고 호의적이었지만 놀라울 정도로 낮은 금액을 제시했죠. 비록 금액은 적었지만 나는 상당히 좋은 기회이자 인연이라고 스스로 합리화하고 계약서에 서명할 준비가 되어 있었습니다. 그때 내 친구가 끼어들었습니다. 그녀는 그들이 제시한 금액이 업계 평균에 비해 너무 낮고, 나와 비슷한 경력을 가진 사람이 받기에는 적합하지 않다고 설명했습니다. 다른 친구들에게도 업계 평균에 견주어봤을 때 이 금액이 적당한지 의견을 구했지만 내가 물어본 친구들 모두 그들이 나에게 제안한 금액의 최소 5배 이상은 되어야 한다고 말했습니다.

무엇보다 나는 이 좋은 기회를 놓치고 내 고객을 화나게 할까봐 두려웠습니다. 내 자신이 이런 제안을 할 만큼 가치가 있는 사람인지 의심스러웠지만 심호흡을 한 다음 그들이 처음 제시했던 금액의 5배를 요구했습니다. 그들의 반응이 어땠을까요? 그들은 "우리는 원래 이렇게는 절대 안하지만, 이번에는 그렇게 하겠습니다"라고 말했습니다.

심지어 내가 만든 곡이 그 프로그램의 전체적인 느낌에 어떤 도움을 주었는지 설명이 담긴 멋진 편지까지 감독과 PD로부터 받았습니다. 이 경험은 자기 자신의 가치를 알면서 적절한 때에 자신의 가치에 부합하는 것을 요구하는 용기에 대한 엄청난 교훈이었습니다.

물론 쉽게 일하며 수천 달러를 벌 때도 있습니다. 하지만 당신의 가치보다 훨씬 낮은 보상을 받아 미래의 당신 성과가 평가 절하되는 경우도 있습니다. 더 많은 것을 우아하게 요구하는 것은 초능력입니다.

당신이 기준을 높이면 새로운 환경이 당신을 위해 열립니다. 모든 사람에게 서비스를 제공하기 위해 당신의 가치를 훼손할 필요는 없습니다. 당신이 창조하는 것을 필요로 하는 사람은 당신이 제공하는 높은 가치에 기꺼이 돈을 지불할 것입니다. 더 많이 지불할수록 그들 역시 더 높은 품질의 제품과 서비스를 제공받을 수 있습니다.

돈에 대한 우리의 사고방식은 종종 자존심과 세상 속에서의 자신의 위치에 대한 생각과 관련이 있습니다. 우리는 우리의 삶에서 발생하는 일에 대해 책임을 지고 우리의 신념과 행동을 조정해야 합니다. 그것이 건강이든 가족이든 우리에게는 모두 더 잘해야 하는 이유가 있고 그러한 요소들을 고려하는 것이 더 많은 것을 요구할 수 있는 강력한 방법입니다.

돈은 선과 악이 아닙니다. 돈은 자원이고 돈의 가치는 우리 각자가 이 자원으로 무엇을 할 것인지 결정하는 것에 달려 있습니다.

풍요로운 삶을 위한 3단계

1. 돈에 대한 사고방식 파악하기

《나는 돈에 미쳤다You are a Badass at Making Money》의 저자 젠 신체로는 풍요로움에 대한 잠재의식의 투쟁을 해결하는 데 그녀의 삶을 바쳤습니다.

"나는 꽤 멋진 삶을 살고 있었지만 일반적으로 봤을 때 직업적으로나 재정적으로 성공한 삶은 아니라고 항상 생각했죠. 40세의 나이에 차고에서 살고 있는 나 자신을 발견했어요. 어느 날 문득 '농담이죠? 이게 내가 할 수 있는 최선이라고요?'라는 생각이 들었죠. 그때부터 나 자신을 연구하기 시작했어요. 자기개발서를 읽고 부자되기 세미나에 참석하면서 '나는 할 수 없고 부자가 될 수 없다' 등과 같은 내가 버려야 할 생각들에 대해 정말 깊이 파고들었죠. 개인 코치를 고용하고, 내가 두려워하는 일을 하기 시작하면서부터 상황은 바뀌었어요." 내 팟캐스트에 출연한 그녀가 말했습니다.

그 이후로 그녀는 우리의 생각과 감정이 어떻게 우리의 생활방식과 삶의 이유를 설명할 수 있는지에 대한 연구를 바탕으로 자신만의 제국을 건설했습니다.

"우리 대부분은 '엄청나게 돈을 많이 벌고 싶어요. 어마어마하게 큰 돈을 내게 주세요'라고 말하지만 마음속 깊은 곳에서는 친구들 앞에서 그런 말을 하는 자신이 부끄럽고 더럽게 느껴집니다. 대부분의 사람들은 돈에 대한 다양한 가치 판단과 편견을 가지고 있어요. 또한 어떻게 자랐는지, 어디서 살았는지 등에 따라 돈에 대한 자신만의 특별한 기형적인 생각을 가지고 있습니다"라고 그녀가 말했습니다.

그녀는 돈에 대한 당신의 믿음을 재정립하기 위한 놀라운 실천 방안을 공유했습니다. 그녀의 방법은 내면에 있는 돈에 대한 믿음을 수면 위로 끌어내기 위해 가장 친한 친구는 아니지만 돈이 마치 사람인 것처럼 돈에게 편지를 쓰는 것이었죠. 편지 내용은 가령 이런 식이었습니다.

사랑합니다. 나는 돈이 더 많았으면 좋겠습니다. 그렇지만 당신은 나를 더럽고 불안정한 존재로 만듭니다. 내가 돈이 정말 필요할 때 내 수중에 당신이 있을 거라고는 전혀 생각하지 않습니다. 돈을 벌면 행복하지만 돈을 벌 자신이 없습니다. 나는 돈이 많은 사람은 역겹다고 생각하는 경향이 있고 내가 돈을 많이 벌면 다른 사람들도 나를 역겹다고 생각할까봐 걱정됩니다. 나는 왜 이럴까요?

　그녀는 자신이 쓴 편지를 보고 스스로에게 물어보라고 권했습니다. '이것 중 어떤 것이 사실일까?' '부자들은 모두 도덕도 모르는 멍청이들일까?' 당신의 잠재의식이 계속 반복하는 것 중 몇 가지는 거짓말이라는 것을 당신은 발견할 수 있을 것입니다. 돈이 관대함과 기쁨을 의미했던 몇 가지 예를 기억할지도 모르고요.

　그런 다음 맑은 정신 상태에서 새로운 질문들을 다시 한 번 던져보세요. '돈이 많으면 어떻게 해야 할까?' '어떻게 하면 내 돈을 좋은 일에 쓸 수 있을까?' 이 단계들은 돈에 대한 당신의 근본적인 믿음을 재구성하는 것에 도움이 됩니다. 당신의 마음가짐을 전환함으로써 당신이 할 수 있고 앞으로 할 모든 좋은 일에 대해 더 강력하고 현실적인 관점에 맞도록 주변 환경을 변화시킬 것입니다. 돈 자체와 돈을 버는 방법에 대한 어린 시절의 잘못된 믿음을 극복하는 것은 끔찍하게 어려울 수 있지만, 그것은 종종 당신을 진정한 길로 인도하는 열쇠가 되기도 합니다.

팟캐스트 청취자 중 한 명인 앤Ann은 10년 이상 그녀를 사로잡았던 두려움, 불안, 자신에 대한 의심을 정면으로 마주하고 심도 있게 직시하기 시작했습니다. 그녀는 다시 댄스 수업을 들었고 대중 앞에서 춤을 추는 것에 대한 무서움을 떨쳐버렸으며 평가와 거절에 대한 두려움을 극복하는 것을 병행하면서 자신의 내면으로 더 힘차게 발을 들여놓았습니다. 그런 다음 그녀는 공인 미용 문신 아티스트가 되기 위해 열심히 노력했습니다. 그녀는 산뜻하고 자연스러운 문신을 전문으로 하며, 유방 제거 수술을 받은 여성들이 유방이 있는 것처럼 완전하고 아름답게 보이도록 도와주고 있죠.

"나는 항상 예술가이자 뭔가를 만드는 사람이었습니다. 그림 그리기, 굽기, 정원 가꾸기 등 세상과 주변 사람들을 더욱 아름답게 만들기 위해 존재하는 내 안의 무언가가 있습니다. 나는 이 재능을 과소평가하고 내가 예술가로서 생계를 유지하는 것이 불가능하다고 믿는 이민자 가정에서 자랐습니다. 그 누구도 나에게 내가 가진 예술적 재능을 활용하는 무언가를 해야 한다고 용기를 북돋아주지 않았죠. 나 역시 내가 가진 재능을 세상과 공유하면서 생계를 유지할 수 없다는 강력한 믿음을 갖게 되었습니다. 하지만 당신의 팟캐스트는 내가 이런 생각을 가지고 있었다는 것을 인지하게 도와주었고, 진실의 장소에서 살아갈 용기를 주었습니다. 사람들의 삶을 더 좋게 만드는 방법으로 내가 가진 재능을 세계와 공유하는 것은 내 책임이고, 그러한 재능에 대해 보상을 받는 것은 아무 문제가 없다는 것을 알았습니다. 그 돈으로 훨씬 더 많은 사람들을 도울 수 있기 때문이죠"라고 앤은 말했습니다.

자신의 신념을 바꾸고 돈을 버는 것에 대한 죄책감을 버린 것은 예술가의 삶에 전념하기로 한 그녀의 계획에 엄청난 영향을 끼쳤습니다. "나는 내 목소리와 자신감을 되찾았습니다. 이것은 권력이나 자아, 지위에서 오는 거짓 자신감이 아니라 나 자신과 타인을 진심으로 사랑하고 배려하는 데서 오는 진정한 자신감입니다"라고 그녀는 말했습니다.

2. 돈에 대한 새로운 만트라를 선택하기

돈에 대한 새로운 만트라를 선택하는 것은 돈에 대한 우리의 믿음과 돈이 본능적인 단계에서 우리에게 해줄 수 있는 것을 재정립하기 위해 매우 중요한 부분입니다. 모든 만트라의 비밀은 만트라의 효과를 반드시 믿지 않아도 된다는 것입니다. 매일 만트라를 암송하고 반복하면서 새로운 가능성에 대해 고려하는 것만으로도 충분합니다.

내 팟캐스트에 출연한 젠 신체로는 다음과 같이 말했습니다. "몇 년 동안 내가 가장 자주 말한 만트라는 '돈은 벌기 쉽고 돈은 자유롭게 나를 스쳐간다'는 것이었습니다. 당시 내 통장 잔고는 바닥이었고 한 푼이 아쉬워 아등바등했지만 그럼에도 나는 만트라를 반복해서 말했습니다. 만트라를 말하고 그것에 집중하도록 나를 다그쳤죠. 아직 아무런 증거도 없지만 만트라 암송으로 인해 내 기분은 훨씬 좋아졌습니다. 우리는 감정에 의해 동기 부여가 되는 존재들이니까요."

힐러리 헨더샷은 그녀의 고객들에게 돈에 관한 말버릇을 바꾸라고 조언했습니다. "앞으로 '나는 그것을 살 여력이 안 돼'라는 말 대신 '나는 그것을 내 지출계획에 넣지 않을 거야'라고 말하세요. 당신이 진정으로 열망하는 것이나 당신의 삶에 가치를 더해 줄 것이라고 확신하는 것이라면 '어떻게 하면 그것을 살 수 있을지 알아볼 거예요. 살면서 그것을 가질 수 있도록 돈을 벌 예정이에요'라는 말로 스스로에게 힘을 실어주세요."

돈에 대한 당신의 부정적인 믿음을 인식하는 것은 중요하지만 행동 없이는 그 어떤 것도 변하지 않는다는 것을 기억하세요. 당신은 변화를 확인하기 위해 돈에 대한 자신의 새로운 믿음에 따라 행동을 시작해야 합니다. 행동을 위한 한 가지 전략은 경제적 활동을 나 자신이 아니라 사업을 위한 활동으로 전환하는 것입니다. 다른 사람들을 위한 서비스나 제품을 계속 생산하기 위해서는 장소, 전기, 돈, 재료 등이 필요합니다. 사업이 지속적으로 성장할 수 있도록 행동함으로써 당신이 하고 있는 경제 활동의 수신자를 당신 자신에서 고객으로 이전해야 합니다.

경제적 롤 모델도 찾아볼 수 있습니다. 경제적 풍요를 이룬 사람에 대한 책을 읽거나 팟캐스트를 듣는 것은 당신의 믿음을 변화시키는 데 있어 강력한 연습이 될 수 있습니다. 이런 연습은 부에 대한 긍정적인 생각을 뜬구름 잡는 개념이 아닌 현실적이고 당신 주변에서 실제로 발생하는 개념으로 바꿔줍니다.

3. 경제적 자유를 준비하기

당신이 할 수 있는 가장 강력한 행동은 경제적인 자유를 위한 준비를 시작하는 것입니다. 첫 번째 단계는 버는 것보다 적게 쓰는 예산을 설정하는 것입니다. 지출 비용과 저축 금액을 명확하게 파악한 뒤 당신의 시스템을 자동화하는 것이 좋습니다. 자금의 사용 용도를 결정하고, 청구서와 비용이 계좌에서 자동으로 처리되도록 설정한 다음 각 자금에 대한 목적지를 지정하고, 청구서 및 비용이 자동으로 지불되도록 계정을 설정하여 저축할 수 있는 최대한의 금액을 저축하는 것이죠.

　이런 활동은 시간을 절약해주고 감정적인 요소 또한 제거하기 때문에 감정에 따라 과민 반응하거나 위축되는 것처럼 당신이 감정적으로 행동하는 것을 방지해줍니다. 런웨이를 구축하는 것도 이 과정의 중요한 부분입니다. 생각에 한번 사로잡히면 마치 목표가 정말 쉽게 달성될 것처럼 보이기 때문에 그것으로 돈을 벌기 위해서는 자신의 모든 것을 걸어야 하는 것처럼 보입니다. 나는 모든 것을 걸고 시작하는 것을 적극 지지하는 사람 중 한 명이지만 그렇다고 그것이 낙하산 없이 뛰어내리라는 의미는 절대 아닙니다.

힐러리 헨더샷이 돈에 대한 생각과 돈과 자신의 관계를 재정립했을 때, 그녀는 자신이 계속 지켜갈 수 있는 시스템을 마련해야 했습니다. 그녀는 수만 달러의 빚을 지고 있었기 때문에 씀씀이를 생활하기 상당히 불편한 수준으로 제한했습니다. 그녀는 자신의 유일한 탈출구가 자신의 재정 상태를 깔끔하게 정리하는 것이라는 걸 잘 알고 있었습니다.

그녀는 자신의 돈 문제를 한 번에 전부 해결하리라 스스로에게 다짐했습니다. 그리고 자신의 문제를 다 해결한 후에는 다른 사람의 문제도 해결할 수 있게 돕겠다고 마음먹었습니다. 그녀는 가지고 있던 신용카드를 모두 잘라버렸고, 신용카드 대금을 갚기 위한 '어제의 약속', 영화나 커피를 위한 '오늘의 펀드', 새 차를 구매하거나 집 계약금을 마련하기 위해 저축하는 '내일의 꿈'과 같이 각 통장마다 이름을 붙였습니다. "나는 경제적으로 성공한 사람들과 함께하기 시작했고, '나는 항상 돈이 없다'는 믿음을 재정립해야 했습니다. 또한 나를 위한 소득 목표를 설정하기 시작했죠."

그녀는 자신의 예금액이 증가하는 것을 보면서 돈과 새로운 관계가 구축되는 것을 느꼈습니다. 당신이 이 여정의 어디쯤에 있든 '돈이 당신을 통제하지 못하게 만들면서 돈이 어떻게 당신을 위해 일하게 만들 것인지를 이해하는 것'이 지금의 단계에서 할 수 있는 가장 강력한 일 중 하나라는 것을 기억하세요.

큰 성공을 꿈꾸는 것이
왜 가치 있는 일일까요?

나타샤 케이스Natasha Case는 아이스크림 산업이 시작된 이래 가장 창의적이라고 불리는 아이스크림 회사의 공동 창업자입니다. 아이스크림 기업 '쿨하우스Coolhaus'는 그녀가 건축 공부를 더 즐겁게 하기 위한 아이디어에서 탄생했고 결국 구식 취급받던 산업인 아이스크림 업계의 판도를 바꾸었습니다. 오늘날 이 놀랍도록 생기 넘치고, 맛있고, 성공적인 회사는 전국의 식료품점, 쿨하우스 매장, 아이스크림 트럭에서 아이스크림을 판매하며 천만 달러 이상의 가치를 올리고 있습니다.

비록 쿨하우스가 재미있는 프로젝트에서 시작되었지만 오늘날 나타샤는 여성 창업자들과 여성 리더들에게 어떤 사업이든 큰 성공을 꿈꾸는 것이 왜 가치 있는 일인지 알려주는 일에 대해 진지하게 고민하고 있습니다.

나타샤는 학부생 때 지루함을 날려버릴 수 있는 쿨하우스에 대한 영감이 떠올랐습니다. "어떤 교수님이 내가 만든 축소 모형이 레이어 케이크 같다고 비판했어요. '그게 왜 나쁜 거지? 레이어 케이크는 맛있잖아'라고 나는 생각했죠. 다시 만들어야 하는 모형을 나는 아예 케이크로 만들었고 그렇게 하는 것이 훨씬 더 재미있었어요. '케이크가 발사나무보다 훨씬 흥미로운 재료잖아'라는 신나는 생각 때문에 나는 그날 건축학교에 입학한 이래 유일하게 밤을 새우며 작업했어요."

"다음 날 내가 케이크로 만든 모형을 발표했을 때 동료 학생들은 전날과는 완전히 다른 높은 수준의 참여 의사를 보였어요. 또한 모든 사람들의 경계가 풀려 있는 것을 볼 수 있었죠. 당시 나는 건축 디자인을 더 재미있고 접근하기 쉽게 만드는 방법을 찾고 있었어요. 건축 디자인이란 사람들이 접근할 수 없다고 느끼는 위협적인 방어막을 만드는 것이 아니라 개방성을 추구하고 서로 대화를 시작하게 만드는 것이니까요. 나는 '바로 이거야, 음식이라는 재료는 사람들이 건축을 더 재미있고 이해하기 쉽게 만들어줄 것이 분명해'라고 생각했어요."

"나는 내가 흥미를 느끼는 무언가가 있다는 것은 알았지만 그것이 정확히 무엇인지는 몰랐어요. 그 후 대학교와 대학원에 다니던 기간 동안 '음식이 건축을 만났을 때'라는 개념으로 건축을 재미있게 즐겼죠. 이것을 '음식건축학Farchitecture'이라고 부르기 시작했는데 여기에는 새로운 개념의 저녁 파티와 이전과는 다른 제품들이 포함되어 있었어요. 음식건축학은 예술 프로젝트였고 뭔가를 만들기 위해 발효시키고 재우는 데만 수년이 걸렸죠."

"예를 들어, 내가 피자 만드는 파티를 열었는데 식탁보는 밤새 무슨 일이 일어나는지에 대한 건축 계획이었어요. 식탁보에는 '누군가가 와인을 쏟을 곳' 또는 '누군가가 지갑을 잃어버린 곳'을 보여주는 선이 그려져 있었죠. 그런 다음 행사 때 사용하고 남은 토마토소스를 통조림에 담고, 재료 대신 다음 파티의 세부 사항이 적혀 있는 주문 제작 라벨을 만들었어요. 그것은 그날 밤의 에너지를 보존하는 작업이었죠. 정말 비밀스럽고 순수한 재미를 느낄 수 있었어요."

나타샤는 맥락을 따라가고 있었습니다. 나타샤가 생각한 개념에는 소명하는 무언가가 있었죠. 학교에서 어떻게 창의력을 말살하는지에 대한 켄 로빈슨 경^{Sir Ken Robinson}(영국의 교육학자이자 작가)의 강연은 '테드 토크^{TED Talk}'에서 가장 많이 시청된 강연입니다. 그의 말에 따르면 어렸을 때 우리는 본능을 따르고, 재미있는 일이 뭔지 알아차려 그것을 즐기며 놀았습니다. 그런데 시간이 지나면서 우리는 선생님과 어른들로부터 많은 정보를 얻은 다음, 그들의 시각으로 사물을 보기 시작하죠. 독자적으로 해결책을 찾는 것을 그만두는 것입니다.

나타샤는 선생님의 틀이 아니라 자신의 프레임을 통해 현실에 접근했습니다. 그녀는 대부분의 사람들처럼 생각에만 빠져 있지 않았죠. 우리는 모두 자신의 프레임으로 무언가를 스스로 발견해야 하고 다른 사람들이 새겨놓은 차선 위에 머물러서는 안 됩니다.

"딱 한 가지 정해진 길이란 없고 당신은 완전히 다른 곳에서 시작할 수 있습니다. 나는 분명히 예술가로서 순수한 창의성을 발휘할 수 있는 곳에서 출발했습니다. 그리고 음식건축학이라는 아이디어가 제대로 성장하고 발전하도록 유도했습니다. 단순히 즐기는 데만 해도 4~5년이 걸렸죠"라고 나타샤는 말했습니다.

나타샤는 건축학교를 졸업하고 디즈니에서 새로운 아이디어를 기획하는 이매지니어^{Imagineer}로 자신의 경력을 쌓아가기 시작했습니다. "나는 내가 디즈니에 첫 직장을 얻은 것을 많은 기술 기반 창업가들이 구글에서 시작하는 것과 비교합니다. 사람들은 구글에서 일이 어떻게 진행되고, 어떻게 팀이 만들어지며, 어떻게 제품이 만들어지는지를 경험합니다. 그런 다음 자신이 배운 핵심적인 것들을 창업 회사들과 기업가 정신에 적용하죠. 창의성에 있어서는 디즈니가 그런 존재입니다. 디즈니는 스토리텔링의 대가이니까요."

나타샤가 출근한 지 얼마 되지 않아 2008년 경기 불황이 닥쳤습니다. 그 기간 동안 디자인과 건축 분야는 큰 타격을 입었고, 사람들은 해고되기 시작했습니다. 나타샤는 사무실의 분위기를 띄우기 위해 '음식이 건축을 만났을 때'라는 콘셉트로 만든 간식을 사무실에 가져가기 시작했습니다. 그녀는 유명한 건축가들의 이름을 딴 쿠키나 아이스크림을 만들었는데 사람들은 그것을 보고 미소 지었습니다.

나타샤는 그 후 쿨하우스의 공동 설립자이자 현재 자신의 아내인 프레야 에스트렐러Freya Estreller를 사무실에서 만났습니다. 프레야는 소위 '엘리트주의Elitist 아이스크림 샌드위치'라고 부르던 것에서 사업의 잠재력을 보았습니다. 그녀는 나타샤에게 제품 원가를 산정해보라고 재촉했죠.

"우리 두 사람은 서로 합이 맞았어요. 말 그대로 두 사람의 융합이었죠. 우리는 완전히 다르고 겹치는 부분이 전혀 없는 기술을 서로 가지고 있었지만 뭔가 정말 큰일을 해보려는 비전이 일치했어요. 우리는 정말 세상을 바꾸고 싶었죠. 이에 우리 세대와 여성을 위한 아이스크림 브랜드를 만들기로 뜻을 모았어요."

당시 나타샤와 프레야는 25세였고, 부모님 집에 얹혀살았기 때문에 전통적인 매장 임차를 위해 대출받는 것이 거의 불가능했습니다. 하지만 그들은 소셜미디어에서 기회를 발견했죠. 그들은 요리사가 직접 운전하는 푸드 트럭에서 힌트를 얻은 뒤 사람들이 소셜미디어를 통해 어떻게 연결되는지 확인했어요. 그다음 자신들과 비슷한 연령대의 사람들을 위한 선구적인 아이스크림 트럭을 운영하기로 결심했죠.

"우리는 '끝내주는 아이스크림 트럭'을 구글에 검색했지만 아무것도 나오지 않았어요. 우리가 그것을 해야만 한다는 것을 알았죠. 눈이 번쩍 뜨였고 그 순간이 매우 특별하고 마법같이 느껴졌어요. 우리는 즉시 움직여야 했죠."

하지만 그들이 가진 예산은 나타샤의 신용카드 한도인 5,000달러가 전부였습니다. 그래서 이 똑똑한 두 명의 숙녀는 크레이그리스트에서 2,900달러짜리 크롬 휠이 장착된 엔진 없는 낡은 우편 밴을 찾아 구입했습니다.

"우리는 우리의 제품을 소개할 정말 큰 행사가 필요했어요. 코첼라Coachella(캘리포니아 코첼라에서 개최되는 야외 록 페스티벌_옮긴이)는 우리가 생각하기에 우리의 아이스크림 트럭이 사람들에게 큰 반향을 일으킬 수 있는 가장 큰 행사였죠. 그곳에서 아이스크림을 제발 팔게 해달라고 애원하고 또 애원했습니다. 코첼라 조직위원회는 자꾸 요청하는 우리가 귀찮고 짜증이 났는지 나중에는 '이메일 좀 그만 보내세요'라고 말했어요. 그렇지만 결국 우리는 야영장에서 아이스크림을 팔 수 있었죠. 지금 생각해도 우리는 정말 집요했어요."

트럭은 엔진이 없어 달릴 수 없었지만 나타샤와 프레야는 AAA 플래티넘에 가입하면 200마일 무료 견인 서비스를 이용할 수 있다는 것을 알아냈습니다. "어느새 우리의 트럭은 포부와 염원의 상징이 되었어요." 나타샤가 말했죠. 트럭은 최소한으로 실현 가능한 브랜드가 될 수 있는 궁극적인 물건이었습니다. 트럭에는 쿨하우스라는 간판도 없었고 문도 열리지 않았기 때문에 그들은 트럭 옆에 작은 부스를 만들어 자신들의 재기발랄한 아이스크림 샌드위치를 팔았습니다. 그리고 소수의 추종자들을 만들었죠.

쿨하우스는 첫날부터 돈을 쓸어 담기 시작했습니다. 그들의 친구 중 한 명이 커베드Curbed(미국의 부동산 및 도시 디자인 웹사이트_옮긴이)에 쿨하우스에 대한 가벼운 기사를 써서 올린 후에는 코첼라 행사가 끝나고 집으로 돌아올 때까지 여러 편집자들로부터 전화를 받았습니다. 쿨하우스 트위터 팔로워 수는 28시간 만에 5명에서 1만 명으로 증가했죠.

브랜드 자체만으로 입소문이 날 정도로 고급스러운 브랜드는 거의 없을 것입니다. 입소문은 정말 경이로운 현상입니다. 입소문이 나는 경우는 매우 드물고, 당신은 입소문을 계획할 수 없습니다. 당신은 하던 것을 계속하면서 무언가를 할 수 있는 기회가 정말로 당신에게 주어졌다는 사실을 인지하면 됩니다.

나는 그들의 이야기 중 이 부분이 정말 좋습니다. 그들의 이야기는 당신이 일단 시도했을 경우에만 발생할 수 있는 일의 아주 훌륭한 예입니다. 나타샤는 그녀가 생각할 수 있는 최소한의 실행 가능한 경험을 했고 그것을 통해 많은 것을 이끌어냈습니다. 나타샤의 사례는 한 발을 다른 발 앞에 놓는 것이 당신의 가장 허황된 생각을 넘어 당신을 어딘가로 인도할 수 있다는 것을 보여줍니다. 이 느낌을 따라갈 때 결국 마법이 일어나는 것이죠.

나타샤와 프레야는 마이스페이스Myspace(미국의 소셜네트워킹 회사_옮긴이)에서 아이스크림 사교 모임에 납품 요청 전화를 받았을 때 마침 첫 번째 트럭의 수리를 마치고 이동하고 있었습니다. 평소 음식 공급 사업에 대해 생각해본 적이 없던 그들에게 그 제안은 그들의 국가 행사 사업과 음식 공급 사업의 첫 시작이 되었습니다.

"우리의 사업은 직접 운영할 경우 이윤이 많이 남는 훌륭한 사업입니다. 소셜미디어는 우리 사업에서 큰 부분을 차지했지만 우리는 우리의 사업을 다시 검토해봤습니다. 우리는 음식 공급과 같은 사업이 경이롭고 멋지고 경험적인 요소가 매우 풍부하다고 보았습니다. 우리는 다시 처음으로 돌아가 사업 초기에 할 수 없었던 전통 매장이나 대형 마트 같은 유통 채널을 살펴보고 싶었죠. 이에 우리는 컬버시Culver City와 임대 계약을 맺고 우리 마음대로 꾸밀 수 있고 우리의 보금자리가 될 공간을 마련했습니다."

"대형 마트의 경우 나는 홀푸드Whole Foods(미국의 유기농 전문 슈퍼마켓 체인점_옮긴이)에 들어가 냉동식품 판매대에서 제품을 정리하고 있는 한 남성에게 '어떻게 하면 홀푸드에 우리 제품을 납품할 수 있을까요?'라고 물었습니다. '그냥 한번 부딪혀보자'라는 생각으로 밀어붙인 거죠. 이것이 얼마나 효과적인 방식인지 당신은 아마 놀랄 것입니다."

나타샤는 홀푸드의 지역 구매 담당자를 소개받았습니다. 그는 홀푸드에서 판매할 지역 브랜드 상품을 발굴하고 홀푸드 판매 선반에서 잘 팔리는 상품의 소개를 담당했죠.

"담당자는 홀푸드에서 판매되는 제품과 트럭이나 쿨하우스 매장에서 판매되는 제품에 차이가 있어서는 안 된다는 나의 비전에 대해 몇 가지 질문을 했습니다. 1990년대에 어린 시절을 보낸 나는 볼프강 퍽Volfgang Puck과 같은 훌륭한 음식 브랜드들의 제품이 대형 마트에 훨씬 싼 가격으로 입점하는 것을 보고 자랐습니다. 나는 우리 세대가 이런 눈속임에 속을 거라고 생각하지 않습니다. 사람들은 회사가 성장해도 제품의 질이 좋은 방향으로 유지되길 원합니다."

"나는 조리법을 그대로 유지하면서 5달러를 받아야 한다고 지속적으로 주장했고, 담당자는 나에게 그 가격은 가장 비싼 신제품보다 2달러나 더 비싸다고 말해주었습니다. 나는 '글쎄요, 사람들은 우리 제품이 최고라는 것을 알게 될 거예요'라고 답했죠. 기업가라면 회의론자들의 목소리를 들어야 하지만 한편으로 자신의 본능을 언제 믿어야 하는지도 알아야 합니다."

"우리는 홀푸드에 제품을 출시했고 실제로 꽤 잘 팔렸지만 홀푸드 측에서 포장 변경을 요청하여 포장을 바꾸었습니다. 이것 또한 중요한 점입니다. 당신은 제품을 만들고, 피드백을 받고, 성과를 측정하고, 배우고, 발전하려는 의지가 있어야 합니다."

오늘날 쿨하우스의 아이스크림 샌드위치와 파인트 아이스크림은 1,000만 달러 이상의 가치를 지닌 사업이며 미국 전역 7,000개 이상의 매장에 입점해 있습니다. 쿨하우스는 2019년에 우유가 전혀 포함되지 않은 아이스크림을 출시하기도 했습니다.

나타샤 케이스는 자신에게 기쁨을 주는 일을 했고, 그 일을 하는 과정을 너무 깊이 생각하지 않을 자신이 있었습니다. 그녀는 재미를 최우선으로 삼았는데, 이러한 마음가짐은 그녀의 사업 전반에 걸쳐 명백하게 드러납니다.

나타샤는 훌륭한 브랜드를 만드는 요소에 대한 놀라운 통찰력을 공유했습니다. "나는 브랜드에 대해 이야기하는 것을 좋아합니다. 창의적인 사람들과 뭔가를 만들어내는 사람들은 필연적으로 예술성과 사람들이 제품과 관여되어 있고 그것을 구매하고 싶다고 느끼는 수익 실현 가능성이 만나는 교차점에 도달합니다. 사람들은 그 두 요소가 만나는 지점에서 돈을 지불함으로써 당신의 메시지를 지지하는 것이죠."

"이 브랜드가 '누구'인지 알아보는 시간을 가지세요. 브랜드는 사람과 거의 똑같고, 당신은 그 브랜드가 무엇이고 무엇을 상징하는지 깊이 탐구해야 합니다. 처음에는 그 브랜드에 대해 잘 아는 것처럼 느껴질 수 있지만 실제로 브랜드를 깊이 연구하기 시작하면 당신이 인지한 것보다 더 많은 질문을 하게 될 것입니다. 처음에는 완전히 알기까지 시간이 걸릴 수도 있죠. 브랜드는 그 성격이나 모습이 변형되어 성장할 수 있기 때문에 브랜드가 성장할 때 그것을 제대로 확인하는 인내심이 필요합니다. 내 경우에는 특정 시점에서 잠시 멈춘 다음 시각화하는 과정을 거치고 시각화한 것을 기록으로 남깁니다."

해당 브랜드 스토리에 녹아 있는 모든 것을 이해하는 것이 왜 중요한지 분명하게 이야기하는 것이 어렵다는 것을 잘 알고 있습니다. 하지만 브랜드 스토리는 제품보다 훨씬 더 보편적인 메시지를 만드는 작업입니다. 사람들에게 우선적으로 당신의 제품을 사야 한다는 영감을 주어야 합니다. 제품에는 제품 그 자체보다 훨씬 더 많은 가치가 있기 때문에 제품을 구매하게 되면 연결고리가 더 깊어집니다. 또한 구매한 사람들은 구매자에서 제품의 대변자가 되어 제품을 자신이 아는 모든 사람과 공유하려고 할 것입니다.

나타샤와 나는 더 많은 사람들에게 '그들의 목적과 비전을 달성하는 수단으로서 돈을 인지하는 것에 더 익숙해져야 한다'는 생각을 전파해야 한다고 이야기하며 대화를 마무리했습니다.

나는 자신들이 가치 있는 것을 제공할 수 있을지 확신이 없기 때문에 시작조차 하지 않는 많은 사람들의 이야기를 듣습니다. 돈 버는 것을 부끄러워하지 않는 것이 힘든 사람들도 있습니다. 나타샤는 자신의 제품이 가치 있다고 믿는 것을 자랑스럽게 생각합니다. 모든 판매 가격의 이면에는 사연이 있고, 그것을 전달하는 것은 그 물건을 만든 사람에게 달려 있습니다.

"물건을 만들고 일반적인 경제 활동을 받아들이는 한 당신은 돈 버는 일을 편안하게 생각해야 합니다. 또한 당신은 자신의 동기에 대해 잘 알고 있어야 하죠. 우리는 성공하고 싶고 쿨하우스를 통해 이루고 싶은 큰 꿈이 있습니다. 이것이 무슨 의미일까요? 우리의 경우에는 얼마나 더 많은 사람들이 평생 동안 먹어본 아이스크림 중 가장 맛있는 아이스크림 샌드위치를 맛보는 경험을 할 수 있을지에 관한 것입니다. 우리 브랜드의 가치가 5배 이상 더 커진다면 얼마나 더 많은 사람들이 우리 아이스크림을 맛보는 경험을 하고 얼마나 더 행복해질까요? 나는 맛있는 아이스크림의 영향력과 그 뒤에 숨겨진 메시지의 확장성에 더 관심이 많습니다. 우리는 얼마나 더 많은 사람들에게 우리의 아이스크림을 소개할 수 있을까요?"

"특히 여성과 소녀들은 자신과 비슷한 사람이 쿨하우스를 창업했다는 사실을 알 수 있고, 자신 또한 그렇게 할 수 있다는 생각을 가질 수도 있습니다. 이러한 점이 나를 흥분시키는 것이죠. 나는 다른 사람들에 비해 창의성과 관련 있는 배경을 좀 더 가지고 있었죠. 그러한 창의성을 바탕으로 많은 사람들에게 그 창의성을 전달하고 사람들의 삶에 영향을 줄 수 있을 것이라는 믿음이 있었습니다. 그것이 바로 내가 사업을 시작하게 된 이유죠"라고 나타샤는 말했습니다.

나타샤에게는 단순히 돈을 버는 것 말고도 또 다른 사업의 목적이 있습니다. 그것은 바로 '변화를 만드는 것'입니다.

꿈을 위한 북마크

- 많은 사람들이 돈 버는 것에 대해 상당히 감정적입니다.

- 돈 자체는 좋지도 나쁘지도 않습니다. 돈은 활동하기 위한 에너지이자 매개체입니다.

- 돈은 자유입니다. 돈은 더 많은 시간을 의미하기 때문입니다.

- 우리는 자신의 수준에 적합하다고 생각하는 삶을 삽니다. 우리는 자신이 요청하는 것만 받을 뿐이고 자신의 기준을 높이는 것은 오직 나의 책임입니다.

- 진정한 예술가는 굶지 않고 돈을 법니다(그것도 아주 많이 법니다).

돈에 관한 새로운 이야기를 만드세요

"돈은 이야기일 뿐입니다. 돈은 우리가 가진 것, 우리가 얻을 수 있는 것, 가치와 거래에 대해 우리 자신에게 말하는 이야기입니다. 만약 돈에 대한 당신의 이야기가 당신이 창출하고자 하는 영향력을 구현하는 데 방해가 된다면 당신은 그 이야기를 바꿔야 합니다. 세상은 변하지 않습니다." _세스 고딘

돈에 관한 새로운 이야기를 만들기 위해 다음과 같은 연습들을 시도해보세요.

1. 돈과 풍요로움에 관한 5가지 새로운 만트라 구절을 만들어보세요. 그것을 매일 볼 수 있는 곳에 붙여두세요.
2. 돈이 많아질수록 돈을 어떻게 좋은 쪽으로 쓸지 브레인스토밍하세요. 격려하는 수단으로 부를 활용하세요.
3. 버는 것보다 더 많이 쓰지 않도록 예산을 계획하세요. 시스템을 자동화하는 것이 좋습니다.
4. 젠 신체로처럼 '돈'에게 편지를 한번 써보세요. 직접 쓴 편지를 다시 읽어보고 그 속에서 진실과 거짓을 찾아보세요.

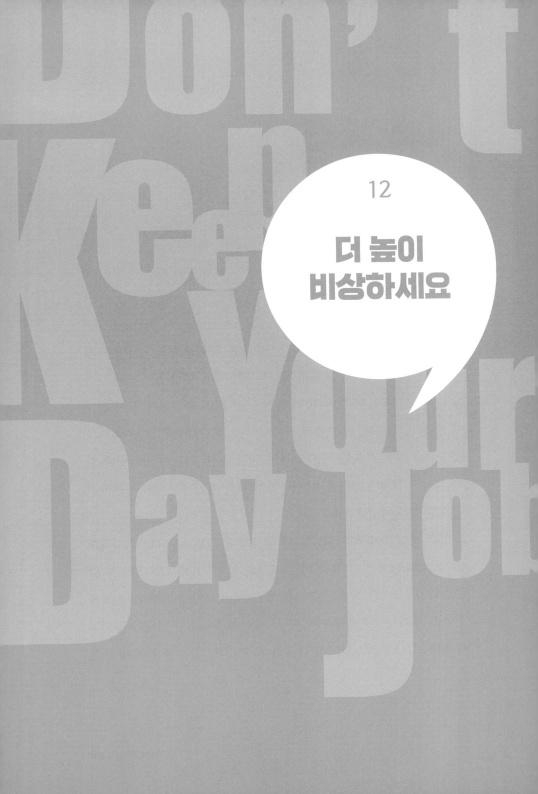

12

더 높이
비상하세요

"지금 당신의 현재 위치와
당신이 달성하고 싶은 것 사이의
가장 큰 장애물이 '내가 그것을 할 수 있을까'라는
당신의 의견일 가능성에 대해 한번 생각해보라. _제시카 휴이

스스로에게 물어보세요. '80세가 되면 어디에 살고 싶고, 그렇게 된다면 당신에게 무슨 문제가 생길까요?' 라라 케이시는 지난 10년 동안 수천 명의 여성들에게 이 질문을 던졌고, 그 대답은 보통의 관계에 초점이 맞춰져 있었습니다. 사람들에게 가장 중요한 것은 그들이 남긴 유산, 그들이 만들어낸 인연 그리고 그들이 영향을 준 사람들입니다. 개인적인 성공이 반드시 중요한 것은 아닙니다.

일단 당신이 80세가 되었을 때 당신에게 무엇이 중요한지 시각화할 수 있다면 당신이 지금 바로 그것을 할 수 있을지에 대해 알 수 있습니다. 그러한 행동은 경력을 쌓는 데 필요한 수백만 개의 작은 단계와 대화에 의미를 부여합니다. 당신이 부적절한 감정에 직면할 때마다 큰 그림으로 돌아가 당신이 왜 여기에 있고, 왜 이것에 관심

을 갖는지 기억할 수 있습니다.

나보다 훨씬 앞서가는 사람들과 자신을 비교하는 것은 우리에게 흔한 일입니다. 하지만 우리는 모두 저마다 자신만의 독특한 기술을 가지고 있습니다. 결승선에 도달하기 위해서는 꼬불꼬불한 길을 가야 하는데 이럴 때 장기적인 관점은 결승선까지 똑바로 나 있는 길은 없다는 점을 명심하는 데 도움이 됩니다.

나는 사람들에게 위험과 후회를 저울질해보라고 요청합니다. 제한적인 믿음을 고수한다면 당신은 어떤 위치에 있게 될까요? 어떤 경험을 놓치게 될까요? 누구를 만나지 못할까요? 그것이 인간관계에 어떤 영향을 미칠까요? 어떤 경험을 절대로 하지 못하게 될까요? 두려움과 제한된 믿음에 목매는 것이 앞으로 5년 내지 10년 후에 당신에게 어떤 영향을 미칠지 생각해보세요.

우리는 꿈조차 꾸기 힘든 사회와 문화 속에 살고 있습니다. '꿈'이라는 단어는 심한 비판을 받지만 교양 있는 꿈꾸기는 현재의 자신보다 더 큰 것을 생각하는 것입니다. 우리는 자신의 삶이 우리가 속해 있는 작은 세상에 미치는 영향력에 대해 꿈을 꿉니다. 나는 이 세상에 영향을 주고 싶다는 생각을 할 때 인스타그램을 생각하지 않습니다. 대신 내 가족을 생각하죠. 내가 행사할 수 있는 가장 위대한 영향력은 마음이 담긴 집을 짓는 것이라고 생각합니다. 좋은 것은 불완전한 것을 통해 자라나고, 뒤죽박죽 만든다고 해서 당신이 엉망진창이 된다는 것을 의미하지 않습니다.

나는 당신이 잠재력에 부응하는 삶을 살고 있는지 매일 하루를 마감할 때 스스로에게 물어보면 좋겠습니다. 만약 당신이 아무것도 걱정하지 않고 두려워하지 않는다면 당신은 현재 무엇을 하고 있을까요? 우리는 자신이 두려워하는 일을 해야 합니다. 그것이 우리 자신이 생각했던 것보다 더 강하고, 더 강력하며, 더 용감하다는 것을 스스로에게 증명하는 방법입니다. 우리는 더 이상 성공한 사람들이 운이 좋다고 생각하는 것을 그만둬야 합니다. 그들은 아주 열심히 일합니다. 우리는 실제로 일어나는 일들 속에 얼마나 많은 책임, 의무, 선택이 있는지 과소평가합니다. 우리는 다른 것에 책임을 떠넘기길 좋아하지만 일의 성공 여부와 관계없이 열정적으로 행동하는 것은 반드시 필요합니다.

거짓말을 하지는 않겠습니다. 변화는 두려움입니다. 변화는 심적으로 우리를 괴롭히는 것을 직시하고 자신에게 해온 거짓말을 깨닫는 용기가 필요한 힘든 여정입니다. 우리 모두 변화는 힘든 일이라는 생각을 항상 하고 있죠. 그러나 과거는 과거로 남겨 놓을 수 있습니다. 과거는 우리의 목표에 영향력은 없지만 우리가 원하는 것에 대한 명확성을 높이는 데 활용할 수 있습니다.

베스트셀러 《알터 에고 이펙트Alter Ego Effect》의 작가 토드 허먼Todd Herman은 내 팟캐스트에서 의미 있는 대화를 나누던 도중 다음과 같이 말했습니다.

"힘들 것이라는 생각, 지금 바로 안 해도 된다는 생각에 항상 도전해야 합니다. 나는 사람들이 아이디어를 듣고 그것에 집중할 때 그들이 자신을 위한 새로운 정체성을 구축하는 것을 본 적이 있습니

직장에 연연하지 않기

다. 누군가에게 또는 어떤 것에서 받은 영감을 통해 그들은 순식간에 변화하고 다시 예전의 모습으로 돌아가지 않습니다. 당신은 변화의 귀재입니다. 또한 정말 유연합니다. 한순간에 완전히 바뀔 수 있죠. 그것을 가능하게 만드는 것이 바로 당신의 의지입니다. 당신은 지금 현재의 모습이 영원히 변하지 않을 당신의 모습이라는 거짓 믿음을 깨버릴 의향이 있나요?"

자신이 예상한 대로 일이 잘 풀리지 않을 때가 바로 당신의 투지를 보여줄 때입니다. 당신의 전술을 융통성 있게 운용하세요. 우리는 모두 혼자 바다를 횡단하는 느낌을 받아왔습니다. 혼자라는 느낌은 괴롭습니다. 하지만 지금의 내가 확실히 말할 수 있는 것은 혼자 바다를 횡단하는 그 느낌이 현재의 나를 만들었다는 사실입니다. 나는 토네이도에 휩쓸리고 폭풍에 압도당하는 기분이 어떤 것인지 잘 알고 있습니다. 아무도 나를 봐주지 않는다는 상처와 느낌이 어떤 것인지도 잘 알고요. 세상을 바꾸고 싶은데 그 방법을 모르는 것이 어떤 느낌인지 잘 알고 있습니다.

이 세상은 우리에게 행복이 고급 요트나 자동차 또는 멋진 새 옷에서 찾을 수 있다는 생각을 주입하려고 노력합니다. 하지만 당신이 진정으로 원하는 것은 이 세상에 기여하는 것이기 때문에 고급 요트나 자동차에서 찾을 수 있는 행복이 완전히 과대평가된 것은 사실입니다. 당신은 활기찬 느낌으로 당신에게 주어진 하루를 보내기 위해 일찍 일어나길 원합니다. 당신은 가슴 뛰고 엉덩이가 들썩거리는 미션을 수행하기 위해 아침에 눈을 뜨길 원합니다. 당신으로 하여금 더 나은 자신이 되도록 독려하고, 이 세상을 위해 봉사하도록 이끄는 모든 것의 이면에는 행복 그 이상의 감정이 존재합니다.

나는 운동선수들을 좋아하고 그들의 노력, 헌신, 성공에 대한 이야기를 좋아합니다. 따라서 전 세계에서 웨인 그레츠키Wayne Gretzkys, 마이클 조던Michael Jordans, 세레나 윌리엄스Serena Williams를 꿈꾸는 사람들을 연구합니다. 내가 생각하기에 그들의 성공에 대해 우리가 간과하는 중요한 요소가 하나 있는데 그것이 바로 '인내심'입니다. 인내는 많이 과소평가되어 있습니다. 나는 목표라는 산에 오르기를 간절히 원합니다. 도전에 집착합니다. 성취감을 맛보길 갈망합니다. 하지만 힘든 노력이 성과라는 결실을 맺을 때까지 인내심을 가지고 지속적으로 수행하지 않는다면 그 모든 불같은 감정들은 아무것도 만들어낼 수 없을 것입니다.

우리가 꿈을 위해 노력하든 노력하지 않든 시간은 흘러갈 것입니다. 당신이 넷플릭스를 보든 좋아하는 분야의 콘텐츠를 만들든 1~2년 또는 5년의 시간은 훌쩍 지나갈 테죠. 사람들이 나에게 지금의 경력을 어떻게 만들었냐고 물어보면 포기하지 않고 그냥 계속했다고 늘 말합니다. 계속해서 탐색하고, 창조하고, 대화를 나누었습니다. 스물네 살에 이 여정을 처음 시작했는데 벌써 이 길을 걸어온 지 20년이 되었고, 지금도 매 순간순간을 사랑합니다. 나는 아직 끝나지 않은 긴 여정 속에 있습니다. 시간을 투자하고, 사업을 확장하고, 내가 걸어가고 있는 나만의 여정 안에서 수시로 변화하는 재능을 나 자신에게 주는 것에 중독되어 있습니다.

이 글을 읽고 있는 당신도 그렇게 하기를 원합니다. 당신이 진정하고 싶은 것을 하면서 당신의 인생 매 순간마다 수많은 기회가 있다는 것을 깨닫기 바랍니다. 또한 당신이 승자의 마음가짐뿐만 아니라 인내심도 기르기를 바랍니다.

내가 당신에게 바라는 것은 '다시 한 번 해보자' 정신입니다. 모든 실패와 도전은 과정의 일부이며 다음 단계를 위한 연료임을 기억하세요. 당신은 인생이라는 마라톤에 전념하고 있고 중도에 포기하지 않을 것입니다. 당신의 내면에 표현하고 싶은 정말 많은 것이 있다는 것을 나는 잘 알고 있습니다. 당신이 앞으로 성취할 멋진 일을 나는 꼭 보고 싶습니다!

친애하는 독자에게

당신은 중요합니다. 당신은 이곳에서 중요한 존재입니다. 당신은 무언가를 창조해야 할 책임이 있고, 오직 당신만의 방식으로 만들고 표현하고 실행할 수 있는 무언가가 있습니다. 그리고 우리는 그것이 필요합니다. 미래는 당신이 믿는 만큼 거창하고, 당신이 믿는 만큼 찬란합니다. 엉망진창이어도 괜찮습니다. 당신은 언제든지 생각하는 방식과 행동을 도중에 바꿀 수 있습니다. 만약 당신에게 영감을 주거나 흥미로운 것을 발견한다면 그것을 탐색해보세요. 지금 당장 그것에 관한 무언가를 해보세요. 그것이 특별하다고 생각이 되면 바로 행동하고 너무 오래 생각하지 마세요. 공동체가 아이디어에 실어줄 수 있는 힘은 상상을 초월합니다. 아이디어를 머릿속에만 두지 말고 세상에 선보이세요. 사람들에게 다가가 관계를 맺으세요. 이메일을 보내세요. 당신은 충분히 그럴 만한 자격이 있고 지금 작업하고 있는 것을 당장 다른 사람들에게 소개해도 손색이 없습니다.

오늘부터 시작해야 합니다. 지금 살고 있는 인생대로만 살아야 할 이유가 전혀 없습니다. 온 세상이 당신을 기다리고 있습니다.

사랑을 담아, 캐시 드림.

앞서 살펴본 편지와 동일한 내용의 편지를 다음과 같이 당신 자신에게 쓰고 거울이나 컴퓨터, 부엌 싱크대 옆에 붙여놓고 매일 읽어보세요. '나'로 시작하는 문장은 당신이 오늘부터 어떤 식으로 삶을 살아갈지에 대한 강력한 선언이 됩니다.

나에게

나는 중요합니다. 나는 이곳에서 중요한 존재입니다. 나는 무언가를 창조해야 할 책임이 있고, 오직 나만의 방식으로 만들고 표현하고 실행할 수 있는 무언가가 있습니다. 그리고 이 세상은 그것이 필요합니다. 미래는 내가 믿는 만큼 거창하고, 내가 믿는 만큼 찬란합니다.

엉망진창이어도 괜찮습니다. 나는 언제든지 생각하는 방식과 행동을 도중에 바꿀 수 있습니다. 만약 나에게 영감을 주거나 흥미로운 것을 발견하면 나는 그것을 탐색할 것입니다. 지금 당장 그것에 관한 무언가를 할 것입니다. 그것이 특별하다고 생각이 되면 바로 행동하고 너무 오래 생각하지 않을 것입니다. 공동체가 아이디어에 실어줄 수 있는 힘은 상상을 초월합니다. 아이디어를 머릿속에만 두지 않고 세상에 선보일 것입니다. 사람들에게 다가가 관계를 맺을 것입니다. 이메일을 보낼 것입니다. 나는 그럴 만한 충분한 자격이 있고, 지금 작업하고 있는 것을 당장 다른 사람들에게 소개해도 손색이 없습니다.

오늘부터 시작할 것입니다. 지금 살고 있는 인생대로만 살아야 할 이유가 전혀 없습니다. 온 세상이 나를 기다리고 있습니다.

사랑을 담아, 내가.

나를 위한 만트라

당신의 집이나 직장에서 사용할 만한 만트라 5가지를 소개합니다.

- 나는 이곳에서 중요한 존재입니다.
- 나의 가능성은 내가 생각하는 크기만큼입니다.
- 행동할 때 엉망진창이어도 괜찮습니다.
- 오늘 당장 시작하세요.
- 나를 지지하고 나에게 영감을 주는 집단을 발견하는 것은 매우 행복하고 감사한 일입니다.

꿈을 위한 북마크

- 두려움을 다음 단계로 나가기 위한 연료로 활용하고 당신이 누릴 자격이 있다고 믿는 삶으로 당신의 기준을 상향 조정하세요.
- 뒤죽박죽인 당신의 삶을 성공한 사람들의 눈이 번쩍 뜨이는 삶과 비교하는 것을 그만두세요. 당신은 자신만의 여정을 가는 중이고 그것은 현재 아무 문제가 없습니다.
- 당신은 충분합니다.
- 한 번의 시도로 목적이 달성되지는 않습니다. 목표 달성은 오랜 시간 동안 시행착오를 범한 결과이기 때문입니다. 그 과정을 즐기세요. 이것이 우리의 인생입니다.

직장에 연연하지 않기

감사의 글

감사드려야 할 사람들이 너무도 많습니다. 감사해야 할 경험이 너무도 많습니다. 이로 인해 나는 감사함으로 충만합니다. 이 책을 쓰는 과정은 그 자체로 훌륭한 선생님이었고 내가 정말 하고 싶은 말을 명확하게 정리하는 데 많은 도움이 되었습니다.

진실과 내가 전하고자 하는 메시지를 표현하는 가장 강력한 방법을 찾는 데 도움을 준 서맨다 생크먼에게 감사합니다. 문장 수준을 높이고 더 깊이 있는 내용을 만들기 위해 나를 독려한 쿼터백 엘리자베스 디세가드에게 감사를 표합니다. 팟캐스트의 모든 것을 함께 만들면서 항상 내 옆에서 고난을 함께해온 에마 키쿠치에게도 감사드립니다. 내가 팟캐스트로 뭔가 할 수 있을 것이라는 가능성에 대해 알아보고 세계적으로 인정받을 수 있는 특별한 것에 대한 비전을 함양해준 팀 스트리트에게 고마움을 전합니다. 이 모든 시도를 시작하는 데 도움을 주고 내 옹호자가 되어준 매디 아고피안에게도 감사드립니다. 내가 수백만 명을 고무시킬 수 있다고 믿고 나에게 팀을 소개해준 에이미 로프투스 페찬스키에게 감사드립니다. 첫날부터 우리를 지원해주고, 인간이 온 세상과 자신의 재능을 공유할 수 있도록 힘이 되어준 애플 팟캐스트에 감사드립니다.

팟캐스트를 녹화하고 이 책을 쓸 때 군말 없이 참아주던 나의 귀여운 아이들에게 감사함을 전합니다. 내가 나의 열정을 추구하고 팟캐스트 방송을 할 수 있도록 아기와 함께 일어나고 항상 잠을 설치는 남편에게 고마움을 전합니다. 내 팟캐스트 제목을 생각해주고, 그것 이상으로 12년 동안 무조건적인 사랑을 보내준 것을 진심으로 고맙게 생각합니다. 평생 동안 끊임없이 사랑을 받기 때문에 나는 비상할 수 있었습니다. 남편은 내가 아무것도 하지 않고, 돈도 벌지 않고, 머리를 내 손으로 말리지 않아도 될 정도로 나를 뒷바라지해주었습니다. 언제나 나를 지지하고 후원해줘서 정말 고맙습니다.

내가 일에 치여 있을 때 아이들과 함께 놀아주고 내 어린 시절을 음악과 미술로 채워준 어머니에게도 진심으로 감사를 전합니다. 항상 나를 응원해주고 내가 하는 모든 일에 있어 열렬한 팬을 자처하는 아버지와 새어머니 마티에게도 감사드립니다.

나를 항상 믿어주고 가능한 모든 수준에서 나에게 무한한 신뢰를 보내준 언니에게 감사한 마음을 전합니다. 내가 넘어졌을 때 항상 내 옆에 있으면서 나를 잡아주고 일으켜 세워준 언니가 있었기에 나는 수많은 고통의 순간을 견딜 수 있었습니다. 불가능한 일은 없다고 말해준 할머니 베티 크루거에게도 고마움을 전합니다. 할머니는 항상 내가 나 자신을 큰 사람이라고 느끼도록 해주었고, 나는 지금도 그녀가 여전히 하늘에서 나를 응원하는 것을 느낄 수 있습니다.

사랑과 지혜로 내 삶을 바꿔준 비니 프리드먼, 데이비드 에런, 벤지 레빈 그리고 슐로모 세던펠드에게 감사함을 전합니다. 나는 매일 그들처럼 되기를 열망합니다. 그들의 가르침과 조언은 내 삶의 방향을 바꾸었고 지금의 내가 되도록 이끌어주었습니다.

내 팟캐스트에 출연해 용기를 냄으로써 깨달은 자신의 여정과 통찰력을 공유해준 놀라운 초대 손님들에게도 감사드립니다. 이 책 전반에 걸쳐 목적에 대해 계속 이야기했지만 초대 손님들은 저마다의 경험과 지혜를 바탕으로 나에게 목적이 무엇인지 알려주었습니다.

사람들은 이 어려운 시기에 자신들이 어떻게 살고 있는지 이야기하는 것을 좋아한다지만, 사실 내 삶은 당신 때문에 영감이 넘치고 강력한 영향력으로 가득 차 있습니다. 당신은 믿을 수 없이 용감한 일을 하고 있습니다. 나는 당신이 더 크게 성장하기를 원합니다. 이 세상이 어제보다 더 나은 오늘을 만들고 싶어 하는 의식 있는 사람들로 가득 차 있다는 사실을 당신을 통해 보여주세요.

나에게 영감을 준 것들

내가 좋아하는 책과 팟캐스트의 모음입니다. 나에게 영감을 주고, 내가 다시 집중할 수 있게끔 도움을 주었습니다.

★ 좋아하는 책

- 알렉스 바나얀, 《나는 7년 동안 세계 최고를 만났다》
- 앤절라 더크워스, 《그릿》
- 제프 고인스, 《예술가는 절대로 굶어 죽지 않는다》, 《일의 기술》
- 줄리아 카메론, 《아티스트 웨이》
- 캐롤 드웩, 《마인드셋》
- 세스 고딘, 《더 딥》
- 마사 베크, 《길을 헤매다 만난 나의 북극성》, 《여유의 기술》
- 수잔 카이저 그린랜드, 《마음챙김 놀이》
- 그레첸 루빈, 《무조건 행복할 것》
- 젠 신체로, 《사는 게 귀찮다고 죽을 수는 없잖아요?》, 《나는 돈에 미쳤다》
- Aaron, Rabbi David. 《Endless Light》, Berkley Books, 1997
- Casey, Lara. 《Cultivate: A Grace - Filled Guide to Growing an Intentional Life》, Thomas

Nelson, 2017

- Casey, Lara. 《Make It Happen: Surrender Your Fear. Take the Leap. Live on Purpose》, Thomas Nelson, 2015

- Fischer, Jenna. 《The Actor's Life: A Survival Guide》, BenBella Books, 2017

- Greenland, Susan Kaiser. 《The Mindful Child: How to Help Your Kid Manage Stress and Become Happier, Kinder, and More Compassionate》, Atria Books, 2010

- Huie, Jessica. 《Purpose: Find Your Truth and Embrace Your Calling》, Hay House, 2018

- Martin, Amy Jo. 《Renegades Write the Rules: How the Digital Royalty Use Social Media to Innovate》, Jossey – Bass, 2012

- Rose, Sahara. 《Eat Feel Fresh: A Contemporary, Plant – Based Ayurvedic Cookbook》, Alpha, 2018

- Rose, Sahara. 《Idiot's Guide to Ayurveda》, Alpha, 2017

- Sincero, Jen. 《You Are a Badass Every Day: How to Keep Your Motivation Strong, Your Vibe High, and Your Quest for Transformation Unstoppable》, Viking, 2018

- Soukup, Ruth. 《Do It Scared: Finding the Courage to Face Your Fears, Overcome Adversity, and Create a Life You Love》, Zondervan, 2019

- Soukup, Ruth. 《How to Blog for Profit: Without Selling Your Soul》, Life Well Lived Publications, 2013

- Tangerine, Amy. 《Craft a Life You Love: 25 Practices for Infusing Creativity, Fun & Intention into Your Every Day》, Amy Tangerine, 2016

★ 좋아하는 팟캐스트

- Casey, Lara. 〈Cultivate Your Life〉

- Crowder, Steph. 〈Courage & Clarity〉

- Del Negro, Matt. 〈10,000 'No's〉

- Fields, Jonathan. 〈Good Life Project〉

- Godin, Seth. 〈Akimbo〉

- Guillebeau, Chris. 〈Side Hustle School〉

- Harbinger, Jordan. 〈The Jordan Harbinger Show〉

- Harder, Lori. 〈Earn Your Happy〉

- Hendershott, Hilary. 〈Profit Boss® Radio〉

- Kutcher, Jenna. 〈Goal Digger〉

- Lewis, Mike. 〈When to Jump〉

- Martin, Amy Jo. 〈Why Not Now?〉

- Pizza, Andy J. 〈Creative Pep Talk〉

- Porterfield, Amy. 〈Online Marketing Made Easy〉

- Rae, Amber. 〈Choose Wonder over Worry〉

- Rose, Sahara. 〈The Highest Self Podcast〉

- Rubin, Gretchen. 〈Happier with Gretchen Rubin〉

- Scalera, Christina, and Reina Pomeroy. 〈Creative Empire Podcast〉

- Soukup, Ruth. 〈Do It Scared™〉

- Stanton, Jill. 〈Screw the Nine to Five Podcast〉

- Thompson, Emily, and Kathleen Shannon. 〈Being Boss〉

- Wright, Christy. 〈Business Boutique〉

직장에 연연하지 않기

직장에
연연하지
않기

옮긴이 **박성웅**

서강대학교 경영학과를 졸업하고, 서울대학교 국제스포츠행정가 석사과정을 수료했다. 졸업 후에는 국내외 기업에서 투자와 컨설팅 업무를 하는 등 창업과 투자에 대한 업무를 했다. 현재는 스포츠 분야에 종사하고 있으며, 스포츠를 통한 개발도상국 지원 및 발전을 위해 심층적으로 연구를 하고 있다. 전 세계 100여 개국을 여행했으며, 국내외 스포츠 심판 자격을 다수 보유하고 있다. 좋은 책을 혼자만 보는 것이 너무 아까워 번역을 시작했다. 앞으로 다양한 양서를 독자의 눈높이에 맞는 좋은 번역으로, 100권을 우리글로 옮기는 것이 목표다. 옮긴 책으로 《자동으로 고수익을 창출하는 주식 투자》, 《나는 매일매일 부자로 산다》가 있다.

좋아하는 일을 사업으로 성공시키는 법
직장에 연연하지 않기

초판 1쇄 인쇄 | 2021년 7월 19일
초판 1쇄 발행 | 2021년 7월 27일

지은이　　　| 캐시 헬러
옮긴이　　　| 박성웅
펴낸이　　　| 전준석
펴낸곳　　　| 시크릿하우스
주소　　　　| 서울특별시 마포구 독막로3길 51, 402호
대표전화　　| 02-6339-0117
팩스　　　　| 02-304-9122
이메일　　　| secret@jstone.biz
블로그　　　| blog.naver.com/jstone2018
페이스북　　| @secrethouse2018
인스타그램　| @secrethouse_book
출판등록　　| 2018년 10월 1일 제2019-000001호

ISBN 979-11-90259-80-4　03320